K.

Falko Hennig, Jahrgang 1969, ist freischaffender Autor, Journalist und Vortragsreisender. Er schreibt unter anderem für die FAZ, taz, Frankfurter Rundschau, Berliner Zeitung und Tagesspiegel.

Robert Weber, Jahrgang 1966, ist freiberuflicher Autor, vor allem im Bereich Hörspiel; seine Arbeiten waren mehrmals für den Europäischen Hörspielpreis nominiert. Er ist Mitbegründer der Surfpoeten, mit denen er bis 2009 bundesweit und im Ausland auf Lesereise ging. Sein erster Roman «Ich bin der Roman» ist bei Voland & Quist erschienen.

«(…) Für Deinen lieben Brief, nebst den Zigaretten, den ich gestern hier in Empfang nehmen konnte, sage ich Dir meinen herzlichsten Dank! Es ist doch lieb von Dir, dass Du so an mich denkst! Doch nun etwas noch anderes. Sei nicht böse, mein Lieb, aber ich möchte einmal ganz bescheiden anfragen, ob ich Dich nicht ein wenig anpumpen kann. Stelle Dir mein Pech vor, vor einigen Tagen fing meine Uhr an zu streiken und jetzt sitze ich da mit meinem Talent, wo ich jede Minute so einen Minutenzähler gebrauche. Ich werde Dir das Geld – und das ist dieses Mal kein leeres Versprechen – Anfang nächsten Monats zurückzahlen können. Du fragst wovon? Ich will es Dir schnell verraten. (…)»
Auszug aus einem Brief von Arnold an Helene, August 1952

Falko Hennig / Robert Weber

«Ohne Dich ist alles Staub»

Vergessene Liebesbriefe aus hundert Jahren

Kindler

1. Auflage Februar 2012

Umschlaggestaltung any.way, Barbara Hanke/Cordula Schmidt
(Umschlagabbildung: shutterstock.com)
Satz Janson PostScript, InDesign,
bei Pinkuin Satz und Datentechnik, Berlin
Druck und Bindung GGP Media GmbH, Pößneck
Printed in Germany
ISBN 978 3 463 40628 2

Für Claudia und Alessandra

Inhalt

Vorwort

Alles fing mit einer gemeinsamen Radiosendung an, in der wir einige Zettel und Briefe verlasen, die wir auf der Straße, im Sperrmüll oder auf dem Flohmarkt gefunden hatten. «Ich wußte nicht, dass Du bei der Frage, ob wir noch Brot haben, dermaßen ausrasten würdest, sonst hätte ich's mir wirklich gespart. Andy», stand auf einem dieser Zettel, und auf der Rückseite: «Außer, daß ich komische Gefühle zu Dir bekomme, erreichst Du damit gar nichts. Meine Intuition lass ich mir auch nicht mehr wegquatschen. Also, ab jetzt bist Du für ‹Dein› Brot selbst verantwortlich. Gieke.»

«Dokumente der Straße» nannten wir diese Zettel. Wir waren fasziniert von den Geschichten, die sie erzählen, von dem Gefühlskosmos, der sich auf wenige Zeilen verdichtet. Uns war klar: Daraus sollten wir endlich ein Buch machen. Kurz darauf begannen wir mit der Auswahl für «Ohne Dich ist alles Staub».

Denn in ungefähr zehn Jahren hat sich ein ungeheures Archiv dieser Dokumente angehäuft, das wegen seiner fehlenden Systematik den Namen «Archiv» kaum verdient. Die Zettel lagerten in Schuhkartons oder Klarsichthüllen, manche waren abfotografiert, Zerrissenes haben wir zusammengeklebt, Feuchtes getrocknet und dann in Notizbücher geklebt.

Zwei Jahre lang haben wir gesichtet und sortiert, sind für eine hundertjährige Chronik der Liebe auch zu Archivmäusen geworden, durchforsteten Nachlässe, Briefwechsel, Tagebücher und Lebenserinnerungen, die oft eine ähnlich abenteuerliche Reise hinter sich hatten wie die Zettel von der Straße.

Und jetzt halten Sie ein Buch mit Aufzeichnungen in den Händen, die vermutlich vergessen worden wären, weil sie nicht von bekannten Schriftstellern, Staatsmännern oder Philosophen stammen, sondern von Menschen, die in keiner Enzyklopädie zu finden sind, und die wohl nie daran gedacht hätten, dass sie einmal Teil dieses Buches werden würden. Es ist ein Buch über die Liebe ganz normaler Menschen geworden, das Sie zurück in die Zeit vor dem Ersten Weltkrieg führt und in der Gegenwart wieder auftauchen lässt.

Manche dieser Liebesgeschichten lassen sich über mehrere Jahrzehnte hinweg verfolgen, andere blitzen nur kurz auf im Strom der Zeit, und was davor war, oder wie es weiterging, das muss der Leser sich selbst zusammenreimen.

Sie finden die Liebe in Zeiten des Krieges, des Wirtschaftswunders und durch den Eisernen Vorhang. Sie werden Säufern, Romantikern und vor Liebeskummer halb Wahnsinnigen begegnen, der großen, ersten und der letzten Liebe, Paaren, die seit einem halben Jahrhundert zusammen sind, und solchen, die sich nach einem halben Jahrhundert getrennt haben, polygamen Frauen und untreuen Männern, verzweifelten, glücklichen und sehnsuchtsvollen Menschen. Es sind Menschen, die eines über die Zeit und den Tod hinweg verbindet: die Liebe.

Falko Hennig & Robert Weber

Backfischaquarium

(1910–1919)

Martin

Freia ist gerade ein Jahr älter als ich, ein schlankes, hochaufgeschossenes Mädchen, stets einen Kopf größer als ich, braun verbrannt, kurz, ein rechter holsteinischer Typ mit ausgeprägten Zügen. Vor vier Jahren, da sie erst 14 Jahre alt war, hatte sie schon ihre verschiedenen «Freunde» unter den Marineoffizieren; ich entsinne mich noch sehr genau, daß sie stets ein kleines Amulett mit dem Bilde eines Leutnants Ramin trug, den sie schwärmerisch verehrte. Ihre Liebe ging schon damals so weit, daß sie Briefe an ihn schrieb, in denen sie ihm (und noch anderen!!!!) ihre Liebe versicherte.

Susi

Nach einer einstündlich langen Fahrt kamen wir im Schloßhofe an. Als wir ausgestiegen waren, kam ein sehr hübsches, junges Mädchen. Diese half uns die Sachen auszuziehen, dann gingen wir in das Zimmer, in dem schon viele Gäste saßen. Auch drei Kinder waren dort, zwei Mädchen und ein Knabe. Zuerst waren wir ganz still, aber dann lachten wir uns ein bißchen an und da sagte der kleine Junge: «Wer sich einmal guten Tag gesagt hat, der muß auch miteinander sprechen.»

Martin

Doch das sind «olle Kamellen», eine kleine Episode, als ich noch die Obertertianermütze trug und zum ersten Male die Freuden und Schmerzen einer richtigen Jugendliebe kennenlernte. Die Auserwählte von damals war Ilse Regenspurger, ein bildhübsches kleines Mädel, eine Freundin Freias in meinem Alter. Aber ich besaß nicht den Mut zu einem Geständnis, so daß ich es immer weiter hinausschob, bis plötzlich gewisse Umstände den Abschied unmöglich machten. Da brach ich nun zusammen; es war in der Nacht vor meiner Abreise, wo ich mich schlaflos im Bett hin- und herwälzte, so daß Freia, die nebenan schlief, aufwachte und mich von Ilse phantasieren hörte. Sie begriff sofort und strich mit ihrer schmalen Hand über mein Haar. Ich habe zwar für Freia kaum mehr als aufrichtige, schwesterliche Zuneigung gehegt, aber dennoch war so etwas wie Neid in mir aufgestiegen, daß sie mir gar nicht ein bißchen liebend zugetan war, wenn ich sie von ihren Marineoffizieren schwärmen hörte. Ich weiß noch, daß es mich durchzuckte, als ihre kühle Hand meine heiße Stirn berührte, ich weiß auch noch, daß ich diese Hand an meine Lippen zog und mit Küssen bedeckte, doch gewann bald die Liebe zu Ilse Regenspurger wieder die Oberhand. In Freias Arm weinte ich mich aus, und sie versprach mir, Ilse zu grüßen und ihr zu sagen, daß ich sie liebte; ich glaube, sogar einen Kuß habe ich ihr aufgetragen. Ein Jahr später war Ilse vergessen, da lernte ich Yvonne kennen.

Susi

Susi mit Freundinnen

Die Schönen von Klasse II.

Zu Perleberg im Städtchen
Wohl im Prignitzer Land
Da gibt's viel schöne Mädchen
Durch Geist und Witz bekannt.
Und gehst du auf die Brautschau aus,
So kieke nicht so dumm!
Nicht rechts, noch links, nur geradeaus
Ins Backfischaquarium!

Klara

10. 4. 1914

«Und ich vergaß was trüb und schwer»! Mein Liebster, das mußte ich gestern immer denken, in Deinen Armen, und ich wäre am liebsten nie wieder von Dir fortgegangen. Aber ich kann nicht traurig sein, ich kann mich nur freuen, und bin ganz, ganz glücklich, über Deinen lieben Brief von heute morgen, und über Deine Liebe, und über all den Reichtum, den wir doch genießen. O wie kannst Du mich so glücklich machen! Schwer ist es nur, wieder getrennt zu sein, und Deine lieben, lieben Lippen und Deine treuen starken Hände nicht mehr zu fühlen. Wenn Du mich küßt, dann steht mein Herz still, und weiß nur noch, daß ich Dein Eigen bin. Habe mich heilig lieb, mein Geliebter, noch die paar Jahre, bis ich Dir völlig angehöre.

O Geliebter, Gott segne Dich, mein Georg, immer und immer

Dein kleines Mädchen.

Martin

Es war kurz vor Ausbruch des Krieges, in der letzten Woche des Friedens. Bei meiner Schwester war Abendgesellschaft; Yvonne und ich hatten uns unbemerkt von dem lauten Treiben hinweggeschlichen und ins Klavierzimmer geflüchtet. Yvonne bat mich um ein Lied, sie war so weich an diesem Abend wie nie zuvor, und eben diese Weichheit ließ mich bis tief in mein Innerstes erbeben. Ich setzte mich an das Klavier, das beim Scheine einer Straßenlaterne von draußen herein matt beleuchtet war und spielte das eine Lied, spielte es mit einer verzehrenden Sehnsucht, so wie ich im Opernhaus den Gesang der Mignon hörte. Als ich geendet hatte, war es totenstill im Zimmer; Yvonne saß unbeweglich neben mir im Sessel, ihr Atem ging ungewöhnlich schnell und zeigte an, daß auch sie von dem Liede tief ergriffen war und wohl ahnte, was es bedeute und aus welcher Stimmung, aus welcher Sehnsucht und Leidenschaft heraus es gespielt war. Sie stand leise auf und sah über meine Schultern hinweg über das schwach beleuchtete Notenblatt, auf dem die Worte standen: «Ich wollt', meine Liebe ergösse sich, all in ein einziges Herz!» –

So stand sie wieder unbeweglich und ich spürte ihren warmen Atem. Da fragte sie mich leise nach dem Sinn dieser Worte; und da habe ich sie ihr übersetzt!

Susi

Ich glaube auch, daß Julia Bummel
Gar gern in den Spiegel schaut.
Besonders wenn in Piepers Hallen
Die Liebesschwüre werden laut.
Dort bildet sie auch ihre Stimme,
Und während sie die Seite schwingt
Lehnt Kuni träumerisch am Tische
In ihm 'ne Saite wiederklingt.

Klara
per Telegramm

Mein geliebter, alter Junge!
Ich mag auch gern, wenn Du ganz unvernünftig schreibst. Dann meine ich oft, die Flammen müßten mich verbrennen, sie glühen so heiß. Aber das ist wundervoll. – Ach Du

Dein eignes kleines Mädchen.

Reinhold

14. 12. 1915

Mein Helenglück, mein ganzes Glück, meine Sehnsucht, jetzt bin ich 4 ½ Monate im Felde, 4 ½ Monate steter Sehnsucht nach Dir. Wie möchte ich Dir Gutes tun für all das Schlimme, wie möchte ich Dich mit meinem Liebhaben umschließen, ganz umschließen, dass nichts Schweres mehr an Dich heran kann. Den ganzen Tag fühle ich nur den einen Wunsch, dass das, was vorläufig hohe Wahrscheinlichkeit ist, Wahrheit würde, dass nach weiteren 4 ½ Monaten wieder «Frieden auf Erden» sei, dass ich zu Euch kommen und bei Euch bleiben darf zu unserm Leben. Du Tapferchen, dann werde ich vor Glück umkommen. Ich küsse Dich tausend-, tausendmal, Du edler, einziger Mensch. Küsse unser kleines Glück von mir.

Dein Ich.

Reinhold

Maximilian

19. Januar 1916.

Abends. Im Nachbarquartier singen sie die Lieder des Heimwehs und der Liebe und Soldatenlieder. Manch einer singt die heute so, wie er sie früher sang, in tragischironischem Verstehen der Kasernenhofpoesie, in der Prosa des Krieges.

20. Januar 1916.

Von zuhause ein paar liebe Brieferl erhalten und eines, das mich ganz sonderlich freute. Ein weicher Wind weht durch den Abend, der wird Schnee und Eis schmelzen.

23. Januar 1916.

Schneeflocken um Schneeflocken wirbeln gegen das aus einem Dutzend Scherben zusammengesetzte Fenster an, schmelzen und rinnen in Tropfen querein und querab die Scheiben. Meine Gedanken und meine Sehnsucht schauen ihnen zu und ich wünschte so manches, das toll durcheinander stürmt, sich erfassen und vereinen möchte wie die Schneeflocken vor dem Fenster draußen in Tropfen – in Träume der Liebe.

Klara

5. 2. 1916

Mein Geliebter!
Ach, wie das den ganzen Tag erhellt, wenn gleich morgens ein Brief von Dir da ist. Und besonders, wenn so die erste Verbindung durch Beantwortung wieder hergestellt ist, bin ich so glücklich. Nein, mein Geliebter, ich werde nicht bereuen; es wäre gegen Gottes Willen und ein Schatten auf meinem Leben gewesen, wenn ich Dir schon jetzt voll angehört, und alle Schranken die Du menschlich nennst, die aber doch eine göttliche Bestimmung in sich tragen, durchbrochen hätte.

Daß unsere große, «gottgewollte», immer wachsende Liebe, und das Bewußtsein, daß in diesem furchtbaren Kriege jedes Zusammensein das letzte sein kann, die Versuchung dazu mit sich bringt, haben wir beide erfahren, nicht wahr, mein Geliebter? Und es war schmerzlich und dunkel und schwer.

Wir haben uns immer wieder zurückgefunden auf den rechten Weg und uns zu immer größerer Klarheit und Ruhe durchgerungen.

Wenn Du fallen solltest – Liebster, bei dem Gedanken, und wenn Du es auch manchmal so schreibst, empfinde ich trotz dem Schmerz immer eine gewisse Beruhigung, fühle mich auch in der Wahrscheinlichkeit dieser Möglichkeit so ganz nah und innig und völlig eins mit Dir. Nur unsere Wege werden eine Zeit lang getrennt sein, bis Gott sie umso herrlicher vereinen wird. Und wie unendlich glücklich durften wir sein.

Deine Klara.

Susi

In völlig unheilbarer Tugend
Ist unsre Bella eingesunken.
Man könnt' fast an Vollkomm'heit glauben,
Hört' man nicht öfter mal so unken
daß sie sehr gern vorm Spiegel steht
Und dazu ihre Äuglein dreht,
Um Peter Möffert zu gefallen.

Reinhold

Vor Dünaburg

Mein unendlich lieber, mein einziger Mensch auf der Welt. Wie ich schon seit längerer Zeit wusste, bietet sich morgen früh Gelegenheit Urlaubern Briefe in die Heimat mitzugeben.

Auf der Wache, auf den einsamen Wegen als Befehlsempfänger, wo mich nichts stört, seid ihr ganz dicht neben mir. Du gehst mit durch die dunklen Tannenwaldungen und über die weiten, weißen Schneefelder, ich halte Deine Hände, ich umfange Dich und küsse Deine warmen Lippen, Du meine Lebenswärme. Mein kleiner Hai kommt aus dem Wald gelaufen, streckt seine kleine Hand in meine große und wandert mit seinem «Papali». Aber niemals *darf* meine Sehnsucht eine verzweifelte sein. Wird sie allzu schwer, so male ich mir mit aller meiner festen Überzeugung das nahe Wiedersehen aus und ich werde froh und dankbar für das ungeheure Glück, welches mir das Leben gegeben hat.

Mein unendliches Glück, über den weiten Raum hinweg strecke ich in diesem Augenblicke meine Hände nach Dir und meine Seele fliegt fort nach Deutschland hin zu Dir. All mein Liebhaben umgibt Dich in diesem Augenblicke, es küsst Deine edlen, tiefen Augen, Deine hohe Stirn, Deine tapferen Hände, Dein ganzes Leben, das mein, das unser ist.

Dein Ich.

Maximilian

Es geht der Nacht zu und wir sind noch immer da und wissen nicht, was da kommen soll. Ich sitze bei den Kölnsche Jungens, die singen ihre Lieder – «weh, daß wir scheiden müssen, – teure Heimat –, hier habe ich so manches liebe Mal» – Sehnsucht und Wehmut sitzen bei uns. So sinnen und singen wir – singen vom Sterben und einsamen Verderben und sinnen vom Leben und seinen Sonnen und Wonnen, die Kameraden denken verträumt an ihre Lieb – da weiß ich wieder – daß das Größte im Menschen die Liebe ist.

Klara

15. 2. 1916

Heut habe ich in einigen Deiner letzten Briefe gelesen; ach, Du bist doch mein geliebter alter Schlingel, wenn Du mich aufforderst, recht unvernünftig zu schreiben, und Dein Herz zum Brunnen zu bringen. Ich möchte einmal wieder klar und deutlich von Dir träumen und bei Dir sein.

Immer Dein eignes, treues, erhabenes, tapferes, kleines Mädchen.

Maximilian

Abends wieder einmal recht einsam ums Herzerl gewesen. Soviel Verlangen und Sehnen und die fallende Nacht vor sich.

Reinhold

Mein über alles Tiefer, mein Lieblinglieb, wie danke ich Dir für Deine tiefen Briefe. Sie geben mir die einzigen Stunden ganzen Glückes. Meine Sehnsucht, meine stete Sehnsucht. Und doch zehrt diese Sehnsucht trotz aller Stärke nicht an mir. Kräftig und gesund will ich mich erhalten für unser nahes Leben. Allem, was dem im Wege steht, auch mir selbst, setzte ich den nötigen *Trotz* entgegen.

Tausendmal küsse ich Dich, meine Unendlichkeit.

Dein, Dein Ich

Grußpostkarte, circa 1915

Klara

26. 2. 1916

Mein Geliebter, ich bin mit meinen Gedanken natürlich viel «nördlich Verdun», ob ihr durch das erneute Winterwetter sehr gehindert werdet? Hier klärte es sich im Laufe des Nachmittages wieder auf, und die Sonne schien freudig und hoffnungsvoll. Ach, Sieg und Frieden!

Würdest Du jetzt fallen, Geliebter, so würde das erhebende Gefühl, daß es bei einem siegreichen Vorgehen ist, stärkend sein; viel leichter, als wenn Dich im grauen, Frieden vortäuschenden Einerlei des Schützengrabendienstes eine tückische Granate hinweggerafft hätte. Das «Warten» ist ja mehr oder weniger immer vorhanden, und als mir heute Mittag vor Tisch ein Telegramm gebracht wurde, glaubte ich fast, das wäre «es». Aber es war die Nachricht, daß eine schwer erkrankte Freundin außer Lebensgefahr sei – da beruhigte sich das laut hämmernde Herz schnell wieder.

Maximilian

Der Tag war ruhig. Es ist angenehmer, wenn die Artillerie nach den Fliegern in die Luft böllert, anstatt auf unsere Gräben nach uns. Etwas Vorsicht ist auch hier am Platze, denn die Dinger müssen wieder irgendwo herunterkommen.

Der Abendhimmel mit seiner weichen Farbeneinheit von Rosa und Blau windet der Versöhnung Kranz aus dämmernden Licht um unsere Grabenwelt. Auch um das Stück vergrabene Welt drüben an der Straße – um das einsame Kameradengrab.

Martin

Der Gedanke an die Zeit nach dem Abitur läßt mich schaudern. Ich wollt', ich wäre draußen im Schützengraben im dicksten Trommelfeuer. Wirklich, der Gedanke macht mir Freude: «Martin Wolff ist gefallen!» Das wäre doch wenigstens noch ein kurzes Ende, schöner dazu noch, wie ich es mir gar nicht wünschen kann. Das wäre doch etwas anderes als hier in Marburg Schreiber zu sein.

Klara

28. 2. 1916

Mein Geliebter, sehr friedlich habe ich in den letzten Tagen nicht geschrieben, sondern mehr kriegerisch und siegesfreudig; aber Du wirst es auch verstehen, und Du willst ja, daß ich genau so schreibe, wie ich zu Sinne bin. Und so war ich zu Sinne.

Unsere liebe 3te Kompagnie; o, was hätte ich auch geschimpft, wenn mir trotz «Funkens» eine Mannschaft Franzmänner entwetzt wäre. Du siehst Dein wildes kleines Mädchen ganz erstaunt an, das plötzlich vom «furor teutonicus» gebissen scheint; Liebster, ach Du Meiner, halte mich nicht für grausam und unweiblich. Es ist das tiefe Verlangen gründlich und völlig zu siegen; denn was würden unsere Angriffe nützen, wenn sie nicht durchgreifend wären? Und wir kämpfen doch nicht, um den Krieg zu verlängern, sondern um den Frieden herbei zu führen.

Für heute Gute Nacht, mein Liebster

Dein kleines Mädchen

Reinhold

Mutter Erde streckt sich überall tiefbraun durch ihr zerrissenes weißes Kleid. Alles ist nass, zerfließend, weckt ursprüngliche, triebhafte Gefühle, wie sie vielleicht schon in Urzeiten in der Menschheit lebten.

Mein innig, innig Lieber, wie bin ich Dir nah, über alles Maß nah. Tust Du auch alles für Dich? Darfst Du auch schon ausgehen? Ist der Katarrh ohne Rückstand geblieben?

Ich küsse Dich tausend – tausendmal.

Dein Ich.

Maximilian

4. August

Es regnet schon den ganzen Tag, regnet wohl auch die Nacht noch – so ungefähr müßten die Tränen niederrinnen, die in diesen Tagen geweint werden.

7. August

Wolken türmen sich auf Wolken, wie unsere Träume, die sich ins Nichts bauen, die, wenn nicht eine Sonne gütig sie in Nichts zerstieben läßt – in Tränen wie in Regen niederstürzen müssen.

Klara

Geliebter, einen Sturmangriff habe ich mir, trotz meiner augenblicklichen Begeisterung, nicht leicht und einfach vorgestellt, sondern ähnlich wie Du beschreibst, und das «im Feuer liegen», wehr- und machtlos, denke ich mir grausig, und dabei sind die Entbehrungen verdoppelt, das weiß ich auch. Nur – ist es nicht dennoch besser sich zu sagen: «Hier liegen wir nun, ob wir wieder aufstehen, wissen wir nicht; ob ich meinen Verstand behalte in dieser Hölle, weiß ich auch nicht; *wenn* ich ihn aber behalte, *muß* ich dorthin, und vielleicht ebenso lange dort liegen, und wenn ich dann noch das Leben habe, wieder weiter. Komme *ich* nicht hin, doch vielleicht der nächste, oder der übernächste oder der vierte; aber Hinkommen *müssen* wir, bis wir da sind, wohin wir sollen – und wollen!»

Wenn ich selbst dabei wäre, kriegte ich vielleicht nach 'ner Stunde das große Heulen; ich weiß nicht; Du sollst nur wissen, mein Herzensbub, daß Dein kleines Mädchen in *Gedanken* mutig ist, wenn es auch wie Wortheldentaten klingt. –

Hier ist auch Frühlingswetter, und Hoffen und Sehnen schwillt und blüht – Geduld, Geduld – ach Gott, Geduld.

Sieh, wenn ich bei Dir bin, bin ich ja auch glücklich; wie sollte da nicht Leib und Seele in lichter Freude blühn?

Deine eigene Klara

Maximilian

Beim Tagwerden bekommt Unteroffizier Wentzel im Graben neben mir einen Kopfschuß – er röchelt noch ein paar Minuten – dann ist es vorbei. Er stand kurz vor seinem Urlaub, hat drei Kinder daheim – war ein strammer Bursch. Gestern sagte er mir noch: «Ich glaube, ich krieg noch eins verpaßt, ehe ich in Urlaub komme.»

Es ist schon hell geworden, als daß wir ihn noch heraus schaffen konnten. Da bleibt der Tote neben seinem lebenden Kameraden bis zur Nacht liegen. Der Krankenträger, als er herangekrochen kam, um mir zu melden, daß Wentzel schon am Sterben sei, wirft sich auf meines Trichters Rand, verbirgt auf ein paar Augenblicke sein Gesicht in seine Hände und weint wie ein Kind – das ist Liebe. Da soll einem selbst nicht totweh ums Herz werden.

Reinhold

Gibst Du auch der Sehnsucht nicht zu sehr nach? Gibst Du Dich ihr nicht zu lebhaft hin? Man muss da hart gegen sich sein und darf sich nicht einmal die Sehnsucht gönnen, weil sie zu schmerzlich wird, sondern muss sich irgendwie ablenken.

Mein ganzes, volles Heleneglück, erhalte Dich wirklich gesund bis zu unserm baldigen Wiedersehen. Vielleicht kommt nicht nur der Urlaub, sondern unsere restlos glückliche Gemeinschaft unvermutet über Nacht. Ich lebe nur in diesem Gedanken, aber ich brauche einen mutigen, ja sogar tapferfrohen Kameraden, um selbst tapferfroh zu bleiben. Ohne diese Stimmung aber würde sich meine gute Widerstandskraft gegenüber den Anstrengungen des Krieges vielleicht doch arg vermindern.

Küsse Haili und Wawa, die unendlich Lieben. Die Russen, die bösen Männer, können ihrem Papa nichts tun.

Reinhold fällt 1918 bei Prémont

Maximilian

In meinem neuen «Heim» in den sonnigen Sonntagmorgen hineingeschlafen. Briefe geschrieben, Theas Brief mit dem Frühlings-Blumengruß beantwortet, der hätte mich so sehr gefreut, wenn mir bei all dem Heimweh, das mich dabei packte, nicht das Herz brechen wollte. Warum sind wir nicht weiter in die Weltschönheit hineingewandert? Läg vielleicht noch mehr Sonne und Sternenschimmer in unserem Blick? Nun ist es am Ende zu spät. Abends in der II. Linie.

Martin

Eben war ich in Freias Zimmer, wo sie schlief, um die Fahne hereinzuholen; noch liegt ein leiser Duft über dem ganzen, der sie immer umwob. Bald ist sie wieder daheim, ob sie dann noch manchmal an mich denkt? Es ist keine große Liebe, die ich zu ihr hege, sondern noch immer die stille Zuneigung; nur bin ich um vieles freudiger gestimmt, da ich weiß, daß sie mir nicht gleichgültig gegenübersteht.

Maximilian

Einen halben Sack Paketpost bringen die Essenholer mir. Ein Brieflein liegt bei: Wie wirst du Pfingsten feiern? Da mußte ich an all die große Liebe denken, die das schrieb. Da würgte ich an dem ersten Stückerl Kuchen und auf das zweite fielen ein paar helle Tropfen. Es gibt keine größere Liebe, als daß man sein Leben hingibt für die Seinen.

Klara

Wenn Gott uns je völlig vereint, dann kann ich Dir ohne Furcht und voller Zutrauen angehören als Dein Weib – und die Mutter Deiner Kinder. Sieh, es ist so furchtbar, und machte mich so namenlos traurig, daß gerade an unsere heiligsten und höchsten Empfindungen die Macht des Bösen mit solch teuflischer List anknüpft, und aus Liebe – Leidenschaft, und aus heiliger Lust – böse Lust werden kann, ehe wir es uns versehen. Die Grenzen und Gesetze, die Gott selbst in Liebe und Weisheit diesem heiligsten Naturgesetze gesteckt hat, zu überschreiten, wäre Frevel und Wahnsinn.

Wie sehr wir uns losgesehnt haben von allen Fesseln und Ketten, je inniger unsere Herzen und Seelen zusammenstimmten, je mehr wir merkten, wie nötig wir uns waren, desto größer wurde die Sehnsucht nach völliger Vereinigung. Und dann kam das Fragen: warum ist ein und dasselbe einmal gottgewollt, und einmal «Sünde»? Und an das erste «warum» reihten sich andere, und es wurd ein Wirrwarr von finsteren Gedanken in meinem Herzen, so daß mir vor mir selber graute, vor mir und vor Dir. Ach, ich fürchte mich, vor der Macht Deiner begehrenden und der Ohnmacht meiner hingebenden Liebe. (O Georg, mein Georg: Verhüll mein glühend Angesicht! – Ich vergesse, daß ich noch nicht Dein Weib bin.)

Susi

Auch unser Mohrchen büffelt gerne,
Sie war von je ein Musterkind;
Doch zeigen sich schon Eigenschaften,
Die hin und wieder menschlich sind.
So krankt sie schon seit Michaelis
An einer unverstand'nen Liebe.
In Jüterbogs Sandwüsteneien
Da leben ihre höchsten Triebe.

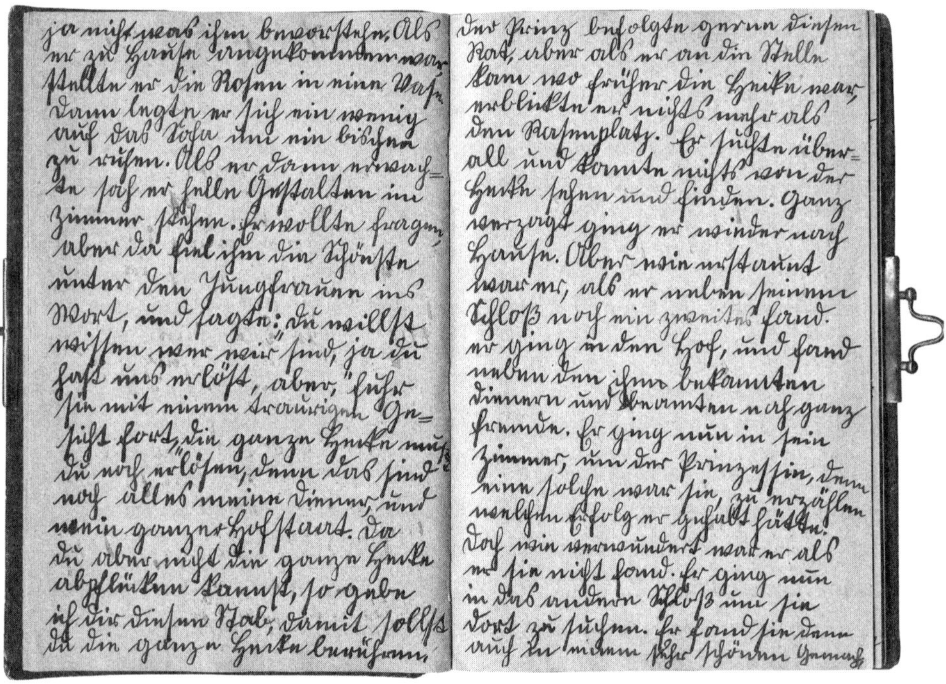

Tagebuch von Susi, 1912

Martin

Montag. Abends ½ 11 Uhr.

Was ich gelitten, wie ich gekämpft habe um die Wahrheit, um das Wissen jener geheimnisvollen Beziehungen zwischen Mann und Weib, all mein Sehnen, auch ich bin auf das unheimliche Auskunftsmittel verfallen; das mir damals noch so gänzlich unbekannt und rätselhaft war, auf das ich dann wie im Traum eines Abends im Taumel aller Sinne gekommen bin. Allerdings gab es dumpfe Ruhe, und es scheint mir, als habe ich ein Verbrechen begangen, eine schändliche Ehrlosigkeit, wie es heißt, für die ein Mensch nur das eine Wort hat: «Pfui Deubel!»

Und heute Abend wieder hatte mich der wahnsinnige Taumel erfaßt, und schon war ich bereit, jene unwürdige Handlung zu tun, die mir schon einmal eine Woche dumpfe Ruhe gegeben hatte, die leichter zu ertragen war als das marternde Begehren. Da fiel mein Blick auf Freias Bild dort auf dem Schreibtisch, und siedeheiß stieg mir die Scham und der Abscheu vor dieser Tat empor; nimmermehr, vor Deinem reinen Angesicht, Du Hohe und Reine, soll das geschehen, kaum wage ich hinzublicken auf Dein Bild, das mir entweiht scheint …

Niemals wieder, ich gelobe es Dir, Freia, ich schwöre hier vor Deinem Angesicht, ich schwöre einen heiligen Eid vor Euch Allen, bei Euch Allen, bei Dir Alwa, Heinrich, bei den Lebenden und den teuren Toten, seht herab, ihr meine Freunde, die ihr ehrenvoll im Kampf gefallen seid, Albert Thomas, Wilhelm Sack, seht hernieder: «Ich schwöre, niemals wieder derartiges zu tun, was ich da getrieben habe, um meine Qual zu lindern, …… das soll aus sein ……»

Du, Freia, wirst mir beistehen im Kampf gegen die wilde Begierde, Du wirst meinen Willen stärken und stählen, damit er Sieger bleibe! Dein Bild soll mir eine stumme Mahnung sein, das Bild Deiner Reinheit, das ich rein betrachten will! Freia, ich danke Dir!

Klara

Liebster, Geliebtester, Du mußt lernen gut zu schlafen, auch ehe ich es Dir beibringe; *ohne* Gottes Hilfe kann man ja das wilde Blut nicht zur Ruh bringen. Später, wenn ich ganz Dein Eigen bin, dann freue ich mich schon darauf, wenn Du müde gearbeitet nach Hause kommst, und dann lernst tief und fest und erquicklich zu schlafen.

Wilhelm

Gott im Himmel, hast du denn gar kein Erbarmen mit mir! Hilf mir, Allmächtiger, wenn du noch lebst, erlöse mich von dem, was mich vergiftet! Ich … ich liebe sie … o Gott …

Klara

Mein Geliebter!
«Das Feuer, das Du angefacht», in mir brennt eine unendliche Sehnsucht nach der Vereinigung mit Dir. Nicht nur nach der Vereinigung unserer Gedanken und Seelen, sondern nach der heiligen und gottgewollten Vereinigung als Mann und Weib.

Mein Georg, ich habe Dich ja so innig lieb, daß es mir fast das Herz zersprengt, und aus einer für Dich sorgenden und bangenden Liebe, ist immer auch eine vertrauende und bei Dir ausruhende Liebe geworden, weil ich Dir so völlig angehöre. Während ich dieses schreibe, habe ich den ganzen, grausigen Krieg vergessen, und nur Du bist noch für mich da, wenn auch weit weg, und ich fasse Deine lieben, starken, treuen Hände.

Wilhelm

Kurzer Friede,
Langer Streit.
Hohe Liebe!
Tiefes Leid,
Volle Becher,
Lippen rot,
Wildes Leben,
Früher Tod.

Klara

8. 7. 1916

Deine Seele ist nicht fern, sondern ganz nah, – selbst der Tod kann sie nicht von meiner trennen. Ich halte sie ganz fest umschlossen – fühlst Du es wohl, Geliebter?

Nun nimm mich in Deine Arme, und küsse Dein kleines Mädchen, Dein Weib. Ich liebe Dich, o ich liebe Dich; hilf mir.

Heute abend habe ich mit Großmutter einen wunderschönen Sonnenuntergang gesehen, brennend-rot hinter merkwürdig gestalteten Wolken. Der ganze restliche Himmel glühte – und im Westen bist Du und ich dachte an Krieg und Blut und Tod, und an Liebe – unsere Liebe; und es kann ja nicht anders sein, wenn man in den Himmel sieht.

Dein eignes, kleines Mädchen.

Maximilian

Ein prächtiger Abendhimmel. Ein weiches Ineinandergehen von Grau und Rot. Zu anderer Zeit ging mir das Herz über voll kräftiger Freude an des

Abends Leuchten – heute erinnert mich das Grau und Rot zuviel an Not und Tod – zuviel an unseren Lebensuntergang, an unsere Himmelfahrt.

Wilhelm

Es gibt Dinge, die sind so schön, daß sie Tränen entlocken. Ich glaube nicht, daß es Rührung ist, oder Mitleid mit mir selbst, wenn ich jetzt in der Erinnerung an Dich weine. Die Erinnerung an unser Glück ist schön und kann durch nichts, was auch jedem von uns begegnen mag, entweiht werden. Selbst an den Hecken blühen Blumen, spärlich und wild zwar, schmerzlich süß an Duft, nein unser letztes Zusammensein … aber es sind trotzdem Rosen, rote Rosen sogar, und die künden, wenn sie nicht Liebe bedeuten, doch wenigstens von Vergebung.

Klara

Mein Liebster!
Das Glück ausdenken kann ich mir nicht; es ist zu groß und schön. Heut war ich beim Standesbeamten wegen unseres Aufgebots. Er sagte:

Entweder wir könnten am Dritten einfach kommen ohne Aufgebot, also einfach Kriegstrauung.

Oder wir könnten uns aufbieten lassen; dann müßtest Du aber noch einen Antrag stellen in dieser Form: Hierdurch beantrage ich mein standesamtliches Aufgebot mit … (vollem Namen) Tochter des – und – Deine Unterschrift müßte dann beglaubigt werden, und zwar durch einen, der berechtigt wäre ein öffentliches Siegel zu führen, also ich denke mir Dein Rittmeister oder irgend ein höherer militärischer Scheich. Das Ding schickst Du dann umgehend mir. Also Bub, mach was Du willst, mir ist alles recht, wenn wir nur ordnungsgemäß verheiratet werden.

Und nun gute Nacht, Herzliebster Du
Ich freue mich

Dein kleines Mädchen.

Wilhelm

Laß mich nicht heimisch werden
Hier in dem fremden Land.
Das Herze wird zu Erden,
Wenn's noch so heiß gebrannt.

Ach, alles Herzens Sonne
Geht unter in tiefer Nacht,
Ach, alle süße Wonne
Ist hin, eh du's gedacht.

Martin

Und Yvonne – o, dieser Name allein, was ruft er nicht alles in mir wach! Meine kleine reizende Tischdame von Libeths Hochzeit, die so niedlich schwätzen konnte. Wie wir uns küßten bei der in Belgien üblichen Begrüßungsform, so lange und so innig. Noch lange Zeit danach habe ich als mein teuerstes Andenken einen kleinen, unscheinbaren Kalender an meiner Uhr getragen, den sie mir einst gab, der für mich schon deshalb eine höhere Weihe besaß, nur weil ihn ihre Hände berührt hatten. Noch habe ich ein ganzes Dutzend Briefe und Karten von ihr in meiner Schreibmappe, erst heute habe ich sie wieder einmal durchgelesen; sie muten mich an wie kleine launige Schmetterlinge mit ihrem «Mon cher Martin» und ihren «mille baisers» am Schluß! Neulich schrieb Libeth, Yvonne sei ein reizendes junges Mädchen geworden. Ein Jahr älter als ich, ist sie jetzt schon «junge Dame»! Ist auch wohl eine glühende Patriotin, wie es alle diese Belgier sind, haßt wohl auch alles, was Deutsch ist, auch das, was sie einst vielleicht geliebt hat!

Klara

18. 9. 1916

Nun unsere «dicken Gelder». Das Schlimme für Dich ist, daß ich weder ein Vermögen noch einen regelmäßigen Verdienst habe, und von unserer Verheiratung ab völlig auf Dich angewiesen bin. Ich werde also eine Frau, die dauernd Geld haben will. (O, was er für 'ne Angst kriegt.) Nun will ich Dir meinen Kostenanschlag machen:

Wöchentlich Haushaltsgeld	15 M.
(mit eingerechnet Kohlen, Petroleum, Seife, Lichter und so weiter)	
ist monatlich	60 M.
Taschengeld für mich monatlich	20 M.
Sonstige Ausgaben (Lohn fürs Mädchen)	20 M.
ist monatlich	100 M.

Damit will ich mal sehen, wie weit ich komme, und inzwischen verdienst Du ja weiter.

Dein eigenes, kleines
Mädchen.

19. 9. 1916

Heute morgen habe ich mein Brautkleid anprobiert – ach Geliebter, noch 14 Tage! Ob es wirklich, wirklich noch wahr wird?

Maximilian

25. September 1916

Wir sind nicht heil herausgekommen, aber mit Toten und Verwundeten und alle zerschlagen von dem Schrecken und Grauen der Nacht. Ein Augenblick des Haltens – wir wollen Kehrt machen – und im glücklichen Augenblick – wir reden eben davon – kommt die erste Lage Granaten an – mitten rein in den Anfang und die Mitte unserer Reihe. Entsetztes Aufschreien – jammernde Hilferufe – und die II. Lage pfeift an und haut noch einmal in das Durcheinander hinein und dann noch eine dritte und alle just an der Stelle, wo wir über den Bach wollten. 13 Tote und 11 Verwundete liegen in Nacht und Nebel und Blut und Verlassenheit. Sonntag ist es und wir sind müde – zerschlagen vom Grauen und Schreien seiner ersten Morgenstunde.

Klara

Mein Geliebter!

Der Schmerz und die Trauer um unseren lieben Willy ist natürlich nicht mit ein paar Tagen abgetan, sondern begleitet uns immer weiter. Ach Geliebter, Deine Vermutung ist richtig; Minna hat ihn immer lieb gehabt, schon von ihrer Backfischzeit an, und wenn er auch nie ein Zeichen tieferer Neigung gegeben hat, als die warme Freundschaft, die er für uns alle fühlte, so hatten wir doch immer gehofft, es könnte einmal dazu kommen. Und nun ist das alles, alles aus und wir reden von ihm als von einem Gestorbenen. Minna ist gefaßt. Du kannst Dir denken, mein Geliebter, wie es mir in's Herz schnitt, daß gerade, während sie fröhliche Überraschungen für meine Hochzeit vorbereitete, diese Nachricht kam!

Dein kleines Mädchen.

Wilhelm

In den Menschenherzen sind wunderbare Quellen des Trostes, die sich nur öffnen, wenn es bedrückt wird. Was bleibt uns von unserem Glück? Nichts als die Erinnerung.

Martin

30. Januar 1917

Dienstag. Was eigentlich so recht meine letzten Tage ausgefüllt hat, das ist die neue Bekanntschaft, die ich auf dem Eis gemacht habe. Schon als soeben die Eisbahn eröffnet wurde – es war am vergangenen Montag – und wir aus der Chemiestunde am Nachmittag kamen und an der Eisbahn vorbeigingen, fiel mir unter den Schlittschuhläufern oder vielmehr -läuferinnen die kleine Carola Zeisse, genannt «Rolle», auf. Ich kannte sie natürlich von Ansehen – sie ist außerordentlich hübsch, etwas kleiner als ich – und vor allem von Hörensagen, denn die «Rolle» hatte schon manches Pennälerherz verdreht, hatte aber auch schon manchen armen Teufel zum Besten gehabt, ganz besonders den Ino, der einmal eine Zeit lang ganz rasend in sie verliebt war.

Wie ich das Mädel nun da so allein herumlaufen sah, ging mir so ganz plötzlich der Gedanke durch den Kopf, daß wir beide beim Schlittschuhlaufen doch ein famoses Pärchen abgeben müßten. Am nächsten Tag lernte ich mir erst mal wieder das Laufen, das ich in den drei Jahren fast vergessen hatte, und am Mittwoch war ich schon ernstlich hinterher, obwohl mir von allen Seiten abgeraten wurde. Unglücklicherweise lief sie immer mit ihren großen Schwestern, und das hinderte mich, heranzugehen.

Am Donnerstag war sie allein, aber da hatte ich natürlich mal wieder nicht den nötigen Mut. Nachher war ich dann so wütend und habe mich so geärgert, daß ich in der Nacht darauf kaum ein Auge zugetan habe. Am Freitag hatten die Mädels Geburtstagsfeier, und da war niemand zu sehen. Schon allein um meiner blödsinnigen Aufregung ein Ende zu machen, verschwor ich mich Sonnabend hoch und heilig, sie anzukeilen, einerlei, ob ich einen Korb kriegte oder nicht.

Also Sonnabend Nachmittag lief ich mit möglichst elegantem Bogen auf sie zu und fragte an, ob es ihr angenehm sei, wenn ich mit ihr laufe. Ich habe noch nie ein Mädel so direkt angekeilt, deshalb war ich doch recht aufgeregt. Sie antwortete mit einem: «Aber gerne» oder «Recht gerne» und damit war die Bekanntschaft geschlossen, und wir sind so nett miteinander ausgekommen, daß wir uns gleich auf den Sonntag Morgen wieder verabredet haben.

Nun laufe ich schon jeden Tag mit ihr und werde von allen Pennälern darum beneidet, und man versicherte mir, daß wir beide das schönste Pärchen auf der ganzen Eisbahn seien.

Schlittschuhläufer

Wilhelm

Wilhelm

Unselig ist, wer liebt und nicht besessen,
Unsel'ger noch wer Liebe nie empfunden,
Den aber hält das ärgste Weh umwunden,
Wer nicht mehr liebt und doch nicht kann vergessen.

Martin

11. Juni 1917

«Selig drum, sage ich, wem Gott das Glück verleiht, zu sterben, sobald das Kindesparadies, die Jugendzeit vorüber sind, denn dann werden ihm zwei Himmel zuteil, der eine hüben und der andere drüben.» (Heinrich Hansjakob: «Aus meiner Studienzeit»)

Ich sprach über diesen Punkt mit Carola Zeisse am letzten Abend im Boot. «Es fallen Tausende», sagte ich, «und der Gedanke, daß auch ich, wie schon so viele meiner Kameraden, nicht wiederkommen sollte, hat für mich nichts Schreckliches. Die schönste Zeit meines Lebens, meine Jugend, liegt hinter mir, warum sollte ich da dem Geschick zürnen, wenn es mich vor Lebenssorgen und Alter bewahrte?»

«Sie hätten sie nur mehr genießen sollen, die schönste Zeit Ihres Lebens!», meinte sie darauf, sah mich eine Weile fragend an und schaute dann ins Weite.

Wilhelm

Das einzige, was im Leben Wert hat, ist der Augenblick. Liebe ist die wahnsinnige Begierde, einen anderen Menschen zu besitzen, oder sich selber zu verlieren!

Maximilian

12. April 1918.

Nachmittags nach Wiesbaden hinaus – mit der Trambahn durch all die blühenden Obstgärten. Die anderen Kameraden sind auf der Suche nach «Damenbekanntschaft».

Sonntag. 14. April 1918.

Abends im Stadttheater «Zigeunerbaron». Neben mir saß ein Fräulein – ein paar Gelegenheitsworte, ein freundliches Erwidern und in der zweiten Pause wandeln wir mitsammen und am Schluß begleite ich sie nachhause. Für morgen habe ich, nachdem ich all die Tage so lange allein herumlief, noch eine liebenswürdige, herzige Bekanntschaft gemacht.

15. April 1918.

All das Gestehen zum ersten Mal mit einem Unbekannten zu gehen, all die trennende Heimlichkeit auf den belebten Straßen, all das offene und naive Ausplaudern all dessen, was sie selbst über unser heute und gestern dachte. Das war ein so liebes, freundliches Wandern über Grasenheim, Budenhein und dann den Rhein entlang mit blühenden Zweigen in den Händen, in reiner Freude an dem schönsten Frühlingstag und aneinander.

Zu früh war der Weg zu Ende und kam das Auseinandergehen – wer weiß, ob je wieder «auf Wiedersehen»?

Maximilians Tagebuch ist von einem Granatsplitter beschädigt, wahrscheinlich von der Granate, durch die er fiel.

Karl-Willi (1918)

In diesem Jahr sah ich meine zukünftige Frau zum ersten Mal. Sie war meine erste und wurde meine letzte Liebe. Es war für mich wirkliche Liebe auf den ersten Blick. Sie hieß Martha und war die Schwester eines Arbeitskollegen, mit dem ich Freundschaft pflegte. Da sie erst vierzehn Jahre alt war, konnte sie ihrem Bruder mittags warmes Essen bringen. In diesem Alter war sie schon ein schönes Mädchen. Sie war fast so groß wie ich, gut gewachsen, hatte schwarze Haare, rote Wangen, einen roten gutgeformten Mund und marmorweiße Haut. Wie Schneewittchen im Märchenbuch. So hatte ich mir immer meine Frau vorgestellt. Von diesem Tag an konnte ich mich in kein anderes Mädchen verlieben. Mit meiner Magerkeit war ich gegen sie ein unscheinbarer Mensch. Deshalb hatte ich unüberwindliche Hemmungen, sie anzusprechen. Dazu kam noch eine angeborene Schüchternheit, die ich noch lange Zeit nicht loswerden konnte und worüber ich mich sehr ärgerte. Überdies würdigte sie mich auch bei diesen Begegnungen keines Blickes. Männer waren für sie damals noch sichtlich uninteressant. Ihr Bruder Arthur lud mich manchmal ein, ihn zu besuchen, sodaß ich meine Angebetete auch sah. Vom ersten Augenblick unserer Begegnung an liebte ich sie und sie ging mir nicht mehr aus dem Sinn.

Klara

Wenn Deine Briefe kommen und mich fortreißen in einem glühenden, goldenen Feuerstrom; wenn Deine Worte mich berühren, so wie Du es wünschest, wie lauter zarte, innige Liebkosungen Deiner Lippen und Hände – dann steht mir das Herz still und will fast zerspringen vor Liebe und Sehnsucht. O Du, Du, daß ich Dich habe, und Dein bin!

Weißt Du noch, wie Du in Lüne mich zärtlich und scheu mit einem Lindenblatt gestreichelt hast? Mein Geliebter Du.

Ich möchte mich müde schreien an Deinem Namen

(1920–1929)

Freia

9. Mai 1920

Was ich über die Freundschaft zwischen Mann und Frau denke? Ja, Martin, das ist ein Problem, das mich häufig schon beschäftigt hat, denn ich selbst habe ja schon so viele Freunde gehabt. Ich sage «gehabt», der Krieg nahm sie mir.

Karl-Willi

Der Abschied von meiner geliebten Martha war kurz. Ich hatte keinen Mut, sie zu fragen, ob sie mir treu bleiben und auf mich warten würde. Sie löste ein silbernes Armkettchen von ihrem Handgelenk, befestigte es an meinem rechten Handgelenk und sagte mit ihrer kinderhellen Stimme, wobei sie mich mit ihren blaugrünen Augen fest anblickte: «Damit Du mich nicht vergißt.» Dann gaben wir uns die Hand und trennten uns. Nur daran erkannte ich, daß ich ihr etwas bedeutete und das machte mich sehr froh, auch das Kettchen an meinem Handgelenk. Es blieb immer dort.

Ursula

Pyrmont.

Bin mit einem ganz großen Satz aus dem Bett gesprungen, um Schreibzeug zu holen, Ihren vor fünf Minuten erhaltenen Brief neben mir. Und wenn Maria, und dies ist wohl gewiss, um ihrer Liebe willen leiden muss, so vergessen Sie doch nicht, dass dies das Schönste ist für eine Frau. Sie stehen wahrlich nicht mit zufrieden gefalteten Händen dabei und schauen zu. Sie wirken und arbeiten an Ihrem Platz und sind innerlich sehr tief in aller Qual. Ihr ganzer Brief ist ein Sturm und ich bin ganz atemlos und mitgerissen worden.

Freia

So ist meine Stimmung heute Abend: Es ist solch köstlich träumerischer Sommerabend – und dazu noch Beethovens herrliche II. zu hören! Ganz Frieden, ganz beglückende Sehnsucht wird man selber. –

Martinlein, habe noch nichts wieder von Dir gehört und sorge mich etwas. Laß doch *bitte* ein Wörtchen von Dir hören!

Tausend Grüße!

Freia.

Martin

Ich weiß nicht, Freias Briefe in letzter Zeit, ich hatte schon immer das Gefühl, wagte bloß nicht, ihm Ausdruck zu verleihen, ich glaube fast, es ist keine schwesterliche Zuneigung, die aus ihren vor Sehnsucht überfließenden Worten spricht. Sehnsucht wonach? –

– Ach Freia, ich verstehe Dich ja so gut, es geht mir ja gerade so, nur, nur – Herrgott, nein, ich weiß ja selbst nicht mehr, lieben wir uns denn wirklich? –

Herrgott, diese Zweifel sind ja furchtbar, welche diese Erkenntnis mit sich bringt, wie kam es denn nur? Es kann ja nicht sein, darf ja nicht sein. Und doch, mein Gott, es ist wahr, war ich denn blind? Im letzten Brief lag, mit Bleistift geschrieben, ein Zettel, ein Nachtrag.

Freia

Sonntag, 20.12 Uhr

Es ist eine köstlich stille Frühlingsnacht. Ich sitze am Schreibtisch, vor mir in Bildern all meine liebsten Menschen unter duftenden Fliederblüten. Durchs Fenster weht duftschwerer, müder Nachtwind und die Frösche am See erzählen so traulich alte Märchen herüber. Mein Herz springt fast vor

Dank, Liebe und Glück – wie unendlich gut hab' ich's doch! Und doch – diese heiße, namenlose Sehnsucht! Sie ist beseligend. Verse kommen mir in den Sinn:

Sehnsucht wandert durch die laue,
Schwer von Fliederduft durchwehte
Frühlingsnacht mit leisem Schritt.
Bei den Apfelbäumen bleibt sie stehn,
Sehnsucht, höre auf zu spielen,
denn die Geige – ist mein Herz!

Martin

Freia, Freia! Ich möchte mich müde schreien an Deinem Namen, diese Nacht – o Gott nein, wie würde ich Deine Sehnsucht stillen, Freia, denk' nur, wenn ich da, wo Du schreibst, leis von hinten an Deinen Schreibtisch herangetreten wäre, ich weiß ja, ich bin meiner Sinne nicht mehr mächtig, aber laß mir die Vorstellung, Freia, laß sie mir, ich bitt' Dich, sie ist zu schön.

Freia, was hättest Du getan, wenn ich Dich in meine Arme gerissen hätte? Wenn glühende Küsse meiner Sehnsucht Ausdruck verliehen hätten? Freia, Dein Mund auf den meinen, diese Seligkeit, diese Wonne …

Mir schwindelt, ich darf nicht mehr – kann nicht mehr – meine Nachtruhe ist hin – Freia … Freia …

Karl-Willi

An einem schönen sonnigen Sommertag im August des Jahres 1925 stand ich im Stadtinnern meiner Heimatstadt auf einer unübersichtlichen Straßenkreuzung und regelte den Verkehr. Plötzlich stand «sie» nicht weit vor mir auf dem Fußweg. Sie hatte ein nettes blauweißgestreiftes Sommerkleid, seidene Strümpfe und schwarze elegante Schuhe an und trug ein fesches, weißes Hütchen. Sie blühte wie eine Rose und strahlte mich an wie der Sonnenschein, wobei sie ihre ebenmäßigen, kleinen weißen Perlenzähnchen zeigte. Beinahe hätte ich sie nicht wiedererkannt, so erwachsen war sie geworden. Mein Herz hüpfte vor Freude über ihren Anblick und am liebsten wäre ich mit ihr davongelaufen. Aber ich riß mich zusammen und machte ihr unmissverständliche Zeichen mit dem Zeigefinger auf meine billige Nickelarmbanduhr, zeigte mit sechs Fingern und deutete dann auf mich. Sie verstand sofort, nickte mehrmals mit dem Kopf und wartete geduldig, bis ich von meinem Kollegen abgelöst wurde. Damit war mein Dienst an diesem Tage zu Ende. Wir begrüßten uns und konnten kaum sprechen vor Freude.

Martin

Meine liebe Freia!
Ich habe niemand mehr geschrieben, und selbst meinem Tagebuch vermochte ich nicht das anzuvertrauen, was mich in fast wahnsinnigem Taumel erfaßt hatte und drohte, *dieses* Verhältnis zwischen Dir und mir, das für mich so unendlich viel bedeutet, zu sprengen.

Was gäbe ich um eine einzige Mondscheinrudernacht, von der Du schreibst – Jahre meines Lebens, glaube ich, ohne Bedenken.

Tausend Dank für Dein hübsches Bildchen, Dein ganzes Wesen ist so recht getroffen, wie Du da mit einem ganzen Arm voll Blumen stehst – ach, könnte ich doch nur …

Schreib' mir bitte bald, ja, «so oder so», ich red' mit Deinen Worten, siehst Du, so ganz fühl' ich mich eins mit Dir. –

Karl-Willi

Ich brachte sie nach Hause. Unterwegs zeigte ich ihr stolz das Armkettchen an meinem rechten Handgelenk. Sie freute sich sehr darüber und sagte dann lachend: «Wie groß und stark du geworden bist. Beinahe hätte ich dich auch nicht wiedererkannt, weil du so braun gebrannt bist.» Als wir uns später vor ihrem Wohnhaus verabschiedeten, bemerkte ich plötzlich, daß das silberne Armkettchen von meinem Handgelenk verschwunden war. Wir begannen beide den Fußboden und eine große Strecke des Fußweges, den wir zurückgingen, abzusuchen. Aber es blieb verschwunden. War das nicht sonderbar? Es hatte uns wieder zusammengeführt und verschwand spurlos. Von dem Tage unseres Wiedersehens trennten wir uns nie mehr. Mit Ausnahme der Zeiten, in denen wir gewaltsam voneinander getrennt wurden. Und das waren sehr traurige, schmerzliche Zeiten.

Ilse

Weißt Du, tanzen macht nur Freude, wenn man 1). einen sehr guten Tänzer hat, oder 2). seinen Tänzer liebt. Lach' nicht, Du, es ist wahr. Am allerschönsten aber ist's, wenn 1). und 2). zusammenfällt. So, jetzt darfst Du lachen, aber nicht so laut, Du, sonst krieg' ich ein ganz rotes Köpferl.

Else

Also, lieber, lieber Bub, Deine alte Tante Else steht vor Dir und bittet Dich flehentlich: Fahr' nicht hin nach Hanau. Du bist der vernünftigste von allen Beteiligten, darum wende ich mich an Dich ganz besonders, bist mir ja auch jetzt der einzig Erreichbare. Wenn Du fährst und Ihr haltet Euch beide wieder fest an den Händen, so ist es um Euch beide geschehen, und dafür seid ihr beide noch zu jung – Du brauchst nicht hochzufahren, ich weiß, daß

Du Deinem Alter weit, weit voraus bist, und ich bin auch stolz darauf, aber denk' auch an Ilse, und dafür ist sie ein zu liebes, gutes und entzückendes Geschöpf – denk' an den furchtbaren Schmerz, den Du ihr bereitest – gewiß, sie hat ihn schon, Du kannst ihn nur vergrößern – Fahr nicht! – Nicht wahr, Du bleibst hier? – Keine Antwort? – Sieh meine Tränen, Du bist mir das Liebste, was ich auf der Welt habe, ich lebe nicht mehr allzu lange, aber tu' mir das nicht an, denk' an Deine liebe Ilse, wenn Du nicht an mich denken willst, und sei vernünftig …

Ursula

Mai.

Ist es nicht möglich auf der Erde, dass durch Liebe Kräfte entstehen, die unsere Armut zu Vollkommenem ergänzen? Dass alles gut ist und die Sehnsucht still wird, dass sie Flügel hat und ihren Weg weiß …

Else

Meine liebe gute Ilse!
Verzeihe einer alten Tante, die Dir die schönste Neujahrsfreude vereiteln und Dich bitten mußte, nicht hierher zu kommen; das Herz tat mir ebenso weh wie Dir und unserm lieben Bub, den gerade ich so unaussprechlich lieb habe. Nach längerem Überlegen gab er mir Deinen schönen Brief, ich las so unendlich viel Liebe zwischen den Zeilen, daß ich ihn mit blutendem Herzen bat, nicht nach Hanau zu fahren: Denn wenn Ihr beide Euch wieder fest an den Händen gehalten hättet, wäre die alte Liebe als Flamme über Euch zusammengeschlagen. Du sollst ihn weiter lieb haben, aber als unsere liebe kluge Ilse, wenn möglich nur als Schwesterlein. Versuche ihm eine liebevolle Schwester zu werden, wenn es das Schicksal anders für Euch bestimmt hat und ihr beide später an die schöne Jugendzeit mit ihren

Freuden, auch Tränen und Leiden zurückdenkt, dann hegt keinen Groll zu denen, die Euch vor dem Schlimmsten in ihrer Liebe zu Euch beiden bewahren wollten.

Verzeihe nochmals und sei umarmt
von Deiner Dich herzlich liebenden Tante Else.

Ilse

Mai.

Ich möcht Dir heut' meine Ruhe senden, die ich mir heut' Nacht schwer erobert habe, das Vertrauen zum Schicksal, das uns gewiß und bestimmt noch einmal zusammenführt, ich fühl's. Du! Und sollte es lange, lange dauern, was tut's, meine Liebe hat die Kraft, das zu überwinden; auch das fühl' ich. Und noch mehr: Sie hat die Kraft, Dich zu erfassen, ganz wie Du bist, Gutes und Böses, Vorzüge und Fehler, weil sie Dein Wesen erfaßt und nicht Dein Tun, weil sie nur Dein Glück will.

Martin

Ilse, ich – ich muß frei sein, vogelfrei, ich hasse diese Fesseln, ich kann mich nicht binden – aber – ich kann Dich auch nicht schwesterlich lieben oder verehren wie Freia, Ilse, Ilse, ich hab' Dich ja so lieb, so lieb, wie ich noch niemand hatte, das weißt Du auch, oder Du fühlst es, noch schlimmer, noch schrecklicher für Dich und mich – Ilse, das fühle *ich*, wenn wir nicht zusammenkommen, geht einer von uns beiden unter.

Ursula

Juni.

Liebe ist eine Sprache unserer Unsterblichkeitssehnsucht …

Und tanzte, und tanzte viel und ließ keine Tour aus, eine über die andere mit Fridl. Sie drückte sich fest an mich wie nie und wandte ihre Augen nicht von den meinen.

«Eine schöne Freundschaft ist doch etwas schönes, Martin! Du, ich glaube, es gibt gar nichts Schöneres. Und wir wollen auch beide immer gute Freunde bleiben, nicht wahr, Martin, immer?» Ich war sehr bewegt.

«Ja, Fridl, das verspreche ich Dir, Du kannst auf mich bauen.» Der Tanz war zuende und wir gingen weiter eingehenkt im Saal umher.

Albert hat mir dann unterwegs noch viel erzählt, seit wann er Fridl liebt; nach dem Kriege, aus dem Feld zurückgekehrt, sei er doch noch ganz jungenhaft gewesen, schüchtern, habe nie ein Mädchen geküßt, und da sei er im Sommer '19 einmal wieder in Klingenberg gewesen, Herr Ammerschläger sei verreist und sie hätten viel miteinander gesegelt und seien spazieren gewesen – es seien überhaupt bis jetzt die schönsten Tage seines Lebens gewesen. Und als eines Abends Frau Ammerschläger Briefe schrieb und sie beide allein im Grünen Zimmer saßen, da habe er sie zum ersten Mal geküßt … Und dann die «Schlüsselblumenwiese» – wo sie beide lange zusammen im Grase gesessen haben, und alles paßte genau auf die «Grüne Heide», und Fridl habe ihm gesagt, daß es nur deswegen ihr Lieblingslied sei und sie dabei immer daran denken müsse. Und ich legte ihr dies Lied, das auch mir lieb wie kein anderes ist, unter den Weihnachtsbaum, um ihr meine unwandelbare Liebe auszudrücken … Ich war innerlich wie versteinert vor Schmerz, als mir Albert dies leise erzählte …

«Du weißt nun alles, Martin; und ich glaube, daß Fridl auch jetzt noch wie damals empfindet.» Und in meinem Koffer lag ein welkes Veilchensträußchen – ich hab' es auseinander gebunden und in meinen «Werther» gelegt …

Ursula

Noch eines will ich Dir sagen, ehe wir scheiden. Du kennst nicht nur mich – ich kenne auch Dich – nicht nur den Teil von Dir, wo du klug und überlegen bist, ich bin viel tiefer eingedrungen bis dahin, wo Du hilflos bist … Ich weiß nun, dass Du ein armer heimatloser Knabe bist, der nicht stark und groß, sondern verzagt und unsicher – vielleicht sogar gebrochen ist, ein Knabe, der eine Hilfe braucht und viel Liebe.

Martin

Januar

Der Burgball ist vorbei – Aschermittwochstimmung! Wenn ich an den letzten Foxtrott mit Elena denke – vielleicht genügt es, wenn ich sage, daß ich in meinem Leben noch nicht *so* getanzt habe wie diesen einen Salomé – es gab keinen Unterschied mehr zwischen unsern Körpern, Wange an Wange und Lippe auf Lippe – denk' ich dran, so wird mir siedend heiß – ich hab' sie an mich gepreßt und sie mich, daß es schmerzte vor Seligkeit und namenlos leidenschaftlicher Hingebung. Ich spürte ihren jagenden Atem an meinem Munde und unser beider Körper zitterten und bebten. Wir hatten ja beide viel getrunken – ich darf wirklich jetzt nicht mehr daran denken.

Heute Morgen saß ich mit Elena im Café Grörsmann, nachdem ich sie bei Wallis abgeholt hatte; sie sagte mir, sie habe sich besser amüsiert als im Dezember auf Heiligkreuz bei unserm Winterfest, und als ich sie fragte: Warum? Da drückte sie mir den Arm und sagte mir leise das eine Wörtchen ins Ohr: «Salomé!»

Und unsere beiden Hände fanden sich wieder und schlangen sich fest ineinander, so fest wie unsere Körper am Abend vorher.

Georg

Mein treuer Goldhase!

Ich habe auch in der Tiefe meiner Seele eine süße Sehnsucht nach dir. Ich lasse sie aber nicht heraus kommen, daß sie still und heilig bleibt. Mein treues Liebchen, du. Ich freue mich auch darauf, daß du dich so hübsch gemacht hast. Bald bin ich ja auch wieder bei dir, vielleicht länger, als du denkst.

Nun lebwohl, kleiner Herzenshase.

Einen Kuß von deinem treuen Mann (eilig)

Martin

Sonntag.

Mein Gott, ich versuche, objektiv zu denken; das ist keine Freundschaft mehr, die Du für Elena empfindest, das ist Liebe! Wirkliche echte Liebe? Wen hab' ich denn bisher geliebt? Carola Zeisse? Aus, endgültig. Fridl, Ilse? Sind die auch aus? Und Elena? Ich habe wirklich nie bei ihr an Liebe gedacht – und doch, wenn ich jetzt alles überlege, Herrgott, es fällt mir ja wie Schuppen von den Augen. Dabei habe ich mir eingeredet, bei ihr den Beobachter zu spielen, der sich für dies psychologische Problem interessiert, wie durch mein Dazwischentreten der Konflikt in ihr großgezogen wurde. Ich hab' das ja immer gefühlt, diese brennende Frage bei ihr: Richard oder Martin? Aber habe ich doch um Fridl sowohl als nun um Ilse die bittersten Kämpfe durchgerungen, und nun um Elena etwa auch?

Ich weiß heute Abend nicht aus noch ein; es kann so mit Elena nicht weitergehen; wir haben heute auf der Nachhausefahrt heimlich Hand in Hand gesessen, und da hab ich gemerkt, daß ich Dich liebe, hörst Du es?

Georg

Sponsberg, Dienstag den 19. Juli

Mein Herzenshäschen!
Hoffentlich paßt es dir, mein Häslein, wenn ich Asta mitbringe. Du brauchst auf sie nicht eifersüchtig zu sein, trotzdem ich hier mit ihr sehr glücklich und liebevoll bin. Wir haben öfters zusammen auf der Chaiselongue gelegen, sie in meinen Armen, ihr müdes Köpfchen verständnisvoll fest an meine Brust gelegt, und ab und an habe ich herzlich den willig dargebotenen Mund, Stirn und Augen geküßt. Sie verlor sich nicht einen Augenblick aus der Hand, nur einmal versteckte sie ihr Gesicht, und ich merkte nachher, daß sie geweint hatte. Ich glaube, es tut ihr unendlich wohl in ihrem mit Liebe doch nicht übersättigtem Herzen.

Ich fragte sie einmal, ob es ihr nicht schade, wenn ich sie nütze oder sie ausbeute. Nein, dazu hätte sie sich viel zu sehr in der Gewalt. Für mich war es ja etwas schwieriger, denn ich bin ja nicht so an eine Disuplimierung meiner Gefühle gewöhnt und ich sah mich einige Mal hell anbrennen, ohne daß sie es aber merkte. Sie sagte neulich mal: «Ich wollte, ich wäre ein Mann, dann wäre ich in den Krieg gegangen, gefallen, und wäre überall, wo's Not wäre, als helfender Geist eingesprungen!» Du machst dir keine Vorstellung, was für wüste Sachen das arme Kind hier in der letzten Zeit hat hören müssen. Mündlich darüber.

Der arme Schlichting hat's ja auch schwer, eine kalte, unnormale Frau bei *seinem* Temperament. Er ist natürlich schrecklich ausgelatscht. Ich sagte ihm, er müsste die Liebe zu seiner Frau auf eine geistige Basis zu heben suchen, dann würde er auch ihre Seele besitzen lernen. Sie haben sich, glaub ich, schrecklich heruntergezogen und es ist kein Wunder, daß diese Frau einen Ekel vor sich und ihrem Mann bekam unter der Entstehung von psychischen, ecklen Mätzchen.

Wie du wohl diese Bekenntnisse mit der kleinen Asta beurteilst? Kannst du dir vorstellen, daß ich *kein* schlechtes Gewissen habe? Denn ich habe auch das Gefühl, diese Freude ist das Rechte für Asta und glaube, bei aller schwesterlichen Liebe ist sie zu vernünftig und selbstlos, sich in mich zu verlieben. Denn sie kriegt uns beide doch als *einen* Organismus in ihrem Herzen.

Ach, mein altes, süßes Schätzchen, daß ich mich auf dich freue, erlaubst du mich doch, rundrum. Nun lebwohl, mein Herzensschätzlein. Laß dich herzlich umarmen von deinem alten, treuen

Georg.

Asta grüßt.

Ursula

Was ich in Dir empfand, ist mancherlei nicht Gutes, es ist das, weshalb ich oft zu Dir sagte: Du brauchst viel Liebe. Du meintest, Du *habest* viel Liebe. Es muss aber eine sorgende, mütterliche, nie zu beirrende Liebe sein. Die Dich nicht in den Himmel hebt, ihn Dich aber immer fühlen lässt als ein nicht zu stillendes Verlangen, wenn Du selbst einmal müde geworden bist oder mutlos.

Denn Du bist ein Mann, der die Erfüllung sucht wie kaum ein Mensch und den diese Sehnsucht die Frau suchen lässt, um durch sie zu ihr zu gelangen.

Gewiss, ich suchte Deine Nähe und Dich und werde dies nie und am wenigsten vor mir selbst leugnen. Du aber suchtest oft auch mich.

Lieber, es gab Stunden, wo ich wünschte, Du sähest in mich hinein und erlebtest schaudernd den Abgrund, an dem ich ging, um niemals einer Frau in den Weg zu treten, die Du nicht liebst. Denn Du bist ohne Hingabe.

Georg

Sponsberg.

Mein liebstes Häslein!
Da du nicht schreibst, muß ich annehmen, daß du auf mich eingeschnappt bist. Das tut mir herzlich leid, denn der Gedanke, daß mein fröhliches Häslein unwirsche Gedanken gegen ihren Mannlili sagen muß, und traurig gehet, bekümmert mich. Denn durch was wohl solltest du wohl verhindert werden, mir zu schreiben, wenn auch nur einen Morgengruß? Du wirst also wahrscheinlich meine Asta-Erlebnisse krumm genommen haben. – Das ist aber nicht richtig, denn ich bin dir ja nicht untreu geworden und meine Gedanken fliegen immer liebend um dich und mein kleines Volk und das Liebesnest herum.

Dein alter Georg

Martin

Elena war unruhig und hatte Flackeraugen. Natürlich wieder Krach mit Richard, schon wochenlang; und ausgerechnet Freitag Abend war er gekommen, um wieder eine Versöhnung herbeizuführen, und ausgerechnet da kamen meine Nelken: «Ich finde das wirklich sehr aufmerksam von dem Herrn», hat er höhnisch geäußert, «und auch noch *rote* Nelken.» – «Nein», ist sie ihm ins Wort gefallen, «das ist nicht aufmerksam, sondern lieb!»

Ursula

Marburg.

Ich möchte meine Hand in die Deine legen und Dich fühlen lassen, dass ich Dir nahe bin. Jetzt wo es so wild aussieht in Dir. Gerade jetzt. *Es ist recht* um Maria zu leiden. Denn es ist Leiden um einen geliebten Menschen, wenn man seinen eigenen Willen, sein Blut niederringen, schweigen lassen muss, wie Du es musstest. Aber um Maria kann man dies. Ihr Bild und der Zug um den Mund, ist er nicht ein sehr feiner Schmerzenszug und verrät er nicht, dass dieses Mädchen jede Halbheit ablehnt? So wird sie auch ganz zu Dir stehen und Du ganz und ausschließlich zu ihr. Das musst Du. Und in dieser Ganzheit-Einheit wirst Du Dich Sieger fühlen über diesen Mann.

Ich weiß es nicht, womit dich dieser Mann bis ins Innerste verletzt hat, aber ich fühle lange, wie der Hass wächst in Dir.

U.

Georg

U. Oldenhausen.

Meine Liebste!
zu deinem Briefe, dem ich das Prädikat «lieb» nicht recht zu geben wage. Mein armes Häslein, das Ganze ist wirklich scheußlich ärgerlich für dich. Aber als Taktik empfehle ich dir, mir zwar nichts zu ersparen, aber es mir liebevoll vorzuhalten, so daß es mich beschämt. Denn wenn ich dich bekümmert habe, bin ich traurig, höre ich aber von Wut etc. werde ich kalt.

– Weißt du, daß du doch meine Liebste bist, von allen, gerade dich habe ich lieb, und sehnte mich auch in Astas Gegenwart manchmal nach dir. – Lebwohl, mein Herz, sei nicht mehr böse. Erlaube, daß dich küßt

Dein alter, schrecklicher
Georg

Nur sei ein wenig lieblich gegen mir, nur ein bisschen.

Ursula

Du wecktest in mir alle Empfindungen, deren eine Frau fähig ist und wolltest es zum allergrößten Teil auch. Das ist gewiss. Dazu ist nicht nötig, dass Du mich geliebt hast. Das habe ich niemals geglaubt, nicht eine Minute. Sonst wäre alle Bitterkeit Seligkeit gewesen. Ach lieber Lieber, habe ich denn einen Funken Berechtigung, Dir alles dieses zu sagen?

Ich erinnere einige wenige Momente, wo es mich kalt überlief. Wir sprachen noch einmal von Wilma, nachdem alles aus war, und ich hatte das Empfinden, Du müsstest noch einmal zu ihr, ihr beistehen, da sie Dich liebte, und Du sagtest: «Ihr Pech.»

Georg

Wie konntest du nur denken, ich würde mich lustig machen über dein traurig-verliebtes süßes Brieflein. Ich hab' dich doch lieb. Sehr, sehr. Unbedingt, glaub es mir.

Es ist nun auch nicht nur sinnliches Verlangen, was mich zu dir zieht, obgleich die rein gehaltene, heilige Flamme des Blutes auch schön und freundlich in mir brennt und sich innig und glühend auf dich freut, kleine Maienliebste. Es ist doch auch der muntere Quell des Guten, die heimliche Weisheit, die jenseits der Vernunft und der Erdzerstreutheiten zu dir hinüberschlägt, um selig und freudvoll in dein Herz zu finden und dort aufatmendes, beseligtes, geheiligtes Echo zu finden.

Nun lebwohl, mein alter Schatz

Dein Georg.

Ursula

Marburg, in der Nacht.

Ich wollte Du nähmest einmal meine Hand und ich dürfte müde sein und ausruhen. Ich kann dies nur bei Dir. So ohne alle Worte. So ist es mir immer gegangen «Du kamst und alles klärt sich ohne Wort.»

– Ich muss einmal sagen, meine Ehe, ach, sie verdient diesen Namen nicht, wird immer furchtbarer. Wohin ich fasse, wonach ich greife, immer in Nichts. Nur eine grausame Leere. Und so komme ich ihm immer näher, dem Untergang oder dem Wahnsinn oder dem Tod. Es gibt ja manchen Namen für ein und dasselbe.

Ich habe oft nur Kraft für ein paar Stunden, dann schlafe ich einen bleiernen Schlaf und dann werde ich weiter zerrieben.

Ich bin so grenzenlos müde.

U.

Walter

Irene

Freiburg, 2. Nov. 1927.

Meine liebe, liebe Irene!
Hab Dank! Wie schön hast' mir geschrieben! O ich kann nichts mehr sagen vor lauter Glück und Liebe. Ich will Dich nur bei der Hand fassen und dann wollen wir beide stille sein und miteinander in den Himmel gehen.

Die Sonne und der blaue Himmel durch die Schwarzwaldtannen und die Laubbäume mit ihren tiefen Farben, wie der Abend kam und die untergehende Sonne auf die Tannenstämme ihr Gold hinmalte und wie die Nacht alles zudeckte mit dem Mond und den Sternen. Aber Du warst ja bei mir und hast alles gesehen. Es war so schön.

Ich bin so froh, Irene; muß immer wieder Deinen lieben Brief lesen und seh' Deine klaren Augen so schön und nah. – Du! Ich weiß nun nichts mehr als lauter Glück, stilles tiefes Glück.

Gut Nacht, meine liebe, liebe Irene!

Dein Walter.

Karl-Willi

So waren wieder drei Jahre vergangen. Ich war inzwischen zum Polizeiwachtmeister befördert worden. Mein Mädchen und ich hatten uns fest die Treue gehalten. Wir sparten eisern auf unsere Hochzeit und ein eigenes Heim. Gemeinsame Spaziergänge in den Wald und Parkanlagen, in denen ich meine Martha zu ihrer besonderen Freude oft kurze Zeit auf meinen Armen trug, oder gelegentliche Kinobesuche waren unser einziges Vergnügen in unserer knappen Freizeit. Urlaubsreisen konnten wir uns erst nach vielen Ehejahren leisten.

Eines Tages, im Jahre 1928, heirateten wir endlich und wohnten vorerst, da wir keine billige Wohnung bekommen konnten, bei Marthas Eltern. Die Hochzeitsfeier fand in deren Wohnung im engsten Familienkreis statt. Nach einem Jahr schenkte mir Martha einen gesunden, strammen Sohn. Er wurde der Liebling seiner Großeltern und wurde auf den Namen Harry getauft. Opa und Harry waren fortan unzertrennliche Freunde, die sich leise miteinander unterhielten und zusammen spielten, wobei man Opa sogar wieder lächeln sah. Opa war glücklich, wenn sein Enkel auf seinem Schoß saß. Dabei saßen beide am Fenster, sahen den Menschen auf der Straße nach und konnten stundenlang schweigen. Das Schweigen hatte Harry von Opa so gründlich gelernt, daß man ihn heute, da er schon viele Jahre erwachsen ist, mit zu den größten Schweigern unter den Menschen rechnen konnte, die ich kenne.

Ursula

Marburg.

Dein Sohn! Wie unbeschreiblich schön, wie beglückend. In irgendeiner Weise – vielleicht im Unterbewusstsein – hast Du am Freitag den 28. an mich gedacht, denn ich fühlte etwas von Dir, was gewiss eine Welle Deines Glückes war. Und das tut mir so wohl, Lieber. –

Sieht er aus wie Du? Und hat er schon Mundwinkel? Ach … –

U.

Karl-Willi

Endlich hatten wir ein eigenes Heim, daß wir uns mit viel Liebe einrichteten. Wir waren sehr glücklich.

Leider mußten wir unseren Harry noch Jahre bei den Großeltern lassen, um uns anschaffen zu können, was fehlte. Sonntags aber waren wir alle drei glücklich vereint. Später sollte unser Glück durch die Geburt eines gewünschten Mädchens vollkommen werden. Aber dazwischen lagen einige ereignisvolle Jahre.

Georg

Sponsberg.

Ich sehne mich nach einem Brief von dir, altes Herzlein. Wie ich mich überhaupt nach dir sehne!

Ich bin glücklich und dankbar über den Lebenswillen, der mich durchströmt, wenn ich wieder bei dir allein bin, du kleine Mutter und Geliebte, die du die Gotteserde mit schönen, edlen Kindern schmückst, wenn ich bei dir bin und zwischen unseren vertrauten Seelen nichts Trennendes mehr ist und die Woge des beglückenden Vertrauens zur dankbar und wohltätig genossenen Hingabe in edlem, holdem Glühen wird.

Ich küsse dich unendlich fest und glühend,
Dein alter Georg.

Ursula

Marburg.

Es tut mir so leid, dass Du in Sorgen steckst und dass Du voller Unruhe bist. Und dass Du Maria fortreisen lassen musst für Monate.

Hast Du einen Menschen, den Du gerne kommen siehst?

Weißt Du, dass ich etwas Köstliches lernte? In allem Liebhaben, allem Begegnen mit meinen Kindern fühle ich Dich.

U.

Georg

Mein Häslein!
Tiefer Dank für den lieben Brief heute. Deine Gedanken über die allmählich nachwachsende geistige Gemeinsamkeit begleiten mich. «Verliere dich, um dich zu finden, finde dich, um dich zu verlieren.» Wenn wir uns nur führen lassen, erblühen in den Seelen Blumen. Aber dazu gehört soviel Opfer an Niederem.

Herzlich,
Immer Dein Georg.

Ursula

August. Siebeneichen.

Ach geh noch nicht, Du hättest ja noch so vieles hören sollen – ich habe ja gar nicht alles gesagt, nicht annähernd alles gesagt, was ich sagen wollte. Ich

muss Dich noch eine Weile haben – und morgen, so sag mir doch, was ich morgen tun soll – lass mich noch einmal Deine Hand fassen – ach Deine Augen – ich habe sie so geliebt –
Lass die Zeit für das Scheiden süß sein.
Lass es nicht einen Tod sein, sondern Vollendung.
Lass Liebe in Erinnerung schmelzen und Schmerz in Lieder.
Lass den Flug durch den Himmel in Flügelfalten über dem Nest enden.
Lass die letzte Berührung Deiner Hände sanft sein wie die Blumen der Nacht.
Steh still, oh wundervolles Ende, für einen Augenblick und sage Deine letzten Worte in Schweigen.
Ich neige mich vor Dir und halte meine Lampe
in die Höhe, um Dir auf Deinen Weg zu leuchten.

Karl-Willi

Ich habe es nie bereut, mit Martha verheiratet zu sein und würde sie in einem möglichen zweiten Leben wieder heiraten, wenn wir uns begegneten. Nach meiner Lebenserfahrung ist sie eine jener Frauen, die nur alle hundert Jahre in geringer Zahl auf dieser Erde geboren werden. Wenn ich eines Tages ihre freundliche, helle Kinderstimme nicht mehr höre, weil sie von ihrem Leben scheiden mußte, dann weiß ich, daß auch meine Zeit auf dieser Erde abgelaufen ist, denn ein Leben ohne sie könnte ich nicht ertragen.
Ich habe eine Kameradin,
eine bessere gibt es nicht,
sie geht an meiner Seite,
in Freud und auch im Leide,
in gleichem Tritt und Schritt.

Jochen

Die bei uns im Hause lebenden Haustöchter fanden die Marineoffiziere unwiderstehlich. Einigemale erlaubte meine für die Moral der jungen Damen verantwortliche Mutter, daß diese sich bis 12 Uhr nachts von Offizieren ausführen ließen – zum Tanz in der Strandhalle des Kurhotels Denker, nicht ohne mich als offiziellen Begleiter mitzuschicken – mit meinen 17 bis 18 Jahren von den Damen belächelt. Für 5.- RM bis manchmal 10.- RM ließ ich sie allein, um sie kurz vor 12 Uhr an verabredeter Stelle wiederzutreffen.

Ursula

Ach, finde in Maria Deine Erfüllung, Deines Lebens ruhevolle Krone. Lass sie Dir Geliebte, Freundin, Mutter, Kind sein. Und wenn Du fühlst, dass doch ein Teil Deiner Seele noch unerfüllt ist, so suche diese Erfüllung nicht auf Erden. Nicht in immer neuem Erleben an oder durch eine Frau.

Ich weiss die Hauptsache längst selbst, dass ich mich nicht lösen kann. Und dass ich bei Dir bleiben will.

Ich quäle mich mit einer Sache, die eigentlich ganz unwürdig ist. Ich schreib diesen Brief *drei* mal. Erst im Du, dann brav im Sie, aber es geht und geht und geht nicht. Nun ist wieder das Du daraus geworden. Was kann man denn da machen? Und ich mag doch nicht Du zu einem Mann sagen, der «verehrte, gnädige Frau» (hübsch!) sagt. Ich meine doch, es dürfte nun wirklich das Du sein.

U.

Jochen

Das Liebesleben der Kurwelt spielte sich abends und nachts in den Strandkörben der weiten Strände ab, und gelegentlich haben wir, nach offizieller Bettzeit, aus den Fenstern der Villa Helene steigend, recht zünftige Feste in Strandburgen gefeiert, von denen meine sehr moralbeflissene Mutter nichts wußte und die sie, nach dem Motto daß «nicht sein kann, was nicht sein darf» einfach nicht wahrhaben wollte.

Ursula

Marburg.

Ich erlebe oft das Glück einiger Minuten, dass Du mir ganz nahe bist. So war es vor einigen Tagen, als mir sehr schöne Musik sehr wenig schön gespielt wurde und ich mich immer einsamer fühlte. Da hast Du denn auf einmal neben mir gestanden, ein wenig geneigt, weil Du ja so gross bist, und hast mich ganz still angesehen. Da war denn auch in diesen trüben Abend ein Lichtschein gefallen.

Jochen

Ich hatte meine «ersten Lieben» bereits in Ahrensbök hinter mir. Zunächst Schülerschwärmereien, dann bereits mehr leidenschaftlichere Neigungen während der Pubertät, die teils zu von den Eltern wohl für unmöglich gehaltenen «Erfolgen» führten.

Alle bei Jungens in diesem Alter wohl üblichen sexuellen Nöte habe ich erlebt und mit dem ärztlichen Vater natürlich nicht besprochen! Gelegentlich, besonders einmal nach einem Rendezvous mit der Tochter des Ahrensböker Gasthofs «Stadt Lübeck», etwa zum Zeitpunkt unserer Übersiedlung nach Timmendorfer Strand, hatte ich Sorgen, eventuell Vater zu werden und durchlebte einige Wochen furchtbarer Unruhe, die die frivole, hübsche, junge Dame noch schürte – heute weiß ich, daß sie die Nöte des Jungen genoß. Die Sexualität nach dem 1. Weltkrieg und den Wandlungen der Inflationsjahre war viel freier.

Ursula

Wie ist es möglich, dass Du von der Monotonie dieses Sommers redest? Mit einem Menschen wie Maria an Deiner Seite? Das kann ich nicht fassen. Ist denn einem Mann nicht jeder Tag, jede Stunde neu und reich, wenn er liebt?

Jochen

Mein Verhältnis zum weiblichen Geschlecht erhielt eine Förderung durch die drei Haustöchter, die auch von meiner Mutter kaum zu bändigen waren. Unter ihnen waren Mieze Durst, Tochter eines deutschen Arztes und einer Rumänin, und Gretl Eckstein, Juwelierstochter aus Wiesbaden, zwei kleine Teufelinnen, die mich als den jüngeren Primaner in manche Riesenverlegenheit brachten. Mein Glaube an ihre Zuneigung, die mir alle drei getrennt und heimlich entgegenzubringen schienen und der mir ein casanovahaftes Selbstvertrauen gegeben hatte, zerplatzte eines Tages mit plötzlicher Heftigkeit, als ich zufällig merkte, daß sie sich verabredet hatten, mir heiße Liebe zu heucheln. Mein Weltschmerz war vorübergehend sehr groß.

Ursula

Marburg.

Du willst ins Ausland gehen, weil in Deutschland zu leben zu schwer ist. Und willst dermaleinst deutsche Kinder haben und erziehen, wogegen 99 % sprechen, wenn Du Deutschland verlässt.

Die ersten Tage nach Deinem Brief stand ich Tag und Nacht unter dem Schmerz «Er geht fort» und ich wusste nicht, wie ich es tragen sollte, nicht einmal die Möglichkeit zu haben, Dich zu sehen, Dich zu sprechen, meine roten Rosen in den Frühzug zu werfen, damit sie andern Morgens auf Deinem Schreibtisch stünden.

Walter

Tuttlingen 11.4.28

Meine liebe Frau!
Wünsche zu Deinem Geburtstag:
Du mögest gesund bleiben,
Dich selten über Deinen Mann ärgern müssen,
Einen schönen neuen Hut finden,
Und eine Jacke,
Einen natürlichen Busen bekommen,
Und warmes Blut,
Wir möchten bald eine schöne Wohnung in Tuttlingen finden,
Unser Mäusle, unser goldiges, möge gesund bleiben,
Dein Mann möge endlich einsehen, daß Du immer recht hast,
Und immer so genügsam und wenig heftig bleiben,
Er soll immer seine Frau auf Händen tragen, wie der alte Lateiner zu sagen pflegte,
Er möge einsehen, daß Geografie unwesentlich ist fürs Leben,
Wie auch die Orthographie, die «Morgens» mit einem großen M richtig zu schreiben vorgibt,
Daß allein maßgebend ist die innere Haltung, die sich im Äußeren nicht widerspiegelt,
Dein Mann soll mehr ‹häuslicher› werden,
Und seßhafter.

Und Du mögest langsam lernen, über seine
wenigen schlechten Eigenschaften verzeihend
zu lächeln,
Und auf's erste mal die richtige Schuhnummer
erwischen,
Ein Mädchen möge immer da sein, um nach
dem Essen das Geschirr abzuräumen,
Und wenn Du ein zweites Mäusle bekommst,
dann soll es Dir nicht schlechtwerden,
Und dieses möge so goldig werden wie's erste,
wenn dies überhaupt möglich ist,
Und deine «gutartigen» Anlagen besitzen,
Du mögest weiterhin, wie bisher, die guten
Dinge des lieben Gottes mehr schätzen als
die des Menschen: Die grün werdenden
Wiesen, die Wälder, die Alb und die Rosse
und Hunde.
Und mögest glücklich bleiben mit

Deinem Walter

Irene und Walter

Ursula

Marburg.

Ich danke Dir für Deinen Brief und dass Du mir ein wenig von dem sagst, was es für Dich heißt, Deutschland und die Chirurgie verlassen zu haben. Ich habe es mit Liselotte zusammen gelesen, was Du darüber sagst, und wir waren auf Sekunden bei Dir als sei Dein Herz das unsere.

Mein Bruder hat vor einem Vierteljahr erreicht, dass ich vorläufig von meinem Mann getrennt leben darf. Er sah, dass ich an der Grenze angekommen war und hat mir diesen Liebesdienst erwiesen. Eine Scheidung wollte und will ich nicht, und so ist es so geregelt. Es ist ein großes Opfer, das mein Mann mir bringt, und es greift mir oft genug ans Herz, wie auch sein Leben im tiefsten Sinn ein unglückliches ist.

– Ob ich mich wirklich trennen will von Dir? Ich glaube, das weißt Du ebenso wie ich, dass das nicht geht. Nur kann ich Dir nicht oft, und nicht mehr wie ich es tat und es in mir lebte, schreiben. Dazu bin ich bei Deinem Schweigen und Dich mir Verhüllen nicht mehr stark genug. Und es ist auch nicht nötig. Ich lebe nicht mehr hier, und es dringt kaum eine Stimme mehr zu mir hinein. Das ist sehr schrecklich, aber es ist so. Ich aber freue mich auf «das Leben.»

– Ich grüße Dich von ganzem Herzen.

U.

Die ganzen Weiber sind heiratswütig

(1930–1939)

Fernando

13. August 1932

Was für ein Tag war das! Der ganze Nachmittag war ein Märchen. Die Hinfahrt an Bord des Lloyddampfers «Delphin» genoß ich ohne Dich, ich fuhr mit meiner Mutter, die große Freude an der Fahrt hatte. Du warst mir fremd, aber wie Du mit Deinen Freundinnen Dich in meine Nähe setztest und ich zum ersten Mal Deinen lieben Blick auffing, da wurde mir so eigen. Immer wieder musste ich zu Dir hinüberschauen, bis in mir der Wunsch lebendig wurde, Dich zu sprechen. Und er wurde Wirklichkeit. Ich glaube es war nur für uns so ein Sonnenuntergang, wie er schöner nicht sein konnte. Ich sehe vor mir ein in allen Farben spiegelndes Meer, sehe neben mir ein von der Abendsonne von einer ganz seltenen Freude erleuchtetes Angesicht, sehe in ihm ein Paar Augen, die leise fragen und in mein Innerstes einzudringen versuchten. Dabei gewahrte ich etwas in mir, das mich gefangen nahm. Dieses mein erstes Gefühl für Dich hat sich nicht getäuscht. Durch die 24 Tage unseres Zusammenseins wurde meine Erkenntnis gestärkt und heute lebe ich ein Zusammengehörigkeitsgefühl mit Dir.

Walter

Ich soll heute nicht traurig sein? O Schätzle, wie ich Deinen Brief gelesen hatte, mußte ich fast heulen. – Traurigkeit und Freude? Ich kann das hier nicht recht unterscheiden. Vielleicht empfinde ich beides, vielleicht auch nichts. Es fehlt halt das beste. – Dort drüben sehe ich einen Vater und eine Mutter, die ihr Kindlein nackig herumspringen lassen! Das wollen wir ja auch einmal. Es scheint so schön die Sonne. Du könntest heute schon ohne Strümpfe fortgehen und Dein weißes Kleid anziehen.

– Herzle, Du, es freut mich arg, daß du Tennis spielst. Ich kann mir Dich gut denken, wie Du aussiehst mit deinem Schläger und Tennisschuhen.

Du wirst schön braun und einmal eine gesunde kräftige Frau Melchinger. Gelt!

Freilig tu ich auch mit im Sommer, das ist doch ganz klar, wenn es so wenig Geld kostet. Und ob ich mich darauf freue? Jeden Montag und Mittwoch morgens eine Stunde mit meiner Irene Tennis spielen zu dürfen! O Du!

– Jetzt sind's nur noch zwei Sonntage, am dritten bin ich wieder bei Dir.

O Irene, ich kann Dir nicht sagen, wie alles in mir sich darauf freut.

Walter

Du Einziges, Allerallerliebstes!
Ich schick' Dir mit den Wolken: 1000 Küsse.

Dein Walter

Otto

Bischofswerda 22.7.

Wertes Fräulein Reich!
Sie haben natürlich das Recht, sich zu wundern. Es ist ja auch ein ziemlich ungewöhnliches, ja gewagtes Unterfangen, so dreist, ohne alle «Referenzen» an jemand schreiben zu wollen, den man gar nicht kennt. Und doch tu ich's, selbst auf die Gefahr hin, mißverstanden zu werden. Ganz fremd sind Sie mir auch nicht. Ich sehe noch uns vier Kerle an der Landungsbrücke stehen und einem Mädchen, von dem wir nur noch einen hellen Fleck, ein wehendes Tuch sahen, nachwinken. Ich bilde mir nicht ein, daß Sie sich noch von den zehn Minuten her auf mich besinnen können.

Für Sie gibt es nun zwei Möglichkeiten: 1. Papierkorb. 2. (und auf die hoffe ich) Sie suchen darauf eine Antwort zu finden, wenn Sie können.

Für heute wünsche ich Ihnen recht viel Sonne und daß Ihnen auch der Regen nicht den Mut zur Freude nehmen möge. Mir aber wünsche ich, daß ich recht bald etwas von froher Ferienfahrt erzählt bekomme.

Beste Grüße Otto Müller.

Louise

Bad Elster, den 22.9.

Sehr geehrter Herr Müller!
Meine Antwort auf Ihren freundlichen Brief erfolgt sehr rasch, so gar nicht die «gut bürgerlichen» Gesetze beachtend! Aber sie soll doch noch vor Schulschluß bei Ihnen eintreffen und Ihnen sagen, daß ich mich gern sichtbar mache. Ich werde mich aber nur ganz heimlich auf Ihren Besuch freuen, damit uns die Tschechen keinen Strich durch die Rechnung machen.

Mit herzlichen Grüßen!
Louise

Otto

Bischofswerda, 4.10.

Liebes Fräulein Reich!
Ich wäre Ihnen sehr dankbar, wenn Sie mir sofort mitteilen würden, ob, wann und wo wir uns in Plauen von Donnerstag ab sehen könnten. Ich hoffe, daß es nun endlich mal klappen wird und beginne, mich schon ein wenig darauf zu freuen.

Also bitte, sofort Nachricht.

Herzliche Grüße
Otto Müller

Louise

7.10.

Lieber Herr Müller!
Ihren Brief erhielt ich heute Vormittag und will nun schnellstens meine Antwort absenden. Sehr gerne erwarte ich Sie hier in Plauen, und zwar morgen, Sonnabend, den 8. Oktober.

Auf ein Kennenlernen freut sich
Louise Reich

Fernando

Die Fahrt ging weiter, eine nette Unterhaltung verkürzte sie uns so, daß ich bedauerte, daß sie schon so zeitig ihr Ende fand. Du sahest noch Deinen Freund, den bleichen Mond, und wünschtest Dir, daß auch Sterne scheinen möchten, damit der nächtliche Abendhimmel noch mehr verschönert würde. Dann saß ich neben Dir, wir beide waren zum ersten Male ganz allein, es war schön. Dein Wesen gefiel mir und da ich bei diesem Sichkennenlernen keinen Schlußstrich ziehen konnte, bat ich Dich um ein Wiedersehen, das Du mir nach Zögern gewährtest. Ich freute mich aufrichtig über Deine Zusage, die in letzter Minute erfolgte. Das war der Ausklang der Fahrt, die nichts von dem ahnen ließ, was werden sollte, die jedoch der Auftakt war für die herrlichen Tage, die mir noch geschenkt wurden. Immer will ich dankbar sein darüber, daß Du mir wünschtest, daß Dein Wesen mich erfüllt.

Hildegard

15.02.

21 und noch keinen Mann, aber keinen legitimen will ich jetzt, sondern überhaupt mal so. Na und, weil ich das für nötig halte!

Jochen

Magda gefiel mir von Beginn an gut, ein Gefallen, das sich relativ schnell in eine stark erotisch gefärbte Neigung wandelte, die ebenso rasch erwidert wurde. «Mama» Hardt duldete diese Neigung wohlwollend, hoffend – Papa Hardt durchaus nicht! «Jochen», pflegte er zu sagen, «das paßt nicht, Du und die Magda. Du wirst Dank Deines Herkommens und Deiner Vorbildung immer höher über uns stehen, und eines Tages wird Magda Dir nicht mehr genügen!» Daß er recht behalten sollte, wollte ich damals nicht glauben und auch nicht, als er mir sachlich sagte, er würde mir «sämtliche Knochen» zerschlagen, sollte ich die Magda «irgendwie anrühren»!

Otto

Bischofswerda, am 16.10.

Liebes Fräulein Reich!
Eine Woche ist nun nach den Plauener Tagen herum. Ich bin mit dem Vorsatz gefahren, unserer, mit Seltsamkeit begründeten Bekanntschaft, eine gewisse Ausformung zu geben. Ich hatte mit einer Anfangsspannung gerechnet – und war überrascht. Wir haben uns – das ist meine höchstpersönliche Ansicht – recht frisch-fröhlich über allerlei Dinge unterhalten, die zum Teil schon etwas abseits der großen Straße liegen, also über den Rahmen einer sogenannten, sehr «geschätzten» Konversation hinausgehen.

Louise

Bad Elster, den 26.10.

Lieber Herr Müller!
Wenn sich diese ersten Stunden der persönlichen Fühlungsnahme ohne eine auch von mir erwartete Spannung vollzogen hat, dann liegt das wohl

doch daran, daß jeder von uns den «Gegner» richtig eingeschätzt hatte. Und daß ich mit diesem Brief unsere Unterhaltung fortsetze, mag Ihnen Antwort sein.

Hildegard

Was ist in der letzten Zeit gewesen? Sehnsucht – Tränen nach Liebe! Nicht zugestanden den Anderen, ach nein, man würde das wohl nicht verstehen: «Wo du es doch so gut hast ...!» Ob ich wirklich anders bin als andere Mädels?

Jochen

Während der «Globus»-Tätigkeit kam ich mit einem Produktionszweig des Werkes, der Präservativ-Herstellung, in Berührung, als man mich unter einem Vorwand in die entsprechende Verpackungsabteilung schickte, in der Frauen an hölzernen Phallus-Nachbildungen Qualitätsprüfungen vornahmen. Vor ihren vulgären und zynischen Aufmunterungsrufen floh ich entsetzt unter kreischendem Gelächter. Mit meinen auf Magda beschränkten erotischen und sexuellen Jünglingserlebnissen, die sich auf Strandkörbe und Waldränder beschränkten (mangels anderer Möglichkeiten), war ich zutiefst unerfahren bei einem starken Drang zum anderen Geschlecht, der eine echte Erfüllung noch nicht gefunden hatte.

Fernando

Am 14.8. der erste telefonische Anruf, der mir den Namen «Mr. Wünsch» eintrug. Und dabei hatte ich nur eine ganz kleine Bitte, deren Erfüllung mir ausgesprochen wurde. Nach Beendigung Deines Sonntagsdienstes kurzes

Treffen bei Winckler und Verabredung für Montagabend zum Bürgerpark. Das Wunschtreffen war zu meinem größten Leidwesen nur von kurzer Dauer. Dennoch brachte mir unser Zusammensein Freude. Der erste telephonische Kontakt! Wie manches liebe Mal sollte ich so mit Dir, meinem Rehlein, verbunden werden, um so Deine liebe Stimme zu hören, und dabei jedes mal das Verlangen zu haben, Dich in meiner Nähe zu wissen.

Hildegard

23.07.36

Problematische Anwandlungen im Seminar. Die ganzen Weiber sind heiratswütig. Auch ich möchte natürlich heiraten, aber das muß man doch nicht auf zehn Schritt Entfernung merken. Schweigen ist überhaupt das Beste – nur denke ich jetzt schon manchmal, daß ich meine Selbsterziehung hierin fast zu weit getrieben habe – ich kann nicht mehr reden, auch wenn ich möchte! Das war besonders schmerzlich bei dem Wiedersehen (nach fünf Jahren) vor zehn Tagen! Ich war mißtrauisch und hätte ihm so gern ein gutes Wort gegeben! Nun ist er schon wieder fort – es ist aber doch nicht mehr das alte Gefühl – er sprach viel davon «wenn wir geheiratet hätten» – ob es dann so stark geblieben wäre? Aber ich fürchte, es wären nicht genug gemeinsame geistige Interessen gewesen!

Hildegard

Fernando

4.9.

Helgoland – Heiligland! Ich vermag keine Worte zu finden, um zu erzählen, was mir dieser Tag gewesen ist. Alle Ausdrücke sind zu schwach, um die Freude und die Offenbarungen wiederzugeben, die mir zuteil wurden. Laßt uns diesem Tag, der Dich mir so nahe brachte, von Herzen danken. Unsere Gelöstheit von der Welt und unsere gemeinsame Einsamkeit, dieses alles ließ das Pochen der Herzen stärker werden und in dies Pochen kam eine Sehnsucht nach etwas Weiterem, etwas in der Ferne Liegendem; und ganz am Ende trafen sich unsere Gedanken und vermählten sich zur Zweisamkeit. Du und ich. Beim Abendessen sagten wir uns richtig «Du». Das Beisammensein, ich will es Dir nur sagen, war mir immer und immer, stets und ständig viel zu kurz.

Jochen

Ein ganz flüchtiges Zusammensein mit einer Tanzfreundin aus einem der Tanzcafés Schmauch oder Rothnik hatte kurz vor Ende meines dritten Semesters die für mich schreckliche Erkenntnis zur Folge, daß ich mir eine Gonorrhoe zugezogen hatte. Die Behandlung dieser Krankheit war eine höchst langwierige und lästige Sache. Spritzen, Spritzen und nochmals Spritzen, das ganze über eine Mindestzeit von sechs Wochen, die damals allgemein als «normal» angesehen wurde. Dazu keinerlei Alkohol, sehr eingeschränkte körperliche Bewegung. Da zu dieser Zeit mein Verhältnis zu Lieselotte Bürger, die niemals davon erfahren hat, enger wurde, legte ich mir in meinem Verhältnis zu Frauen starke Zurückhaltung auf. Dennoch ging ich mit anderen Corpsbrüdern nach wie vor in die gleichen Cafés, in denen nicht allzu spröde, ebenfalls auf Abenteuer erpichte Mädchen, von Hausangestellten über Verkäuferinnen zu Stenotypistinnen, verkehrten. Wenn diese oft sehr gut aussehenden und durchaus auch bescheiden-eleganten Mädchen ohne männliche Begleitung zu zweien oder dreien erschienen, waren sie zumeist durchaus bereit, sich einen Begleiter für den Nachhauseweg auszuwählen.

Fernando

Während unserer Unterhaltung rücktest Du einmal von mir ab, worüber ich recht traurig wurde, denn Du verletztest mich. Ich erzählte wohl zu viel. Es war ein Erlebnis aus meiner Dienstzeit – und das mochtest Du scheinbar nicht hören. Bald jedoch warst Du wieder gut, so gut, daß ich Dir den ersten heiligen Kuß geben durfte und dann noch einen, wofür ich Dir heute noch ganz lieb danke. Ich dachte einfach, daß ich Dich küssen müßte, um Dir kundzutun, daß ich Dich lieb habe. Dann denke ich an unseren Weg durch den Garten, wie ich Dir den dritten Kuß geben will, sagtest Du zu mir: «Jetzt forderst Du.» Ich war tief beschämt und erst wieder zufrieden und ruhig, als wir zwei wartenderweise lieb einträchtig auf der Bank saßen.

Jochen

Man suchte – und nach den Erzählungen meiner Mutter hat mein Vater ähnliches getan – die engere Bekanntschaft mit Verkäuferinnen in Lebensmittelgeschäften oder versuchte zumindest mit Blicken zu flirten, um beim Einkauf größere Portionen herauszuschlagen, was gelegentlich gelang. So hatte ich lange einen Blickflirt mit einer Verkäuferin in der «Nordsee» am Reileck, die süß aussah und die ich schließlich zwecks Vertiefung der Beziehungen ins Kino einlud. In der Enge des UFA-Theaters verbreitete sich schnell ein intensiver Fischgeruch um uns herum, der andere Besucher zum Fortrücken zwang, den ich jedoch bis zum Ende der Vorstellung ertragen mußte. Die Vertiefung der Beziehungen zerschlug sich und die Portionen wurden wieder normal.

So genoß ich die Stunden, die uns wie im Fluge dahingingen. Das Bewußtsein gegenseitiger Nähe erfüllte uns ganz, so daß wir den Nachmittag als etwas Selbstverständliches, als etwas Natürliches, das uns in nichts Schranken auferlegte, hinnahmen. Die Küsse, die ich Dir gab und die ich von Dir erhielt, brennen noch heute in mir, ich habe ein Verlangen nach jenen Stunden, so daß ich von Sehnsucht ganz erfüllt bin. Neige Dich zu mir und küsse mich, Seelchen, ich warte in Andacht, nur fühlen möchte ich, daß Du bei mir bist, daß Du mir ganz nahe. – In mir ist alles so schwer, in mir zieht und reifet eine Gewalt, ich glaube, ich habe Sehnsucht nach der See, nach dem Winde, nach Dir. Warum bin ich soweit von Dir fort? Könnte ich doch nur für einen Augenblick zu Dir kommen, um Dich zu sehen, um wieder Deine liebe Stimme zu hören! Könnte ich bei Dir sitzen und Deine Hände halten! Vielleicht siehst Du mich heute nicht mehr so fragend an, wie Du es am 13.8. tatest, wo Du bei mir suchtest. Seelchen, ich glaube immerzu, daß ich doch gesucht habe, denn jetzt, nachdem ich mich nach kurzer Freude über das Finden wieder von Dir trennen mußte, habe ich in mir eine Leere, es ist, als ob etwas fehlte. Ich will ja geduldig sein und mit Geduld die Zeit bis zu unserem Wiedersehen überwinden, es ist nicht leicht für uns beide.

Fernando

Otto

Bischofswerda am 12.1.

Meine liebe Louise!
Sicher war es für empfindsame, junge Mädchen geschmacklos, eine ganz ordinäre Postkarte zu schreiben. Und dazu die Art! Schließlich müßte ich meinen außerordentlich feinen Gefühlsregungen und meinen starken Hemmungen schuldig sein, nur noch hauchzart auf rosafarbenem Papier Herzblut zu vergießen. Wieder eine schreckliche Enttäuschung mehr! Dabei sollte Dir die Karte nur dazu verhelfen, die Erinnerung an ein paar Tage wach zu halten. Sollte sie ihren Zweck verfehlt haben? Wenn ich unbescheiden wäre, würde ich annehmen, Du seist stark am Prüfen und Überlegen.

Louise

Plauen, den 14.1.

Mein lieber Otto!
Über Deine Stimmungskarte aus Reichenbach war ich weder entsetzt noch gekränkt. Ich habe mich im Gegenteil über diesen schnellen Gruß sehr gefreut. Rosarotes Briefpapier dürfte weit weniger passend gewesen sein und hätte, trotz aller romantischer Anlagen, einiges Erstaunen erregt. Und mit dem Herzblut … «Blut ist zwar ein besondrer Saft, doch hat auch Tinte ihre Kraft!» Zum Wachhalten der Erinnerung an Wald und Schnee war die Karte nicht nötig. Diese waren doch ziemlich stark, so daß die erste Schulwoche sauer ankam. Die Gedanken gingen eigene Wege …

Jochen

Ich hatte in einigen Tanzcafés, besonders im «Rothnik» und später im «Hohenzollern» immer wieder Flirts mit netten Mädchen, die sich durchaus der Flüchtigkeit ihrer studentischen Beziehungen bewußt waren. Eine von ihnen, Charlotte, war sehr verliebt, ich weniger. Sie traf ich 1936 wieder und nahm den Flirt wieder auf. Nach kurzem Zusammensein stellte ich zu meinem Entsetzen eines Tages die Symptome der gleichen Krankheit fest, eilte zu dem in den Unikliniken als Arzt tätigen Alten Herrn Tartler und erhielt nach kurzer Untersuchung von diesem die unangenehme Bestätigung. Ich begab mich zu einem Facharzt nahe meiner Wohnung bei Madame in Behandlung, die sich über viele deprimierende Monate hinzog. Es stellte sich, obwohl die akuten Erscheinungsformen weitestgehend verschwunden waren, bei eingehenden Untersuchungen heraus, daß ich trotzdem noch Bazillenträger war. Die von dem an meinem Fall sehr interessierten und mir wohlwollend gegenüberstehenden Facharzt angewandten Heilmethoden waren alles andere als angenehm, deprimierend und schmerzhaft quälend. Sie führten erst nach Monaten zum Erfolg.

Fernando

24.9.

Vorgestern erhielt ich den zweiten Brief von Dir. Rehlein, ich danke Dir. Wie nahe ich mich Dir beim Lesen Deiner Zeilen fühlte! Hab Dank, Du Gute! Ob wir uns am 18.8. wohl gesprochen haben? Ich glaube doch, entweder am Deich oder aber bestimmt telefonisch. Gut, daß es diese Einrichtung gibt. So fand ich immer Gelegenheit, schnell mein Rehlein anzurufen, um sie wenigstens so zu hören. Für Freitag den 19. 8. verabredeten wir uns nach Speckenbüttel. Erwartung war in mir wie in dem Herzen eines Feiglings! Wir trafen uns an der Geestebrücke, Olga, Deine Freundin, begleitete Dich, wollte jedoch nichts mit mir zu tun haben und schlug sich wie «Old Shatterhand» seitwärts in die Büsche. Den Nachmittag verbrachten wir im Bahnhofshotel.

Jochen

So standen wir etwas scheu allein in unserem Hotelzimmer, ein wenig bedrückt, etwas im Grunde Unerlaubtes zu tun, ohne uns darüber klar zu werden, daß die Erfüllung eigentlich die natürliche Vereinigung zweier Menschen sei, die sich seit Jahren die Ehe versprochen hatten.

Wir verlebten zwei wunderschöne Tage, waren zärtlich ohne Leidenschaft und verloren eine zu Beginn uns beherrschende Scheu. Daß Lotte überhaupt erst geweckt werden mußte, war mir unbewußt klar geworden. Als wir uns am zweiten Ostertag abends in Bad Wildungen trennten, küßten wir uns, irgendwie glücklich, einen entscheidenden Schritt getan zu haben, doch ohne ein heißes Verlangen nach baldiger Wiederholung.

Fernando

Immer wieder frage ich mich: Waren es nur drei Wochen, die uns so zusammenführten, die in mir eine Sehnsucht schufen, die mich fast verzehrt? Die um uns eine Kette schlangen, die wie ein eisernes Band unsere Gedanken zusammen halten? Daß das Innere nur einen Wunsch hat: «Dich!» Wird unsere Liebe durch Erfüllung ihren Todesstoß versetzt bekommen, wird es mit uns so gehen, wie so meist im Leben? Rehlein, dieses Mal sage ich «Nein.» Du sagtest mir in den ersten Tagen unserer Bekanntschaft: «Sie kennen das Leben!» Ja, weil ich das Leben kenne, weiß ich, daß unsere Liebe bestehen und fortdauern kann, weil sie nicht den Wunsch auf Erfüllung von Anbeginn in sich trug. Daß nach der Zuneigung, die für einen anderen Menschen gehegt wird, Begehren auftaucht, ist doch nicht etwas so Unnatürliches.

Jochen

Es mag ein typisch männliches Verhalten gewesen sein, daß ich meine Zusammenkünfte mit Gerda nicht als Betrug an meiner Verlobten empfand, sondern als etwas der Natur des Mannes Gebührendes, der auf die «legale» Erfüllung seines natürlichen Verlangens eine Art Recht hatte. Mein Leibbursch Titti, Lottes Bruder, hatte den Ausspruch geprägt: «Was soll's, schließlich kann ich es nicht durch die Rippen schwitzen!»

Fernando

17. 12.

Für all das Schöne, das Du mir gabst, für all die Liebe und alles Vertrauen, die mir durch Dich, mein Rehlein, widerfuhren, danke ich der wunderbaren Vorsehung, die mich Dich finden ließ. Tausendfältig möchte ich die Wochen verbringen, wie sie mir mit Dir geschenkt wurden. Ich grüße Dich, mein Rehlein, ganz lieb. Wenn ich mit dem Tagebuche aufhöre, so sollst Du für die Zukunft alles in meinen Briefen finden.

Dein getreuer Nandl.

Otto

Meine liebe Louise!
Ich habe Deine Schokolade gegessen, ohne zu danken. Ich hatte damals aber noch etwas Ähnliches vor: Ich wollte Dir Dein Bild klauen, und ich bereue, daß ich's nicht tat. Schlechter Mensch!

Ich stecke voller Neuigkeiten und Du wirst mit einigem Scharfblick gemerkt haben, wie die großen Neuigkeiten aussehen. Am 30. 1. 39, 9 Uhr vormittags, werden für mich die Trompeten blasen, bei dem ersten Flakregiment Dresden-Neustadt. Danach wirst Du einem edlen Flak-Kanonier

Bischofswerda, am 21.1.39.

Meine liebe [redacted]!

Ein wenig müßte ich Dich strafen. Aber auf die Dauer konnte doch mein weiches Herz nicht widerstehen, zumal ich mich damit eigentlich selbst am meisten strafte. Ich bin wirklich froh, daß nun eine geraume Zeit verstrichen ist. Ich [illegible] voll Kisten (daß ich sehr wenig dankbar bin, dürftest Du nicht ganz mit [illegible] [illegible] ohne zu danken. Ich hatte aber damals [illegible] [illegible]: ich wollte Dir [illegible], daß ich [illegible] Mensch!)

ja auch zusammen [illegible] bar bin, als [illegible] Deine Schokolade [illegible] aber damals etwas [illegible] Dein [illegible], [illegible] Sort. [illegible]

Aber du [illegible] haben, [illegible] mit einzig [illegible] gemerkt die großen [illegible] [illegible] aussehen. Die Bilder zeigen den Weg vom verflossenen [illegible] [illegible] über den neu[illegible] [illegible] (die 1. [illegible] [illegible], leicht [illegible] [illegible] Laden) zum [illegible] angeschlossenen [illegible]

[illegible], dann wird der Weg nicht mehr darstellbar. Vor Deiner Herrlichkeit, dem Herrn Ob.St., der Block-König, wird die [illegible] zu einem Stück zusammenschmelzen. Also wird es geschehen am 30. Januar. – Aber bis dahin werde ich ja noch mindestens 1 Brief bekommen, [illegible] hoffe ich es bestimmt! –

Es bleibt mir nur übrig noch mal auf den

gegenübergestellt werden. Nach dem 30.1. kannst Du ruhig mit einer Sendepause rechnen. Das gibt Dir natürlich nicht die Berechtigung, das gleiche Recht für Dich in Anspruch zu nehmen. Du kannst Dich recht beliebt machen.

Louise

Plauen, den 12.2.1939

Mein lieber Otto!
Ob Du Dich wohl über diese Sendung freust? Ich hoffe doch, daß Du diesen «Großangriff» richtig auffaßt. Er soll keinen raffinierten Bestechungsversuch darstellen, sondern die Gefühle, die mir den Kochlöffel in die Hand drückten, sind ganz einfach und unkompliziert, wenn auch vielfältig. Außerdem weiß ich ja auch, daß Dein Urteil jedem solchen Versuch unbeeinflußt gegenüber steht. Gestern lag zu meinem Erstaunen eine Karte im Plauener Briefkasten. Das seit einiger Zeit besonders freudige Lebensgefühl wurde so bis zur Tat gesteigert und tobte sich eben am Küchenherd aus. Diese Art der Kräfteumwandlung ist, glaub ich, für einen Soldaten nie ungünstig. Solltest Du es allein nicht schaffen mit dem Inhalt, so kannst du ja das Urteil eines Kameraden zur Seite ziehen. Für die ganze Belegschaft zu backen, würde an Transportschwierigkeiten scheitern, jedenfalls, wenn ich den wahrhaft gesegneten Appetit meines Bruders zugrunde lege.

Laß Dir's recht gut schmecken und denke dabei ein klein bißchen an mich.

Deine Louise

Otto

Dresden, am 17. 2. 1939

Das mit dem klein bißchen an Dich denken ließ sich beim besten Willen nicht umgehen. Dazu war der Großangriff zu groß. Ganz abgesehen davon, daß ich mir aus Pfannkuchen gar nichts mache, und aus solchen von Dir erst recht nichts, war es doch eine ganz achtbare Angelegenheit. Daß Du Dir darüber klar bist, daß ich mich nicht mit einem Male bestechen lasse, dürfte Dir wohl von vornherein klar sein. Ganz nebenbei darf ich Dir das Einverständnis meiner Kameraden, die den Angriff abschlagen halfen, übermitteln. Sie sind sich darin einig, daß Du es vielleicht noch lernen wirst. Und das freut einen denn ja auch!

Drüben in der Ecke ist schon wieder ein recht erregtes Gespräch über die Frauen, die Ehe im Gange. Ich kann nicht umhin, mich ab und an trotz gänzlicher Unerfahrenheit der Dinge (ich bin also wirklich kein Heiratsschwindler!) mit hineinzuhängen. Treue? Von der Frau alles, dem Mann kann man sein Recht auf Seitensprünge nicht nehmen … Welche Frau? Wie soll man die Frau vorher kennenlernen? Also ganz interessante Fragen. So geht's im bunten Wechsel wüst durcheinander. Aber es sind wenigstens Probleme, bei denen nicht, wie meist, wüst geflachst wird. Und das gehört zum Soldaten wie das Schimpfen. Demnächst das Neueste von der Front.

Louise

Plauen, den 30. 3. 1939

Mein lieber Otto!

Hans-Georg bietet zwar in seinen jetzigen Bemühungen ein abschreckendes Beispiel, trotzdem habe ich beschlossen, meinem Vetter eine Möglichkeit zu eröffnen, im Rahmen einer allgemeinen Festlichkeit ein Mädel kennenzulernen. Den Rahmen stellt die Hochzeit meiner Kusine in Meißen dar; das Mädel ist meine Freundin. Somit fehlte also mir der männliche Beschützer, so möchte ich Dich fragen, ob Du über eine pfingstliche Einladung nach Meißen sehr böse sein würdest? Daß Du mir mit Deiner Zusage eine große Freude bereiten würdest, brauche ich wohl nicht erst zu betonen. Und ich hoffe, daß es für Dich auch nicht *nur* Opfer sein würde. Es soll dies auch nur eine Anfrage sein – das Einverständnis meiner Eltern und der Meißner Gastgeber liegt selbstredend vor.

Es grüßt Dich herzlich
Deine Louise

Otto

Bischofswerda in der Walpurgisnacht A. D. 1939

Meine liebe Louise,
Während sich die Hexen zum Umritt rüsten, will ich mich anschicken, das Schweigen zu brechen. Vielleicht hast Du es noch gar nicht als solches empfunden. Bei dieser Gelegenheit möchte ich zu meinem Bedauern feststellen, daß sich entgegen meiner Erwartungen der Wechsel der Briefe stark belebt hat. Woran mag das liegen? Jedenfalls steht fest, daß mir die Wehrmacht viel zu viel Zeit ließ, denn sonst wäre ich nicht auf derartig viel schlechte Gedanken gekommen. Bis auf letzte Woche, da versuchte man noch einmal alles herauszuholen (das schreib ich allerdings nur, um die große unschöpferische Pause zu entschuldigen). Dieser Tage bin ich übrigens zu einer Hochzeit eingeladen worden. Ich werde wohl annehmen müssen. Ich erwarte als willenloses Werkzeug nähere Anweisungen.

Herzlichst
Dein Otto

Jochen

In der Zeit zerbrach mein Verhältnis zu Gerda ganz, nicht ohne Tränen und Zögern auf beiden Seiten und doch beide entschlossen, einem Zustand ein Ende zu machen, der zu nichts führen könne. Ich habe sie nie wiedergesehen und die Trennung nicht leicht überwunden, ein Schmerz blieb für lange Zeit zurück, bewußt und schließlich unbewußt.

Im Mai/Juni traf mich dann ein völlig unerwarteter Schlag, der mich vollends aus den Gleisen warf. Ich öffnete meinen Sonntagsbrief von Lotte beim Frühstück und stellte mit Erstaunen fest, daß sich in dem Umschlag ein mehrseitiger Brief an ihre Mutter befand, den ich ohne ein Gefühl, etwas Unrechtes zu tun, zu lesen begann. Der Schock war total: Lotte schilderte ihrer Mutter unsere letzte Aussprache, die sie gar nicht befriedigt habe. Wenn sie mich mit Klaus aus Bad Hersfeld, mit dem sie sich seit Monaten träfe, vergliche, so müsse sie feststellen, wie nett und angenehm ausgeglichen religiös jener sei, im Gegensatz zu mir, der ich auf einen falschen Weg geraten sei und Anschauungen habe, die den ihren völlig widersprächen. Es folgte eine Schilderung gemeinsamer Konzertbesuche und eines Tanzabends, der keinen Zweifel ließ, daß sie eine starke Bindung eingegangen war, von der zumindest ihre Mutter genau unterrichtet war.

Ich war wie vor den Kopf geschlagen, lief stundenlang am Sonntag durch Straßen und Parkanlagen.

Louise

Freiberg, den 13. 10. 1939

Mein lieber Otto!
Nach unserer schönen Fahrt, die mir allerdings als Schlußpunkt aufzeigte, daß auch 14 Tage Zusammenleben nicht unbedingt zur Klärung beitragen müssen, wollte ich Dir einen anderen Vorschlag machen. Ich glaubte, eine längere Trennung müßte eine Klärung, so oder so, bringen können. Der

Krieg nahm mir das Wort aus dem Mund. Du spürst aber ebenso, daß es so nicht lange gehen kann, daß irgend etwas gesagt werden oder geschehen muß. Und wir wollen, wenn uns noch ein Tag geschenkt wird, ihn nicht ungenützt vorübergehen lassen.

Deine Louise

Otto

Bischofswerda, am 24. 10. 1939

Über unseren letzten Gesprächen stand Dein «Es geht nicht mehr so weiter». Ich versichere Dir, daß ich von Deinem Standpunkt aus verstehen würde, wenn Dir die Unsicherheit zu groß wäre. Für mich ist jetzt ein sogenanntes Verlöbnis eine Sinnlosigkeit. Für mich hat eine solche Bindung nur den Sinn einer «handelsüblichen» Überleitung zu einer, in durchaus absehbarer Zeit erfolgenden, festeren Bindung. Und diese Bindung kann ich mir nie als einen Notverband auf drei bis vier Tage vorstellen. Ich kann diese Kriegstrauungen nicht verstehen.

Für die Mehrzahl der Fälle kann ich die sittliche Berechtigung zu einem solchen «proforma» Schritt nicht finden. So wäre jetzt eine Bindung für mich gar nicht denkbar, höchstens als Höflichkeitsphrase. Aber das wieder bringe ich auch nicht fertig. Ich kann mir durchaus denken, daß Dich das eben Gesagte wenig erbauen wird. Aber da ich einmal beim Klären bin, sollst Du meine volle Meinung hören.

Louise

Bad Elster, den 5. 11. 1939

Mein lieber Otto!

Ich habe alles an mir vorüber ziehen lassen, alles seit dem Zeitpunkt, an dem ich erkannt, daß es auf dieser Welt nicht nur die sichtbaren Dinge gibt.

Mit dieser Erkenntnis sah ich mein Lebensziel, das mir immer als selbstverständliche Pflicht erschien, als Mutter, die ihrem Volk das Höchste schenkt. Soundso viele wollen bestenfalls, wie man so sagt, einen Mann haben.

Als ich das Jahr 1939 begann, war ich sehr glücklich. Ich hatte Dich kennengelernt. Du bist von Anfang an ein guter Kamerad gewesen. Ich bin allerdings zu sehr Frau, um in der Kameradschaft zu einem Mann das Höchste zu sehen, sie wird für mich immer nur eine vorläufige Regelung sein können. Sie wird mich nie ganz erfüllen können. Eine Kameradschaft führt mich von meinem Ziel ab, und das darf ich nicht dulden. Von dritter Seite sieht das nun sehr einfach aus, jedenfalls, wenn ich an alle mir bekannten Mädel denke. Die machen eben – man sagt da so schön: Schluß. Das ist so wunderbar einfach.

Heute sehe ich ganz klar den Weg: Es soll so bleiben, wie es bisher war. Nun bitte ich Dich nur, laß mich nicht so lange warten, wie ich Dich warten ließ.

Herzlichst!
Deine Louise.

Otto

Bischofswerda, am 15.11.1939

Meine liebe Louise!
Ich habe mich über Deine Offenheit gefreut. Ich will nun keinesfalls Deinen Brief zerpflücken. Es ist doch zu viel Gefühlsmäßiges, Irrationales darin. Du sprichst von Deinem Ziel. Damit sagst Du mir nichts Neues. Auch ich habe – neben anderen – ein nicht unähnliches Ziel. Darin spielt die Frau die entscheidende Rolle, das ist für mich das Primäre. Sie soll mir tapferer Lebenskamerad sein. In dieser Stellung spielt ihre Person zunächst eine bedeutende Rolle. Daß dann mehr daraus herauswächst, ist selbstverständlich. Es ist das Sekundäre. Ich frage mich nun: welche Auffassung ist die natürli-

chere? Ist es wirklich unverständlich, wenn ein Mädel einen Mann sucht? In diesem Suchen und Finden scheint mir dann doch alles andere begründet zu liegen. Sind damit nicht alle Voraussetzungen erfüllt? Da ich nun doch beim Zerpflücken gelandet bin – bitte, ich zerpflücke Dich nicht! – muß ich Dir schon sagen, daß ich etwas enttäuscht und traurig war. Der Partner scheint Dir bei alldem nicht besonders wichtig zu sein.

Jochen

Ich schrieb ihr über die Briefverwechslung und daß ich aus dem Inhalt des Briefes an ihre Mutter entnähme, daß sie sich innerlich längst von mir getrennt habe und forderte sie auf, diese Trennung durch offizielle Lösung der Verlobung zu besiegeln. Ich erhielt kurz darauf in einem kurzen Brief die Mitteilung, daß sie sich gezwungen sähe, unsere Verlobung zu lösen.

Louise

Bad Elster, 27. 11. 1939

Mein lieber Otto!
Aus meinem vorigen Brief hast Du manches nicht recht verstanden. Es ist wohl auch schwer, eine Frau zu verstehen. Der Partner ist mir durchaus nicht gleichgültig. Das müßtest Du längst gemerkt haben. Sonst könnte ich ja längst verheiratet sein. Der Mann ist für mich das zweite Ich, die andere Hälfte, ohne die das Lebensziel nicht erreicht werden kann, die Grundlage. Da ich mich selbst auf diese Grundlage stellen möchte, gehört ihr meine größte Anteilnahme, ihrem dauernden Bestehen meine größte Pflege, Kameradschaft und Hingabe. Das letzte Ziel und den Zweck des Lebens sehe ich aber erst im Weiterleben auch nach meinem Tod, im Kind. Für mich ist die Heirat noch nicht die Erfüllung, erst in dem Zukunftsweisenden. Jede Frau denkt so, wenn sie sich das auch nicht so bewußt macht oder

machen kann. Ich glaube, ihr Männer denkt doch noch ganz falsch von uns. Du wirst Dich wundern, aber über die Kriegstrauungen bin ich zum Beispiel anderer Meinung. Was Du der Frau gegenüber als unverantwortlich hinstellst, sehe ich nicht als verantwortungslos an. Es ist gewiß schwer für eine Frau, Kinder allein großzuziehen, es ist aber viel, viel schwerer, kein sichtbares Zeichen einer gewesenen Gemeinschaft behüten zu dürfen.

Eben die Nachricht, Sondermeldungen, schwerer Kreuzer der Engländer torpediert, vernichtet. Fein!

Am Sonnabend hatten wir einen prima Kameradschaftsabend im Kollegium! Eifersüchtig? Kannst Du ja gar nicht werden, wie Du mir versichert hast.

Herzlichst!
Deine Louise.

Louise und Otto trennen sich ein Jahr später, um 1941 wieder zusammenzufinden. Sie heiraten 1942 und feiern nach 50 Ehejahren die goldene Hochzeit.

Walter

D'eschingen, 11. 10. 39

Mein liebes Fraule!
Sei bitte nicht traurig: Vielleicht komme ich am Samstag und Sonntag nicht. Alles geht in Urlaub, ein Offizier soll hier bleiben. Ein ganz klein wenig Hoffnung kann ich Dir lassen. Vielleicht komme ich doch. Und wenn ich nun nicht komme, dann *darfst* Du nicht betrübt sein. 13 000 Tote in Polen. Wie klein ist unser Opfer! Wir leben in einer solch gewaltigen, unbeschreiblich großen Zeit, – wir wollen uns bemühen, ihrer würdig zu sein. Sei stolz, mein liebes, gutes Fraule, daß Dein Mann dabei ist. Auch wenn er nicht an der Front im Kugelregen steht (sein größter Wunsch geht dorthin) – er hat doch den grauen Rock an, er ist Soldat. Er ist zu seinem

Teil mit dabei «Das Reich aus den Stürmen zu holen für alle Ewigkeit.» Denk' daran, daß wir eine glückliche Familie sind, daß wir uns alle so sehr liebhaben, das Maisili, das Hannesle, Du und ich. Es ist alles so gut.

Es ist die Tragik des Etappensoldaten, daß er nur mit halbem Herzen dabei ist. Die eine Hälfte ist stets daheim. An der Front, an der gekämpft wird, gibt es das nicht. Dort hört dies auf, die ganze Woche auf den Sonntag zu warten, an dem man heim darf.

Nun liegt das kleine Hannesli neben meinem lieben, lieben Fraule. – Was weiß es in seinem glücklichen Herzle vom Kriege?

Und das Maisile schläft in seinem geliebten Paradiesle.

Unser Glück, des Führers Glück und des Reiches, des ewigen, stolzen Reiches Zukunft.

«Mit unsern Fahnen ist der Sieg.»

Sei gegrüßt von
Deinem Leutnant.

(Zum Mittagessen am Sonntag komme ich ziemlich sicher nicht.)

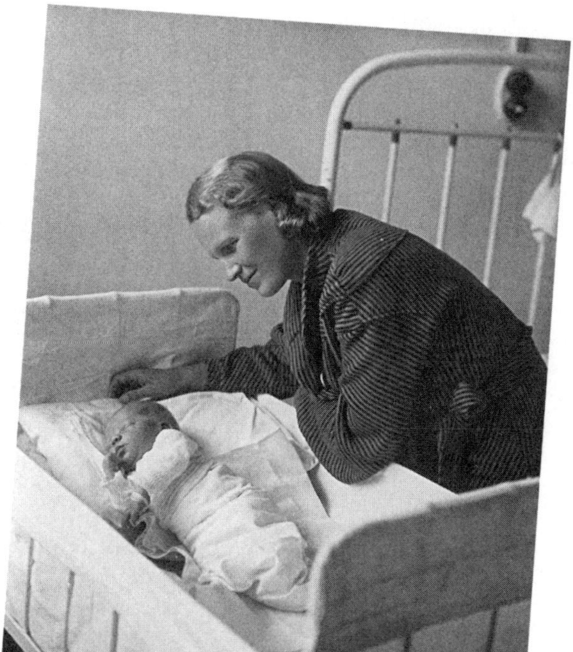

«Fraule» Irene mit «Maisile»

Hildegard

Swithheart!
Wenn doch einer wäre, der mir helfen könnte – Himmel, bin ich denn eigentlich noch nicht aus diesem «Himmelhochjauchzenden – zu Tode betrübten» Alter heraus!? Derartigen Gefühlsunterschieden bin ich dauernd ausgesetzt! Und wenn das jemand merkte – ich hätte ja keine ruhige Stunde mehr!

Vielleicht aber befähigt mich dieses Ganze «Auf und ab» als Erzieherin besonders – ach ihr Kinder, wie schwer muß ich mir dann meine Befriedigung im Beruf erkaufen. Hassen tu ich manchmal die ganze T. F. H.-Gesellschaft! Wäre es vielleicht anders, wenn ich liebte? Sind das vielleicht schon Jungferneigenschaften? Du liebe Zeit – dann heißt's aber doch: einpacken.

Alle Wünsche und stillen Hoffnungen gingen in Erfüllung – warum die Eine nicht? – *Wonderful love!*

Walter

Noch nie fühlte ich einen solch unbändigen Stolz, Deutscher zu sein. Wie ist es daheim schön, und sauber und ordentlich! Und hier? Wir sind Kulturträger des deutschen Volkes. Unseres Führers Soldaten! …

O Irene, ich bin so glücklich!

Wir sind hier in einer großen, früheren tschechischen Militärakademie untergebracht. Die Gebäude waren furchtbar verdreckt und verwahrlost. Aber Dank unserer deutschen Ordentlichkeit sind sie heute bereits sauber und gemütlich.

O, Irene, Irene, es ist so unsagbar gewaltig, heute zu dieser großen Gemeinschaft zu gehören. Uns fehlt nur noch, kämpfen zu dürfen.

Meine liebe, gute Frau. Ich brachte soviel Unruhe in Dein stilles, liebes Herzle!

Gelt, Du bist wieder ruhig und zweifelst nimmer? Du darfst es nicht. In mir ist eine ganz riesengroße Ruhe.

Ich bin so glücklich, weil ich Dich so fest bei mir fühle. Du bist immer da. Du gehst immer mit mir. Ich brauche nie allein zu sein. Du sitzt jetzt neben mir, ich lege meinen Arm um Dich und erzähle Dir.

Und jetzt bin ich still und drücke Dich an mich und küsse Dich.

Meine Irene!

Dein Walter.

Hildegard

Alles beim Alten! Leider!

Franz

Schwalbach

Liebe Lotti.
Ich muss mich noch nachträglich bedanken, für die schöne Photographie, die Du mir im vorhergehenden Brief mitgeschickt hast, ist bestimmt ein schönes Bild. Jetzt bin ich aber, meine liebe Lotti, auf dem besten Wege Dir eine kleine Vorhaltung zumachen, das geht doch nicht mehr so weiter, ich habe so eine starke Sehnsucht nach Dir, Du mein kleines liebes Mädel, meine Lotti, und Du begnügst Dich, mir so eine kleine Photographie von Dir zu schicken, nein ich will keine Photographie, ich *will nur Dich nur Dich allein will ich*, sonst gar nichts, überhaupt nichts, *nur Dich will ich*. Erfülle mir meine Bitte und komme so bald als möglich nach hier zu mir, ich sehe Dich schon vor mir, ja ich greif nach Dir, ich spüre Deine Herzenswärme, Deine Lippen, die ich so gerne küsse, die ich immer küssen werde und kann, immer ohne Unterbrechung, nie satt werde zu küssen.

Mein kleines liebes Mädel, Du wirst doch verzeihen, daß der Federstock mit mir durchgegangen ist, aber was soll ich Dir denn anders schreiben, nein ich liebe nur Dich, was soll ich mich denn selbst belügen, ich liebe Dich und kann das besser schreiben als sagen. Komm nach Hause zu mir, Du meine Liebe.

In der Hoffnung, daß Dich meine Zeilen in bester Gesundheit antreffen, grüße und küsse ich Dich innig

Dein Dich immer liebender Franz
Heil Hitler
Auf ein baldiges und frohes Wiedersehen

Walter

Mährisch Weißkirchen 19. 11. 39

Meine Irene, Du Liebe, Gute, Du Bestes auf der Welt!

Wie glücklich machst Du mich mit Deiner Liebe! Wie tun Deine lieben, lieben Worte so gut.

Du mein stilles, verschlossenes Herzele, wie quillt auf einmal alles über. O Irene, wie hab' ich Dich lieb, daß Du mich so gut verstehest, daß Du mir gehörst, daß Du so bist wie Du bist. Ein Stück von mir.

Ach nein, wir gehören unsagbar zueinander. Es gibt kein Du und ich mehr. Wir sind eins, wir beide. Du bist mir so nah, Du bist jede Stunde meines Lebens bei mir. Du meine liebe, liebe Frau!

– Ich weiß es jeden Tag mehr, wie viel, viel schwerer es ist, daheim bleiben zu müssen. Allein mit seiner Sehnsucht, seinem Heimweh, dem täglichen Erinnertwerden an die vielen Gemeinsamkeiten …

Unter dem großen Sternenhimmel marschierten wir. In einem fremden Land. Ein kleines Häuflein. Voran Dein Leutnant. Ich dachte an mein großes Glück, an meine Frau und meine Kinder «Da geht ein brausend Rufen, Hurra, Viktoria …»

– Wann dieser Krieg endet?

Ich weiß es nicht. Ich hab' es auch aufgegeben, darüber nachzudenken. Wir leben von einem Tag zum andern. Wir sind erfüllt von einem unerschütterlichen Vertrauen zu unserem Führer. Wir möchten nichts anderes sein als seine Soldaten. Wir haben eine große Zuversicht, daß es gut enden wird und daß es bald enden wird. Wie, das wissen wir nicht. Der Führer weiß es. Das genügt.

Franz

Frau Lotti Schmidt
Hamburg
z.Z. Landeskrankenhaus Bau 17

Schwalbach, den 11.5.37

Meine liebe Frau Lotti.
Mein lieber Schatz, Du mußt mir schon verzeihen, sollte ich am Sonntag, mit meinem Besuch Dich angegriffen haben. Im Grunde genommen ist es doch nur gut gemeint, ich will ja nur Dein und unser Aller bestes. Ich hatte im Zug, nachdem ich von Dir weg war, ein bisschen darüber nachgedacht, und da mußte ich mir gestehen, daß ich vielleicht ein bißchen grob war, aber gutgemeint war es schon. Ich bin manchmal ein bißchen verärgert, Zuhause ist viel Arbeit, und ich muß alles liegen lassen.

Samstags fahr ich zu Dir und wenn ich noch mehr Arbeit hätte, das Verlangen nach Dir ist so groß, von Montags bis Sonntags, bis ich wieder zu Dir komme, daß ich doch kommen müßte, Du verzeihst mir doch?

Mit tausend Grüßen und Küssen, von Popelchen und von mir selbst

Dein Mann Franz

Walter

Mein Vater schreibt, ich müßte Dir immer Mut zusprechen, es ginge nicht, daß Du so mutlos schreibst. Sicher hat er Dir auch einen Brief geschrieben wie die Lehrer 1914. Ach, was wissen die Alten von unserer herrlichen Zeit? Sie möchten einen Krieg gewinnen. Und wenn nun wieder alle diese prächtigen, jungen Kerle fallen, was dann? Soll dann unser Reich leben mit den Alten? Es geht um so viel mehr. Sie können es nie begreifen. Es geht um jene neue Zeit, die wir in unseren jungen Herzen tragen, darum müssen wir alle wieder heimkommen.

Und wir kommen wieder.

Ja, Irene, dann wird ein Leben beginnen!

Dann müssen wir alles nachholen, was uns diese Trennung jetzt vermissen läßt. Und auch die vielen Tage unsres Lebens, die wir gleichgültig waren.

Jede Stunde müssen wir mit unserem ganzen Leben genießen, jeden Tag, den wir miteinander leben dürfen.

O Irene, wie schön wird das werden!

Und das Maisili ist da und das Hannesle. Und dann muß bald ein Schwesterchen noch kommen.

Und wir werden ein Forstamt haben, eine riesige Wohnung.

Irene, Geliebte, liebe, liebe Frau!

Es gehört mit Leib und Seele Dir

Dein Walter

Hildegard

Auf dem Gebiet des Erotischen ist nichts vorgefallen – ich hab auch augenblicklich nur ein sehr gemäßigtes Verlangen! Es müßte schon einer kommen, der Lokis Leidenschaft, Ralphs Benehmen und Raffinement und eine enorme Klugheit hätte. Das Leben ist doch verdammt anders, als einem die Leute es vorspielen!

WALTER

Mährisch Weißkirchen 24. 11. 39

Meine liebe Frau!
Ach Irene, Du Liebstes, Allerliebstes auf der Welt! Es sind heute 12 ½ Jahre. Es ist noch wie am ersten Tag. Ich sehe Dich vor mir in Deinem schwarzen Lodenmantel, ich spüre noch den eigenartigen, ach so vertrauten Geruch, den er hatte. Dieses liebste Geschöpf auf der Welt. Wie weiß ich, daß ich Dich nicht einfach so grob umarmen darf, daß ich immer auf diese wunderbare Zartheit Rücksicht nehmen muß. Verzeih, daß ich oft diese

Irene und Walter 1938

Walter als Soldat

Rücksicht vergaß. Ich wußte es immer, wenn Du Deinen lieben Kopf dann wegwendetest.

Es war Übermut, überfließendes Kraftbedürfnis, es war falsch. Ich wußte immer, daß unsere Liebe ganz innen drinnen war, ganz tief. Und daß sie zart ist und immer so bleiben muß.

Irene, meine Irene, wie lieb' ich Dich. Daß Du so bist. Du allein. Alles ist gering, ist gleichgültig und unwichtig auf dieser Welt gegenüber unserer Liebe. Was wären wir ohne sie! Mich schaudert, wenn ich daran denke. Alles wird erst schön durch sie.

Liebe, unermeßlich, unsterblich, göttlich bis über den Tod hinaus!

Du liebes Ungetüm

(1940–1949)

Paul

Mai 1940

Wie schön bist Du, o grüne Welt,
Verjüngt im Sonnenglanze!
Die Blütenpracht in Wald und Feld
Gleicht einem bunten Kranze,
Der Dich mit zarter Pracht umhüllt,
Mit Duft den blauen Äther füllt
Und Dich so köstlich zieret.

O schöne Welt im schönen Mai,
Wie klingen Deine Lieder
Mit Geige, Flöte und Schalmei
Aus tausend Stimmen wieder!
Der Vöglein Singen rundherum
Mischt sich mit Käfers Bassgebrumm
Im Säuseln linder Lüfte.

Es purzelt voller Übermut
In's Tal das Bächlein klare,
Es gaukeln in der Sonne Glut
Der bunten Falter Paare. –
Und Du, mein Herze in der Brust,
Du schlägst den Takt mit weher Lust
Zur Symphonie der Liebe.

Per Feldpost an Fräulein Ilse Lauth

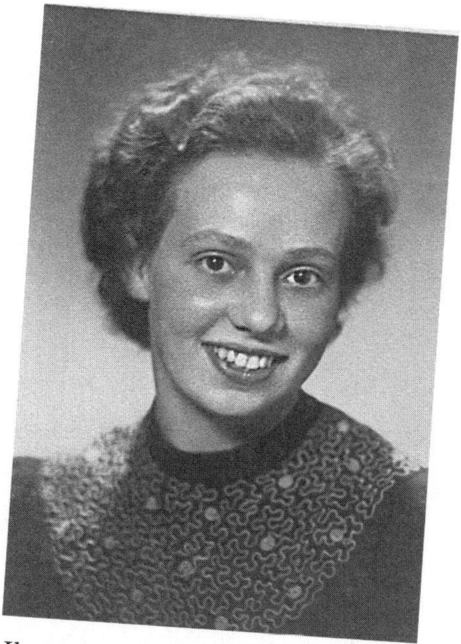

Ilse 1940

Ella

13. 3. 40

Lieber Jüngling Erich!
Ich werde nicht müde, Deine Briefe zu lesen und Dir zuzuhören. Jedesmal freue ich mich, wenn mir wieder die eng beschriebenen Seiten aus dem Umschlag entgegenfallen. Nur macht es mich ein bißchen verzagt, daß ich Deinen stürmischen Überschwang nicht in ähnlicher Weise erwidern kann. Nicht, daß es mir an Liebeskraft fehlte, dem Feuer zu begegnen, das mir von Dir herüberstrahlt, aber ich kann nicht so oft davon sprechen. Du bleibst auch bei den größten Anforderungen, die man an Dich stellt, gesammelt, während ich mich mehr verteilen und zerstreuen muß, um meine kleine Gemeinde hier in Liebe zusammenzuhalten. Du wirst mich recht verstehen und mir innerlich keine Vorwürfe machen?

Herta

Berlin, den 11. 10. 40

Mein lieber Hans!
Du hast mir einen derart lieben Brief geschrieben, dass ich gar nicht weiß wie ich Dir darauf antworten soll! Gestern abend kam er schon, aber ich konnte Dir nicht gleich darauf antworten, denn ich bin jetzt noch kaum in der Lage einen klaren Gedanken zu fassen. Wie soll ich Dir beschreiben was für Stürme Du bei mir entfesselt hast? Ich weiß gar nicht mehr, was ich tun soll! Trotz der reinen Freuden über Deine Liebesbeteuerungen, die mich völlig fassungslos gemacht haben, erfüllt mich eine tiefe, tiefe Traurigkeit! Meinen augenblicklichen Gemütszustand kann ich am allerbesten mit den ersten Tagen unseres Kennenlernens vergleichen, wo ich auch von dem unbändigen Verlangen erfüllt war, Dich irrsinnig zu küssen wie ich es jetzt gleich tun werde!!!

Erich

Eine Stunde in Deinen Armen – wie jene am Mittwochabend – gibt mir Sicherheit und Unerschütterlichkeit im Leben wie im Sterben, möge sich nach dem Krieg noch alles ebenso schön fortsetzen. Was können wir beide durch unsere Liebe noch wirken? Für unser Glück, für das der Kinder und zur Freude anderer Menschen, und was mich besonders ergreift: wir können an jedem Punkt unserer Liebesgeschichte anknüpfen. Sie ist wie eine der vollkommenen Kurven, an der an jedem Punkt eine Tangente angelegt werden kann.

Herta

Berlin, den 24.01.41

Liebster Hans!
Als Du gestern um 11 Uhr Berlin wieder verlassen hast, habe ich Dir nochmals meine besten Wünsche und mein Herz nachgesandt. Es wird immer bei Dir sein – jede Sekunde bei Tag und Nacht!

Hans, die Wochen, die wir zusammen waren, sind mir wie ein Traum gewesen. Doch jetzt ist die Wirklichkeit wieder da! Ich versuche nichts zu denken und nichts zu fühlen und kann es doch nicht, da ich ja nicht tot bin. Und jeder Gedanke an Dich und jede Erinnerung schneidet mir ins Herz. Du weißt, dass die schönsten Stunden am Tage für mich die waren, an welchen ich – wenn ich nicht bei Dir war – von Dir träumen konnte. Jetzt ist mir jegliches Denken an Dich eine tausendfache Qual. Ach, wer doch gefühllos sein könnte wie ein Stein. Meine Wohnung ist mir unerträglich. Jeder Gegenstand erinnert mich mit Entsetzen an unser glückliches Zusammensein. Voll Grauen betrete ich das Schlafzimmer und die Verzweiflung überfällt mich, wenn ich mich in unser Bett legen soll! Und gehe ich daraufhin zurück ins andere Zimmer, so weiß ich nicht, in welche Ecke ich blicken soll ohne, dass mir die Tränen kommen. Und jede Träne soll sich als Zentnerlast auf denjenigen senken, der dies alles verschuldet hat.

Alles Glück betrachte ich als gewesen und kein Gedanke an die Zukunft soll mich verleiten, damit eine Brücke über die Gegenwart zu schlagen. Ich glaube nur noch an das Nichts.

Ich erinnere mich Deiner Küsse!
Herta

Ella

27.02.41

Lieber ferner Engel,
heute werden Dir die Ohren geklungen haben, denn wir haben viel von Dir gesprochen. Zwei lange Briefe und die Ankunft Erichs heute um dreiviertel sechs fordern gebieterisch, daß ich zur Feder greife, obwohl ich eigentlich Wäsche aufhängen müßte, wovon wir heute vier Kessel voll gewaschen haben. Aber gleich spricht auch der Führer und heute Abend will der Erich eine Kaspervorstellung geben …

Alles erledigt, die Wäsche ist fertig geworden, die Führerrede ist angehört (Voilà un homme!), über Erichs Kasperkünste habe ich Tränen gelacht.

Ich möchte Dein liebevolles Herz nicht gern betrüben, aber den schwarzen Seidensatin hast Du entschieden zu teuer gekauft, da er doch nur Kunstseide ist, offenbar extra für deutsche Soldaten reinen Herzens und vertrauenden Gemütes hergestellt. An der Breite fehlten auch 12 cm!

Den Aufsatz «Bewegliche Ordnung» werde ich heute abend im Bett lesen. Ich kann gar nicht «Bett» schreiben, ohne Dich sehnlichst herbeizuwünschen. Haben wir es nicht zu einer wahren Kunst des «Zubettgehens» gebracht?

Erich

Polen, 29. 4. 41

Während sich seit zwei Tagen der angestaute Briefsegen über meine Kameraden ergießt, gehe ich zu meinem nicht geringen Schmerz leer aus. Die hallische Post hat noch nicht den Weg in unsere im ewigen Regen schier ersaufende Einsamkeit gefunden. Grundlos die Wege, der Wald vollgesogen wie ein Schwamm, Schmutz und Schlamm, wohin man blickt.

Briefe von einer geliebten Frau sind hier fast das einzige und gewiß das beste Mittel, nicht in Verdrießlichkeit zu verfallen.

Zu Mittag ißt man seine dünne Wassersuppe mit Brot, morgens Brot mit nichts, abends Brot, abwechselnd mit Fischkonserve oder Wurst.

Wie beneide ich die Kameraden, die zwar den knochenfressenden Krieg auf dem Balkan erleben durften, aber nun – vor dem Parthenon stehen!

Wir dagegen fühlen uns wie in einem Straflager. Einmal im Monat dürfen wir ein 1000 g Päckchen nach Hause schicken, dessen Inhalt auch noch verzollt wird. Ein Päckchen mit Wäsche wurde mir wieder zurückgegeben! Große Verzweiflung wegen des Waschens der Unterkleidung!

Herta

Mein lieber Hans!
Es ist ganz furchtbar, dass wir nichts von einander hören. Manchmal ist mir so, als ob das mit uns beiden gar nicht wahr gewesen ist und ich mir das alles nur einbilde! Haben wir uns wahrhaftig so gerne gehabt? Wenn ich mich im Spiegel sehe, dann kann ich gar nicht glauben, dass ich plötzlich so alleine sein soll. Und dann meine ich eben, es ist nicht gewesen! Ich fürchte sehr, dass uns der Krieg wieder auseinander bringen wird.

Gestern waren die Engländer mal wieder hier. Haben uns ganz nett beharkt! Ich habe leider nicht mehr die Ruhe, um im Bett zu bleiben, weil mich das auch an Nächte erinnert, an die ich gar nicht mehr denken will, da ich sonst wieder traurig werde.

Mein Seidenbär, ich bin so schrecklich alleine und es ist gar keine Aussicht vorhanden, dass das bald anders wird! Es ist auch so aussichtslos, dass dieser Kriegswahnsinn bald zu Ende ist.

Weißt Du noch, wie wir im vorigen Sommer mit dem Herbst hofften und dann auf das Frühjahr? Und jetzt ist man schon ein Optimist, wenn man mit diesem Sommer rechnet, aber im Herbst dann ganz bestimmt «allerspätestens». So schleppt man sich mit seiner Hoffnung von Vierteljahr zu Vierteljahr weiter!

Seidenbär, warum können wir nicht zusammen sein? Ich habe immer so gerne Deinen Atem auf meiner Haut gespürt. Ich denke oft daran, wie schön das war. Wann wird das wieder sein? Du musst bald kommen, Hans! Gleich! Bitte, bitte komm. Ich halte es ohne Dich nicht mehr aus. Oder Du musst mir gleichgültig werden! Der Krieg sorgt ja auch schon dafür!

Ich küsse Dich!

Herta

Herta

Ella

22.6.41

Mein geliebtes Herz, eben höre ich erschüttert die Kriegserklärung Rußlands. Was so lange als dunkle Wolke über uns schwebte und was man immer wieder glaubte sich auflösen zu sehen, entlädt sich nun doch und läßt uns alle in großer Bangnis. Dabei könnte ja alles einen majestätischen und großartigen Anblick bieten, wenn nicht Millionen gequälter Herzen darin verflochten wären, die als Unterlage dienen und in den Boden gestampft werden.

Ich versuche das meine noch fest in die Hände zu nehmen, – es soll nicht gleich zerflattern, und Du, ich weiß es, wirst mir dabei helfen durch Deine Kraft, und auch ich will Dir beistehen mit allen meinen Kräften.

Wenn Du endlich wiedergekommen bist, will ich Dich noch mehr lieben, und es wird eine schöne Zeit werden.

Erich

Bataillonsgefechtsstand Chazki 22.8.41

Diese Zeilen erhältst Du durch einen in die Heimat Versetzten. Sie erreichen Dich sicher besser als Deine selten oder nicht geschriebenen Briefe mich. Wir sind seit gestern im Kampf um Tscherkassy eingesetzt, trotzdem kam am Abend Post! Für alle Kameraden Briefe in reicher und regelmäßiger Fülle; für mich, wie zu erwarten, nichts, außer einigen Illustrierten und den abgeschmackten Ehebruchs- und Oberlehrer-Komödien, für die ich Dir nicht danken kann. Diese Gabe berührt mich in der Situation, in der wir uns befinden, einigermaßen eigenartig. Wie peinlich, bei jedem Postempfang vom Kommandeur gefragt zu werden, ob ich gute Nachrichten von zu Hause habe, – dabei wäre es doch so leicht, mir wenigstens alle drei oder vier Tage zu schreiben und mir das Leben mit geringer Mühe sehr viel leichter zu machen. Daß ich das noch so gut ertrage, verdanke ich meiner Illusionslosigkeit. Es könnte ganz anders sein, wenn Du ein wenig mehr

Verständnis und Vorstellungsvermögen von den seelischen Bedürfnissen eines Soldaten hättest. Du könntest doch wenigstens die Kinder veranlassen, mir öfters zu schreiben, das gehört sich doch so.

Herta

Berlin

Mein lieber Hans!
Kannst Du Dir vorstellen, wie fürchterlich es für mich ist, seit drei Wochen von Dir nur solche Briefe zu bekommen? Denn die ganzen unausgesprochenen Vorwürfe lese ich alle mit! Was meinst Du damit, dass Du Dich umgestellt hast? Das kann doch nur im schlechten Sinne mir gegenüber sein! Ich hoffe aber, dass Du Dich – wenn Du also siehst wie sehr Du mir Unrecht getan hast – schleunigst wieder «umstellst». Ich bitte Dich auch dringend mir dann sofort davon Mitteilung zu machen, denn ich bin wirklich empört!

Mein vielgeliebter Seidenbär, ich küsse Dich unzählige Male und streichle Dich ganz zart. Wie schrecklich nett Du bist, weißt Du ja und ich beneide Dich glühend, dass Du Dich jeden Tag im Spiegel sehen kannst!

Deine Herta

Ella

Immer noch keine Nachricht, Trost ist mir nur, daß es jetzt vielen so geht. Ich fühle aber Deine Gedanken und alles, was ich tue, wird auf Deine Zustimmung hin geprüft. Mit besonderer Vorliebe öffne ich den Kleiderschrank, der leise Duft aus Deinen schönen Anzügen ist mir wie ein ferner Gruß von Dir.

Ich habe heute so eindringlich an Dich gedacht, daß Du es gefühlt haben mußt. Hach, dieser schreckliche Füller, – er gibt kaum Tinte zum Schreiben, aber einen Klecks machen – das ist ihm ein Leichtes!

Erich

Medwedowka 5.9.41

Gestern haben wir das reizende Nest Netschajewka verlassen. Beim Aufbruch erlebte ich noch eine seltsame Szene. In meinem Quartier waren zwei Töchter – bis auf ihre Busen nicht sonderlich anziehende Mädchen – von denen ich der einen ein wenig, der anderen kaum Aufmerksamkeit geschenkt hatte, von dem freundlichen Gebaren abgesehen, das auch hier jedem wohl ansteht. Als ich mich verabschiedete, brachen die beiden so heftig in Tränen aus, die eine warf sich schluchzend über den Tisch, die andere presste meine Hand an den besagten Busen, das heißt auf die eine Hälfte davon, daß mir angst und bange ward. Bin jedenfalls im Zweifel, ob ich nun so viel Eindruck geschunden habe, oder ob dies nur Landesbrauch und -sitte gewesen war.

Jetzt werde ich mir noch die Befehle vom Kommandanten abholen und dann zu Bett gehen und an ein Mädchen mit einer Tüte Pfirsiche in der Hand denken, das mich heute vor genau zwölf Jahren, zärtlich-lebhaft winkend auf dem Bahnhof in Friedberg empfing.

Ella

17.9.41

Heute war eigentlich einer der trübseligsten Tage, aber mir kam er merkwürdigerweise so erträglich vor wie lange nicht. Kein Wunder, wenn man endlich zwei Briefe erhält.

Die beiden weinenden Mädchen in Netschajewka kann ich wohl verstehen. Vielleicht war es für sie von größter Bedeutung, einmal Freundlichkeit von einem rechten Menschen zu erfahren. Denn daß die einfachste Frau für reine Menschlichkeit empfänglich ist, glaube ich bestimmt.

Ella

Die Erwähnung von diversen schönen Busen freilich (und nicht nur im letzten Brief) läßt mich erst ahnen, daß Du bis jetzt durch eine entbehrungsreiche Zeit gegangen bist. Aber was ist dagegen zu tun? Mir dichtest Du eine entzückende Hartnäckigkeit im Nichtschreiben an, Du liebes Ungetüm, aber in Wirklichkeit bist nur Du von einer entzückenden Niederträchtigkeit und ich erstrahle dagegen in blendender Weiße!

Erich

9. 10. 41

Heute Nacht habe ich in lieblicher Weise von Dir geträumt und erinnere mich wieder der neckischen Frage des alten Mushake «Was macht die Liebe, liebe Lina?», die ich nun verstehe. Ach Gott, ich könnte mir das Problem schwieriger vorstellen. Wie augenblicklich der gemeine Mann damit fertig wird, weiß ich nicht. Viele sprechen mit großer Achtung von ihren Frauen. Ich ruhe so sehr im wahrsten Sinne des Wortes in Deiner Liebe, daß mich nichts mehr anfechten kann. Man gehe mir weg mit dem Gerede von der «körperlichen Not». Ein schrecklicher Begriff für einen, der ein Mann und ein Soldat sein will. Schlimmer kann man die süßeste Sehnsucht und das heißeste Verlangen gar nicht herabwürdigen.

Friedrich

29. 10. 41

Meine liebe Mini!
Ich werde Dir jetzt jeden Morgen von der Schreibstube aus einen Gruß schicken, denn die Post geht morgens von hier ab über Amsterdam nach Deutschland. Es ist nun Herbstwetter mit Sturm und Regen. Aber der Dienst wird angenehm sein in den nächsten 14 Tagen, und wahrscheinlich gibt es dann anschließend den Urlaub. Also mach Dir keine Sorgen und sei immer voller Zuversicht. Einmal wird die Welt ein besseres Gesicht aufstecken, und da, wo die gesunde, lachende Wange ist, wird Deutschland liegen. Nimm die Kinder in den Arm, wie ich es mit Dir tue.

Ella

20. 1. 42

Mir wird mit jedem Brief wehmütiger ums Herz, seit dem 12. 12. 41 habe ich keine Nachricht von Dir. Heute lese ich in der Zeitung, daß die Russen in Eurem Rücken gelandet wären und angegriffen hätten. Das wird einem so unter der Hand mit großer Verspätung beigebracht. Und wie ist es auch nur möglich gewesen, daß man so spät an die Wollsammlung und die Ski- und Rodelschlittensammlung dachte?

Ich habe noch für zwei Tage Kohlen und muß am Freitag noch einige Geburtstagsgäste abfüttern. Ich will einen Apfelmuskuchen machen, der ist am billigsten, was den Fettverbrauch anlangt.

Ich habe mir meine Zehen erfroren, weiß gar nicht, wann und wo, und kriege fast keinen Schuh an.

Heute nacht träumte ich, Du seiest auf Urlaub gekommen, Du sahst aber so traurig aus, daß es mir ins Herz schnitt.

Friedrich

Meine liebe Mini!
Heute ist Varietévorstellung hier im Ort: Musik, Tanz, Gesang, Humor, fünf Herren und sechs Damen. Soldaten, die gestern abend da waren, sind ganz begeistert, besonders über das in Rußland so selten gesehene Fleisch des schönen Geschlechts. Die Soldaten, die auf der ersten Bank saßen, sollen kaum zu halten gewesen sein. Na, mir steht der Genuß ja noch bevor. Außerdem gab es gestern Bier. Was wollen wir da noch mit Urlaub? Mein Bein sieht gut aus; ich komme eben vom Verbinden und brauche nur noch ein- oder zweimal die Revierstube aufsuchen. Mach Dir keine Sorgen, mein Lieb. Es regnet immer noch, aber ihr drei gebt mir Sonne.

Dein Friedrich

Erich

So bin ich denn nun zu dem beiliegenden Bild meiner Gastgeberin gekommen, mit einer arabisch-tatarischen Widmung, von der ich leider nicht weiß, was sie besagt. Damit man aber das Bild nicht mißdeutet, wenn es mal in meiner Brieftasche gefunden wird, schicke ich es Dir, sozusagen als ethnologisches Anschauungsobjekt.

Jedenfalls sind die Frauen und Mädchen, meine Freundin Asime (bitte nicht erschrecken – Aufklärung folgt) und ihre deutsch sprechende Freundin Nina, eine 23jährige Ärztin, stark angetan von der Ritterlichkeit, Eigenart und guten Kinderstube der deutschen Soldaten. Auch meine Kameraden bestätigen dies, und meine «Erfolge», zu denen ich komme wie die Jungfer zum Kind, beweisen es.

Die Mundharmonika tat ein übriges, mir Zuneigung zu erwerben, von der freilich Asime den Löwenanteil auf- und mir entgegenbringt.

Nina sprach gestern Goethes «Über allen Wipfeln ist Ruh» und den

«Erlkönig» wie ich's meinen Lebtag nicht gehört habe. Mit einer Andacht ohnegleichen hörten die Mädchen den nie vernommenen, deutschen Volksliedern zu, schließlich wurde gar philosophiert und über Musik gesprochen – ich ging um 10 Uhr weg, einen Band mit sämtlichen Beethoven-Sonaten unterm Arm. Daß ich beide Mädchen zum Abschied küßte, – Nina die Hand und Asime auf den Mund – gestehe ich Dir freimütig. Es mußte wohl so sein, denn keine verwahrte sich dagegen.

Friedrich

Das Varieté, von dem ich Dir bereits schrieb, war schön. Ein älteres weibliches Semester sang unter anderem «Kehr zurück» mit dem französischen Refrain «J'attendrai» zur Erinnerung an unsere Pariser Erlebnisse, wie sie sagte. Ich teile Dir das mit, obgleich es nebensächlich ist, weil mir dabei die Anregung zu einem neuen Gedicht für Dich kam und zwar bei dem Satz: «Ich glaube an Dich, weil ich Dich liebe.» Das ist ein Wort, das mir aus jedem Deiner Briefe entgegenstrahlt, wie es überhaupt Deine Haltung seit je war und bleiben wird.

Bei diesen Gedankengängen, die ich gleich während der Darbietung niederschrieb, wurde mir klar, daß der Mann (ich in diesem Falle) der unwandelbaren Haltung der Frau, die an ihren Mann glaubt, weil sie ihn liebt, eine andere Liebe entgegensetzt, zu der er an dem unveränderlichen Gefühl der Frau emporreift. Ich jedenfalls kehre das Wort um und sage: «Ich liebe Dich, weil ich an Dich glaube.» Wenn ich das Wörtchen «unwandelbar» höre, so steht übrigens für mich der Name «Mini», der Dir bekannt sein dürfte, gleich daneben.

Inniger Kuß
Dein Friedrich

Erich

Als wir uns heute früh zum Abmarsch bereitstellten, drängten sich an den Torwegen der Häuschenhöfe die Gastgeber, Männer, Frauen, Kinder, Hunde und Katzen und riefen uns Segenswünsche nach. Da war denn auch Asime da, hatte den weiten Weg von der «Karl Liebknecht Straße» nicht gescheut und drückte mir ein sich weich anfühlendes Briefchen in die Hand, eben erst konnte ich den Inhalt besehen: eine Locke, in ein besticktes Tüchlein eingeschlagen. Entschuldige, lieber Engel, daß ich unschuldigschuldig mit bald 43 Jahren noch zum Herzensbrecher geworden bin – aber damit ist das Märchen von Simferopol auch zu Ende.

Ella

14.02.42

Nach Deinen letzten zwei Briefen, die mich so froh erleichterten, trat eine richtige Entspannung ein, ich war überaus froh und müde, als ob ich eine schwere Arbeit glücklich hinter mir hätte. Deine Erlebnisse rollen allerdings wie ein rückwärts gedrehter Film ab, im letzten Brief höre ich die Namen von Asime und Nina, im vorletzten erfahre ich von der Abschiedsfeier. Ich kann all diese Begebenheiten nur gutheißen. Sie entsprechen so Deinem Sinn für Romantik. Mit Rührung besah ich mir Asime's Bild. Was für ein süßes und liebenswürdiges Gesichtchen. Ich kann dich verstehen, denn die würde ich auch gleich gernhaben müssen. Genieße die schönen Stunden, die Dir da geschenkt werden, ja recht innig.

Für einen Menschen die einzige Beziehung zu sein, ist zwar für eine Frau erhebend und beglückend, birgt aber ebenso eine andauernde, zehrende Verpflichtung, zu der die Kräfte oft fehlen, sie kann dann leicht krampfhaft werden und zur Erstarrung neigen. Dagegen kann eine gewisse innere und äußere Freiheit – untereinander zugestanden – bei verantwortungsvollen Menschen zu den herzlichsten und wahrhaftigsten Beziehungen führen.

Walter

Stalingrad, 9. Januar 1943

Wenn der Mond wieder mit der kleinen Sichel am Himmel steht, wie heute Nacht, dann wartest Du vielleicht schon auf die Stunde. Mit allem, was ich habe, bin ich dann bei Dir. Ich sehe schon das Kind und weiß nicht wohin mit meiner Dankbarkeit. Daß das Leben so schön sein kann. Ein Kind! Wie klein wird alles, was geschieht, gegenüber diesem Wunder, diesem größten Geschenk des Himmels. All ihr freundlichen Mächte des Himmels und der Erde seid mit ihm.

Unsere Liebe soll weiterleben in unseren Kindern, und unsere Kinder sollen glücklich werden, so wie wir glücklich sind – Du und Dein Walter.

Dies war der letzte Brief von Walter, der seinen kurz darauf geborenen Sohn Heiner niemals sah. Walter ist bei Stalingrad verschollen und für tot erklärt worden.

Walter 1942 zwischen Don und Wolga

Irene

Kirchheim, 17. Januar 1943

Walter!
So einen lieben Brief hast Du mir wieder geschrieben. Danke, der gestrige war nur sieben Tage unterwegs. So schnell kam noch keiner. Und doch glaube ich, daß Du mit eingeschlossen bist. Wir hören im Radio, wie schwer ihr Euch verteidigen müßt.

Ach Walterle, was kannst Du mitten in den schweren Kämpfen für Briefe schreiben! Die Hölderlinsprüche sind so schön, daß ich sie immer und immer wieder lesen muß.

Unser Kindle! Wenn es nicht sein Vaterle willkommen heißen kann im Leben, so muß es doch von der ersten Stunde an spüren, was es für einen Vater hat. Ich wünsche mir so sehr, daß er ganz Dir gleicht. Dann muß er ja ein glückliches Menschlein werden.

Guter, ich bin so glücklich. Und alles kommt von Dir. Deine Briefe machen mich selig. O Walterle, wenn Du einmal heimkommst und uns alle miteinander in Deine Arme nimmst! Uns alle vier! Und wir Dich. Wie wir Dich liebhaben, Du allerbester Vater!

Leb wohl, mein guter Engel, der liebe Gott soll Dich beschützen.

Deine Irene.

Irene

24. Januar 1943

Mein Engel!
Wir hören im Wehrmachtsbericht Euer Schicksal. Möge der liebe Gott ein Wunder geschehn lassen und Dich uns erhalten. Unser Einziger, unser liebester auf der Welt!

Ich gebe bis zuletzt die Hoffnung nicht auf um unserer Kinder willen.

Irene mit Kindern 1943

Morgens im Bett ist das erste Wort vom Vaterle und abends das letzte. Sorge Du Dich nie um uns. Uns geht es ja gut. Ihr Helden beschützt uns ja!

O Du Liebester, wieviel Liebe wartet auf Dich Daheim. Denk in den schwersten Stunden daran.

Ich umarme Dich und küsse Dich ganz innig, und Dein Meisele und Dein Hannesle auch.

Deine Irene

Die Briefe kommen als unzustellbar zurück.

Gertrud

24. 3. Mittwoch. Robert sieht mir beim Frisieren zu. Er ist anscheinend verliebt, aber auf sehr, sehr nette Art. Natürlich ist er es! Wir werden uns Donnerstag treffen. Ich lese von ihm «Kadidja». Sehr gute Ansätze.

25.3. Donnerstag. Ja, er ist verliebt und ich bin es auch. Wir treffen uns an der Heerengracht und essen im Lido. Dann trinken wir bei ihm Tee. Er liest mir aus seinen Gedichten vor. Ich möchte mit der Hand über sein Haar streichen.

27.3. Samstag. Ich denke immer an ihn. Wir treffen uns nachmittags. Es fällt mir anfangs schwer, Kontakt zu finden. Und dann ist es wieder so nett. Wir essen im American zu abend. Ich erzähle ihm von Vater. Und dann: Gib mir Deinen Mund!

17.4. Sonntag. Nachmittags mit Robert im Museum. Dann bei ihm zum Tee. Etwas unglücklich gehe ich zum Fest bei Hauptmann. Das Fest ist nicht nett. Zu viel Alkohol. Robert und ich fahren zu ihm nach Hause. Ich bin nun Frau. Ich bin glücklich, maßlos.

27.4. Dienstag. Abends lädt mich Salcher zum «Schnaps» ein. Wir reden sehr menschlich zueinander und ich merke, daß er mich liebt – und daß ihm Robert im Wege ist. Er sagt mir manches, was mich tief berührt.

28.4. Am Abend kommt Robert zu mir. Wie kommt auf einmal dieses Fremde zwischen uns, das uns den Abend zur Qual macht? Ich bin sehr unglücklich, und wir gehen etwas fremd auseinander. Aber dann schreibe ich ihm noch einen Brief, denn ich weiß, daß mein Wesen schuld war. Wir leiden beide.

30.4. Freitag. Heute fuhr er nach Berlin. Er wird über eine Woche bleiben. Er fehlt mir schon jetzt. – Im Zimmer stehen wundervolle Orchideen, die er mir mittags mit einem Briefchen sandte, das ich immer wieder lese. Nun stehen die Blumen zierlich auf dem Tischchen beim Fenster, und ich habe mir einen kleinen Altar aufgebaut mit seinen Briefchen und Zettelchen und den Fotos aus den Ostertagen, die die glückliche Stimmung dieser Tage festgehalten haben. Ob wir noch einmal Ähnliches zusammen erleben können? Was gäbe ich darum. Es ist so schön, mit ihm beisammen zu sein. Man müßte mit ihm leben können. Mein Liebster.

Gertrud «Dirndl»

7.5. Freitag. Mir wird die Zeit so lang. Ich vermisse ihn sehr, ich zähle die Tage. Wenn er doch schon Sonntag käme! Salcher fängt an, auf Touren zu laufen. So nett ich ihn finde und so famos wir uns verstehen, ich muß ihn stoppen. Ich liebe Robert.

10.5. Montag. Mittags endlich sehe ich Robert. Salcher ist sichtlich gedrückt. Bin dann bei ihm aufräumen, aber er ist halt wirklich primitiv. Wie selten kann man mit ihm vernünftig sprechen. – Abends bei Robert. Ich bin wieder so glücklich. – Heute wird mir klar, daß ich ihm treu bleiben werde. – Ich bleibe die Nacht bei ihm.

4.7. Montag. Abends bei Petersen und Katja. Robert kam sehr gedrückt zum Fest. – Dann wird es aber doch noch nett. «Stille Musik». Robert und ich sitzen halbnackt da. – Er ist ziemlich blau, aber reizend. – Und dann sagen wir uns manches (zu Haus), was man sich sonst wohl kaum gestehen würde. – Daß ich seine Frau hasse.

24.8. Dienstag. Petersen bekam von seiner Frau den Trauring zurück. – Die Stimmung ist sehr gedrückt, zumal Berlin nachts bombardiert wurde. Welche Angst habe ich um Robert. Ich habe es ja nachts gefühlt, daß Berlin drankommen würde. Wir warten vergeblich auf Telefongespräch mit Robert.

30.8. Montag. Ich bin krank. Ich warte und warte. Jedes Klingeln peitscht mich auf. Nichts, nichts.

13.9. Montag. Morgens ruft überraschend Robert an, dann sehen wir uns im Büro. – Ich fühle mich sehr elend, gehe dann nach Hause. Abends kommt Robert zu mir. Nach dem Bombardement hat er sich entschlossen, von seiner Frau nicht wegzugehen. Es ist ein ernster Abend. Ich gebe ihm das Tagebuch.

Ella

16.9.43

Es tut mir leid, mein Engel: aber wie man bei einer Unterhaltung mit einer Lehrerin feststellen kann, daß sie keinen Schlüpfer anhat, habe ich bis jetzt nicht herausgekriegt. Es sei denn, Du hättest ihr so intensiv beim Gardinenanstecken geholfen, na ja, nix Feines! Auch hat mir weder am 1. noch am 2. oder am 3. September morgens «das Blut geglüht», weil ich das denkbar schlecht mit meiner Hausarbeit vereinbaren kann!

Erich

25.9.43

Soeben hat mir Dein Brief vom 16. 9. einen Nasenstüber versetzt, – ich weiß gar nicht mehr, was ich von «glühendem Blut» fabuliert habe – hing es mit dem Reiten zusammen? – möglich, daß ich mich ungeschickt ausgedrückt habe, – anzüglich wollte ich nicht sein. Und die andere Geschichte habe ich unbefangen berichtet. Ich wurde damals auf einen bestimmten Platz gesetzt und mein Gegenüber war eben so kurz berockt und unbestrumpft, daß ich jene Feststellung machte und im Brief einflocht.

Jochen

Ich hatte noch Verbindung mit Riek van Muylwijk. Als ich eines abends nach geraumer Zeit wieder einmal zu ihr nach Amsterdam fuhr, fand ich in ihrer Wohnung, zu meiner (nicht angenehmen) Überraschung, zwei weitere junge Mädchen, Mitarbeiterinnen aus ihrer Dienststelle, vor: Fräulein Gertrud Dirnberger und eine Holländerin Bibi Andrießen. Und nun passierte etwas seltsam Unerwartetes. Aus meiner anfänglich gereizten inneren Mißstimmung wurde im Gespräch mit Fräulein Dirnberger, die wegen ihres Namens kurz «Dirndl» genannt wurde, nach kurzer Zeit eine Faszination. Nur noch wir unterhielten uns, vergaßen die anderen zum nicht geringen Ärger Rieks, die die beiden eingeladen hatte. Dirndl hatte verlangt, diesen Riek so schamlos schlecht behandelnden Herrn Fahrenholtz kennenzulernen! An jenem Abend hatte es «geschnackelt», wie man in Österreich sagen würde – und zwar auf beiden Seiten. Ich sah Dirndl kurz danach nochmals bei Riek und im Kasino ihrer Dienststelle, wo auch ihr Freund Robert Pilchowski – einer der Verwalter niederländisch-indischer Firmen – dabei war. Wir tanzten einen traumhaften Walzer, vergaßen alles um uns und spürten beide, daß wir vor einer Wende unseres bisherigen Lebens standen! Dabei hatte Dirndl sich diesen Jochen, den «Kerl mit dem schlechten Ruf mit den Weibern» nur einmal anschauen wollen. Noch bei Riek erzählte sie mir plötzlich schluchzend, als wir kurz allein waren, sie sei schwanger, von Robert, den sie aber nie heiraten werde! Meiner aufkommenden Neigung tat diese Mitteilung keinen Abbruch. Ich sagte, ich wolle versuchen, ihr zu helfen, eventuell über Frau Rebel. Sie half sich dann selbst.

Erich

20. 10. 44

In der vergangenen Nacht träumte ich einen sonderbaren Traum. Wir beide lebten schon lange zusammen, Du hattest die Kinder geboren, plötzlich überfällt mich mit schmerzlicher Bitterkeit der Gedanke, daß ich ja ganz unterlassen habe, unserem Bunde die förmliche und rechtliche Weihe zu geben, daß Du mich aber auch nie daran gemahnt hast. Das Eigentümlich-Schöne an diesem Traum ist die Welle heißester Zärtlichkeit, die mich ergreift, wenn ich aufwache und aus den verwirrten Gedanken die Gewißheit auftaucht, daß wir ja längst auf das Festeste miteinander verbunden sind.

Jochen

«Dirndl» Dirnberger erfüllte ihr Versprechen, mich in Den Haag zu besuchen und kam über die Pfingsttage 1944. Ich brachte sie im Nobelhotel «Des Indes» unter, das vor dem Krieg zu den bekanntesten Hotels Europas gehörte. Wir sahen uns dann noch einigemale bis – eines Nachmittags – wir uns bei ihr in der Beethovenstraat leidenschaftlich fanden. Ich machte ihr am gleichen Tag, in der gleichen Stunde, einen Heiratsantrag – ernst gemeint – und war einigermaßen fassungslos, als sie ihn zurückwies – auch durchaus ernst gemeint!

Ella

1. 11. 44

Heute stehen schon die Greueltaten und Verwüstungen in der Zeitung, die sich die Russen in Riga leisten, wo ihr vor kurzem noch standet. Meine heißen Wünsche sind unablässig bei Dir und möchten Dich so gern sicher in die Heimat geleiten, aber wie weit noch bis dahin? Ich denke an Dich mit unendlicher Zärtlichkeit.

Jochen

In den nächsten Tagen versuchten Dirndl und ich uns zu treffen, und tatsächlich gelang uns ein Wiedersehen in Amsterdam, wo wir am 7. Februar 1945 im Amstel-Hotel meinen 34. Geburtstag feiern konnten. In diesem Luxushotel gab es damals eigentlich noch fast alles. Wir bekamen ein ausgezeichnetes Diner mit ebenso guten Cocktails und Getränken. Dirndl hatte irgendwo Fallschirmseide beschafft, die sich für Hemden eignen sollte. Wir fielen uns in die Arme und genossen die Nacht, waren glücklich, uns wieder zu haben und uns auch weiter sehen zu können. Diesem Wiedersehen in Amsterdam verdankt, davon sind wir beide überzeugt, unsere Tochter Vera ihre Existenz.

Erich

23. 3. 45

Heute nacht träumte mir, ich sei durch Schüsse in den linken Oberarm verwundet – ich genoß die ausgesprochen wohlige «Heimatschuß»-Stimmung und deutliche Wiedersehensvorfreude. Umso grausamer war die Ernüchterung beim Aufwachen, als ich statt eines sauberen Lazarettzimmers die schmutzigen Wände meiner Behausung erblickte, auf denen ständig eine hässliche Sorte von Kakerlaken in wahnsinniger Hast planlos herumsaust.

Lebe Wohl, liebes, unsäglich liebes Herz, Liebling, Schätzin, liebste E. B., liebste Pölsfelderin – Du wirst sagen «dicker konnte er wohl nicht auftragen» – aber er meint es aufrichtig,

Dein Mann.

Jochen

Ich sah Dirndl noch einmal wieder, als ich in Amsterdam meinen reparierten Wagen abholte. Wir verbrachten die Nacht im Amstel-Hotel. Als ich am nächsten Morgen herunterkam und am Portier vorbeiging, rief mir ein Boy zu: «De Führer is gesneuvelt!» Da ich das holländische Wort «sneuvelen» für «fallen» nicht kannte, fuhr ich ihn wohl sehr barsch an: «Der Führer sneuvelt nicht!» – bis ich aufgeklärt wurde, daß Adolf Hitler tot sei.

Wir trennten uns schweren Herzens. Eine Welt war zusammengebrochen. Nur eins war uns klar: Wir wollten uns «irgendwann nach dem Krieg» wiedersehen.

Es sollte vier Jahre und drei Monate dauern.

Ella

8. August 45

Ein herrlicher Tag! Heute früh Nachricht von Dir! Frau Rive teilte mir durch einen Brief mit, daß sie erfahren hat, Du lebst und befindest Dich in Schleswig-Holstein. Wir weinten alle vor Freude!

Mir ist, als wären mir, wie dem treuen Heinrich, drei eiserne Reifen vom Herzen gesprengt. Welch Glück, daß Du nicht mehr in Kurland weilst, wo wir Dich bis jetzt mit Sorgen suchten. Daß Du lebtest, habe ich immer gefühlt. Nun hoffe ich auch noch, daß es Dir einigermaßen gut geht und Du die Zeit, bis wir uns wieder sehen, ohne Schaden überstehen mögest. O welches Glück! Nur Geduld, nur Geduld!

Friedrich

UdSSR, November 1945

Meine lieben Getreuen!
Seid ihr gesund? Mir geht es gut, seid unbesorgt! Wirklich, Mini, mach Dir keine unnötigen Gedanken. Ich warte wie ihr auf das Wiedersehen. Eines Tages wird es soweit sein! Herrmann und Käthe, seid lieb mit eurer Mama! Steht unser Haus noch? Sind alle Lieben wohlauf? Schreibt mir alles, Gutes und Schlechtes, in Blockschrift. In Gedanken bin ich immer bei euch, besonders zu Weihnachten. Macht ja einen Tannenbaum! Alles wird wieder gut werden, mein Gold und meine lieben Eltern!

Innige Grüße

Euer Friedrich

Maria

Lübeck, Juni 1948

Mein liebster Bertl!
Schon wieder ist ein Jahr vergangen, und an Deinem heutigen Geburtstag bist Du immer noch nicht bei mir. Drei Jahre lang kein Wort, keine Zeile. Und ich warte so auf Dich. Ob Du auch in Rußland bist, wie so viele noch? In Sibirien, in Barackenlagern bei Hunger und Kälte und schwerer Arbeit? Und ich gehe hier tanzen! Aber vielleicht war auch alles ganz schnell vorüber für Dich, damals auf dem Sprengboot? Werde ich das jemals erfahren? Im Leben ist's wie in der Schule, manchmal wird schlecht erklärt – und manchmal überhaupt nicht.

Friedrich

16. 12. 48

Mein Liebling!
Morgens eine halbe Stunde vor dem Raustreten zur Arbeit gelten Dir, wie immer, meine Gedanken. Heute morgen ist mein Herz voller Hoffnung, daß es mit der Heimkehr doch bald klappen wird; zwar nicht mehr bis zur Weihnachtsfeier, aber doch gleich hinterher, so im Januar, Februar. Wir hatten gestern einen Vortrag, der uns allen Mut gemacht hat. Ich kann Dir nur immer wieder sagen: ich verlasse mich auf Dich, daß Du gefaßt und gelassen bleibst. Die anderen mögen Dich trösten, aber helfen kannst Du Dir nur selbst. Wenn es nicht soviel Spannungen in der Welt gäbe, wären wir längst zu Hause, und vieles wäre schöner. Es geht mir gut und ich werde gesund nach Hause kommen, bis auf das zuweilen unregelmäßig schlagende Herz, das sich in Deinen Armen beruhigen wird. Bitte, meine liebe Mini, laß Dich nicht unterkriegen, weder von Parolen noch von Stimmungen; sei fest in Deinem Gottvertrauen. Du mußt es sein! Und vergiß nicht, den Magen zu seinem Recht kommen zu lassen. Der gute Wille allein tut es nicht, es muß auch etwas in die Knochen kommen. Deinem Friedrich zuliebe wirst Du schön diese Ratschläge befolgen. Unser Leben ist noch nicht zuende, und wir müssen uns gesund halten für alle Strapazen und Freuden, die auf uns warten.

Macht Euch gegenseitig viel Freude, groß und klein und seid innig geküßt.

Euer Friedrich

Maria

21. 10. 49

Habe ich Bertl nun aufgegeben? Habe ich mich von ihm abgewendet durch die Nacht bei Werner in Lübeck? Und ist seine Mutter in dieser Nacht gestorben? In mir ist alles durcheinander geraten. Wünsche ich mir immer noch, daß Bertl zurückkommt? Ich weiß es nicht.

Friedrich

1949

Mein Gold!
Die Nachricht, die ich heute sende, ist auch von Gold. Man hat uns eröffnet, daß unser Lager das zweite unserer Lagergruppe ist, das nun zur Entlassung kommt, so daß ich wohl hoffen darf, zu Omas Geburtstag, wenn die Rosen blühen, zu Hause zu sein. Das wäre für uns alle das schönste Geschenk. Ihr könnt Euch meine Stimmung ausmalen, die sich weniger mit mir, sondern mehr mit Eurem Empfinden beschäftigt, das durch diese langersehnte Nachricht ausgelöst wird. Ich denke immer nur: Wie wird meine Mini mit allem fertig? Ich schaffe es schon. Nur keine große Aufregung. Ich komme zurück, als sei ich nur kurz verreist gewesen. Ich kehre heim! Hermann und Käthe, dann habt ihr Euren Papa auch wieder zu Hause und braucht nicht immer so weit in die Ferne zu denken wie in den letzten zehn Jahren. Zehn Jahre? – Wahrhaftig, zehn Jahre, und ich komme mir um nichts älter vor. Also, meine Herrschaften, bald kommt Euer Friedrich-Papa angestiefelt, und er möchte gesunde Kreaturen vorfinden im heimatlichen Stall. Heute sind es noch zwei Monate; wenn ihr die Karte lest, vielleicht nur noch ein Monat, bis die Kleinbahn mich als Fahrgast beherbergt. Viele Küsse

Euer Friedrich

1949

Ich rief Dirndl an und vereinbarte mit ihr – endlich – mein Eintreffen auf dem Grenzbahnhof Freilassing, wo sie mich treffen und schwarz über die Grenze bringen würde. Einen Paß oder eine Einreiseerlaubnis nach Österreich besaß ich nicht. Wir sahen uns auf dem Bahnsteig in Freilassing nach über vier Jahren erstmalig wieder, beide innerlich tief erschüttert. Wir starrten uns an, fielen uns in die Arme – nicht ganz ohne Scheu.

Viel Zeit blieb uns nicht. Wir warteten die Dämmerung ab, überquerten ein im Abendnebel liegendes Waldtal und stiegen im Wald querein hinauf. Wir wußten nicht, wo wir waren, ob schon in Österreich oder noch in Bayern! Als wir die Straße betraten, stießen wir auf zwei freundliche Waldarbeiter, die uns bestätigten, wir seien in Österreich – ohne weitere Fragen. Diese stellte dann ein plötzlich auf einem Motorrad auftauchender österreichischer Grenzbeamter, der einen grimmigen Eindruck machte. Dirndl wies ihren Grenz-Passierschein vor und überschüttete ihn mit einer bewegten Schilderung unserer tragischen Trennung von vier Jahren. Der Beamte studierte meinen Kriegsgefangenen-Entlassungsschein, sah mich lange und eindringlich an und sagte dann: «Wissen's – gehen Sie etwa zwei bis drei Kilometer in diese Richtung. Dort ist eine Bus-Haltestelle, von der fährt in etwa zwei Stunden ein Bus nach Salzburg, den nehmen's. In Salzburg findet Sie dann kein Mensch!» Sprach's – und fuhr davon. Wir waren überglücklich, fanden die in offener Landschaft liegende Haltestelle und legten uns ins Gras, um den Bus zu erwarten. Hier fanden wir uns in ungestümer Leidenschaft. Die Jahre des Wartens waren vorbei, unser Leben begann aufs Neue.

Gertrud und Jochen heirateten 1950 und lebten bis zu seinem Tod 1991 glücklich zusammen.

Das Leben ist die sonderbarste Braut

(1950–1959)

Karl-Heinz

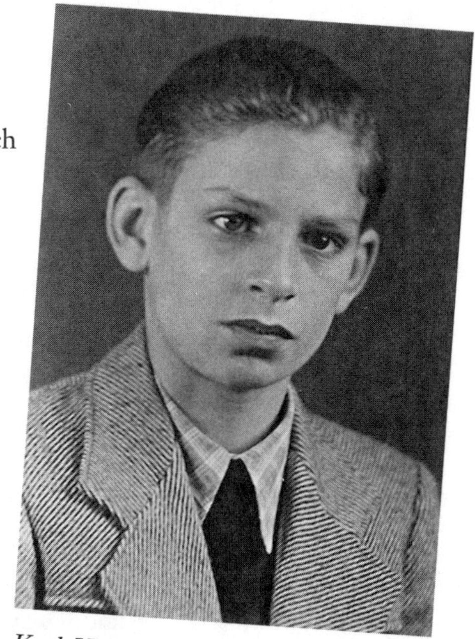
Karl-Heinz

Zu einer besonderen Unbotmäßigkeit hat mich meine große Liebe aus der Berufsschule in Nienburg verleitet. Nachdem ich zwei Jahre in die Mitschülerin Ursel Pielhop verknallt war und sie an jedem Schultag vergeblich angebaggert hatte, rief sie unversehens bei uns im Geschäft an und hatte meinen Chef am Telefon. Beim Mittagessen, vor versammelter Mannschaft, wir hatten immer so zehn Personen am Tisch, fragt mich der Chef: «Sagen Sie mal, Grote, kennen Sie eine Ursel aus Nienburg? Die hat hier angerufen und möchte Sie heute abend unbedingt noch sprechen.» Ich war hin und weg vor Freude und Überraschung. Spontan verkündete ich, am Nachmittag den Zug nach Nienburg nehmen zu müssen und versprach, pünktlich am nächsten Morgen zum Dienstbeginn zurück zu sein. Für mich sei das so wichtig, dass ich auch ohne Erlaubnis, ungeachtet aller Folgen, bis hin zum Rausschmiss, fahren würde. Zum Glück zeigte er Verständnis und gab mir grünes Licht. Muss Liebe schön sein!

Maria

Kiel-Gaarden, Februar 1950

Aber was würde ich ohne Dich tun, Werner? Es wäre niemand da, der mich anschaut wie Du, keiner, bei dem ich ausruhen und glücklich sein kann. Ich mag keinen anderen mehr küssen, es ist mir zuwider. Aber Dich, Dich möchte ich heute umarmen. Du bist so unendlich lieb, ich habe Sehnsucht nach Dir. Noch fünf Nächte muss ich warten, ach, warum bist Du heute nicht hier, jetzt, sofort?

Elisabeth

Es kam Weihnachten 1950. Richard war den ganzen Dezember unterwegs. Irgendwer in der Firma wollte ihm nicht wohl. Schickte mir alle Post ins Haus, die für ihn in der Firma angekommen war. Ich sollte wohl wieder einmal, wie so oft in meiner Ehe, darauf gestoßen werden, daß mein Mann eine Freundin hatte, denn es waren ein Tagebuch und Briefe dabei. Wir hatten dann an dem Heiligabend, nach den so schweren Jahren, wo ich alles für meinen Mann geopfert hatte, eine Auseinandersetzung. Er legte sich ins Bett, als ging ihn das gar nichts an.

Diese jetzige Freundin war ihm im Krieg dienstverpflichtet worden. Mit ihr hat er sich auch bei Kriegsende abgesetzt. Hat sie sogar als meine Schwägerin ausgegeben. Es kommt ja immer wieder vor, daß sich Sekretärinnen in ihren Chef verlieben. Nichts ist aber scheußlicher, als sich in eine Ehe einzumischen, noch dazu, wo bei uns fünf Kinder waren. Ein Familienleben war dahin.

Maria

Kiel-Holtenau, März 1950

Nun ist doch alles vorbei, Werner, vorbei, als war es nur ein Traum. Ein Traum mit viel Irrtum, künstlicher Verschönerung und Schwäche. Ich habe mich von Dir gelöst, und mir ist dabei nicht schwer ums Herz.

Du warst immer so liebevoll, aber heute ist mir, als sei ich zu mir selbst zurückgekehrt. Ja, Du hast mich oft grenzenlos glücklich gemacht, warst mir Trost und Zuflucht, ich habe Dir so viel zu danken. Aber nun weiß ich, dass ich Dich niemals so lieben kann, wie ich meinen Mann lieben könnte. Und Du hast es auch gespürt, als Du von dem «unerfüllten Rest» sprachst, der trotz allem Glück zwischen uns sei. Dieser unerfüllte Rest ist es, der Dich und mich nun wieder einsam macht. Einsam, aber auch frei für das eigene Selbst.

ANNA-MARIE

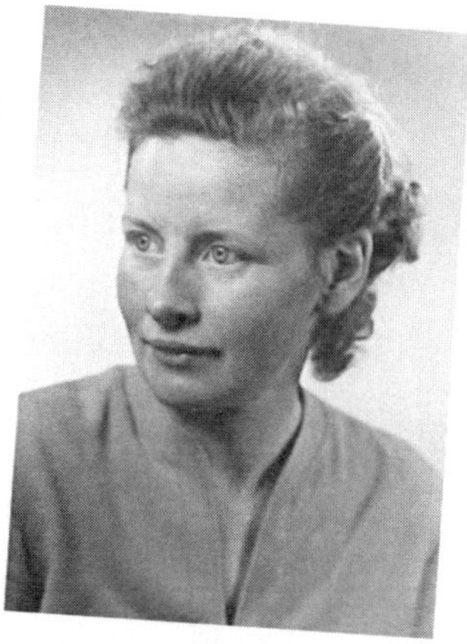

Anna-Marie 1953

9.1.51

Mein liebster, allerbester Vatilieb!
Heute wurde ja viel von einem «eventuellen» Kind bei uns geredet. Gerhard Raake will mir ja noch das Rezept für Zwillinge geben. Ich hätte ihm ja gleich sagen können, daß das nicht mehr nötig wäre.

Vatilieb, Du weißt wie besonders gern ich heute bei Dir gewesen wäre und wenn ich nicht an unsere Finanzen gedacht hätte, wäre ich bestimmt gekommen. Weißt Du, diese Woche kommt mir sehr lang vor, ich wollte, ich könnt schon heute bei Dir sein.

Oscar «Vatilieb» 1951

Vatilieb, ich habe nicht geglaubt, daß das Leben mir jemals eine so unendlich schöne, glückliche, selig verliebte und doch dabei so sehr zufriedene, ausgeglichene Zeit, wie ich sie mit Dir, Du mein geliebter Vatilieb erlebe, schenken würde, für die ich Dir so unendlich viel zu danken habe!

Mit all diesen wunderschönen Gedanken laß mich schließen und Dir viele innige Küßchen geben.

In inniger Liebe zu Dir

Deine Anna-Marie

P. S. Vati erzählte eben, daß acht oder mindestens sieben Züge ausgefallen sind. Sollte der Sonnabendzug ausfallen, dann fahre ich mit dem Personenzug um 13.05 von hier!

Paul

19. 10. 52

Unser Treffpunkt lag um 10 Uhr und als Ziel wählten wir Wannsee. Wie oft denkt man an Gegenden, die nun nicht mehr erreichbar sind und man nährt immerfort die Hoffnung, daß es nicht immer sein wird, daß man auf den engen Westberliner Raum beschränkt bleibt. Marianne mußte oft an die Blockade denken, da sie von hier mit Holz beladen nach Hause fuhr. Sie hatte es bestimmt schwerer gehabt als ich, und dabei kommt einem der Gedanke, daß es besser gewesen wäre, hätten wir uns zehn Jahre früher getroffen, für uns beide wäre manches leichter gewesen, vielleicht wäre Marianne heut ein froherer Mensch, so aber mußte erst sehr viel Eis geschmolzen werden, ehe man manches Erhärtete weg machte.

Wir fuhren zu mir nach Hause und plauderten über manches, so daß die Zeit im Fluge verging, um 22 Uhr fuhr Marianne nach Hause. Würde ihre Mutter wissen, daß sie zwölf Stunden mit mir gemeinsam verbracht, ein solches ist kaum auszudenken.

Hausverwaltung

«... und die Klägerin muß sich seit Monaten ständig die akustischen Begleiterscheinungen mit anhören, die der Beklagte und die Zeugin beim Verkehr von sich geben.»

Arnold

Lahn, den 17. Juni 1952

Mein lieber Strolch!
Muss ich es Dir sagen, Hase, dass ich vor Ungeduld den Tag herbeisehne, an dem ich Dich wieder einmal in die Arme nehmen darf? Muss ich es Dir beteuern, wie sehr ich in den letzten Wochen mit Sehnsucht auf einen kleinen Gruß von Dir gewartet habe? Nicht nur in den letzten Wochen allein, aber vielleicht ist es mir erst da wieder so recht zum Bewusstsein gekommen, wie sehr ich Dich vermisse und vermisst habe. – Liebes, gelt, Du schreibst mir umgehend, lasse die jüngste Vergangenheit vergangen und vergessen sein, ich bitte Dich nochmals darum, und auf der anderen Seite, verweile nicht zulange in oder bei Deinem Stolz!

In Erwartung Deiner baldigen Antwort mit innigen Grüßen und Küssen in Liebe

Dein Arnold

Erika

Conny – Du,
jetzt bin ich wieder zu Hause und allein, die Tage sind ohne Sonnenschein. Jedoch habe ich noch eine wunderschöne Erinnerung mitnehmen können, und das ist trotz allem – die an Dich. Leider waren die bezaubernd schönen Stunden mit Dir viel zu kurz und vor allen Dingen zu selten. Sicherlich nur durch meine Schuld, denn ich sagte Dir – aus welchen Gründen ist mir heute nicht klar – dass ich Dich nicht liebte. Aber heute sollst Du wissen, dass ich mich mit allen Fasern meines Seins schrecklich nach Dir sehne und Dich unendlich lieb gehabt habe. Zu der Erkenntnis bin ich schon bei unserem ersten Sehen gekommen, aber ich konnte es Dir nicht sagen.

Kannst Du Dir nun denken, wie weh es mir getan haben muss, dass ich allein und mit leerem Herz und ohne Abschied von Dir abfahren musste? Verletzt durch Dein Verhalten bitte ich Dich, mir zu schreiben, ob Dein Gefühl mir gegenüber nur oberflächlicher Natur war, oder ob Du auch die gleiche unverständliche Hemmung hattest, mir unumwunden zu sagen, wie Du denkst und fühlst. Durch Deine Offenheit mir gegenüber, Dein Leben betreffend, war mir vieles klar und durchaus verständlich und möchte ich Dich dessen versichern, daß Du jederzeit, solltest Du sie beanspruchen, mit meiner Hilfe rechnen kannst.

All meine Wünsche begleiten Dich, wo immer Du auch bist, mein sehnlichster Wunsch ist, Dich noch mal wiederzusehen, um Dir alles, aber auch alles sagen zu können. Eine Bitte habe ich an Dich, ich weiß zwar nicht, ob Du dieselbe erfüllen wirst, beantworte mir diesen Brief! Mein Heimweh nach Dir ist so stark, dass ich mit mir selbst nicht mehr fertig werde. Solltest Du jetzt lächeln, so bitte ich Dich, mich zu verstehen.

Conny, jetzt nehme ich Dich ganz lieb in meine Arme und küsse Dich, ich habe Dich lieb.

Deine Erika

Arnold

20. Juni 1952

Mein lieber kleiner Strolch!
Ich sage Dir zunächst einmal meinen allerherzlichsten Dank für Deinen lieben Brief, den ich wirklich so sehr erwartet habe, wie wohl noch nie in meinem Leben. Und wenn ich Dir sagen sollte, was der tiefere Grund dafür ist, oder gewesen ist, so kann es beim besten Willen nicht anders erklärt werden als mit einem kleinen Wörtchen, das da heißt: Sehnsucht! Ja Liebes, da hast Du vielleicht beim Lesen meiner Post gedacht, dass ich Dir, um der Form zu genügen, oder aber mit dem Hintergrund, wieder Dein Wohlwollen zu erringen, von Liebe und Sehnsucht geschrieben habe, aber die

Wirklichkeit schaut ganz anders aus! Wie sehr ich mich auf meinen Besuch, auf unser Wiedersehen freue! Weißt Du, einmal wieder so ganz wie früher. Denkst Du noch daran, Hotel Feldhaus in Bad Hamm, nach einem schönen Abschied vielleicht im Korso oder sonst einem netten Lokal? Ich möchte einmal wieder so richtig tanzen mit Dir, alle Sorgen des Alltags vergessen, alle Kümmernisse der letzten Zeit und nur glücklich sein und Dich glücklich wissen! Sag, magst Du nicht? – Komme mir meinetwegen mit jedem Einwand, nur nicht mit dem, dass das Geld koste, einmal wollen und müssen wir über dieser Materie stehen! Darum brauchen wir ja nicht sinnlos zu schlemmen, sondern der Rahmen soll nur Mittel zum Zweck sein, uns beide wieder zusammenfinden zu lassen, unser Wiedersehen froh zu gestalten, uns, wie ich bereits sagte, glücklich zu machen!

In der Vorfreude auf unser Wiedersehen mit tausend Grüßen und innigen Küssen

Dein Arnold

Paul

Nur eine kleinere Fahrt gemacht und anschließend noch bei mir gewesen. Nett zusammen die Stunden verbracht, doch dann gab es, wie schon des Öfteren, irgendein Mißverständnis und die Trennung erfolgte, so daß all die Freude, die das Beisammensein gebracht, zerstört war. Dieses hielt auch die Woche über an, und der Glaube an eine feste Gemeinschaft ging mir so ziemlich verloren. Hatte bisher den festen Glauben daran, doch heut möchte ich es bezweifeln, daß eine solche jemals mit Marianne zustande kommt.

Arnold

05.08.1952

Mein liebes kleines MÄDCHEN!
Ganz in Eile schnell einen kurzen lieben Gruß, damit mein Dich Verwöhnen nicht so schnell wieder aufhört. Für Deinen lieben Brief, nebst den Zigaretten, den ich gestern hier in Empfang nehmen konnte, sage ich Dir meinen herzlichsten Dank! Es ist doch lieb von Dir, dass Du so an mich denkst!

Doch nun etwas noch anderes. Sei nicht böse, mein Lieb, aber ich möchte einmal ganz bescheiden anfragen, ob ich Dich nicht ein wenig anpumpen kann? Stelle Dir mein Pech vor, vor einigen Tagen fing meine Uhr an zu streiken und jetzt sitze ich da mit meinem Talent, wo ich jede Minute so einen Minutenzähler gebrauche. Ich werde Dir das Geld – und das ist dieses Mal kein leeres Versprechen – Anfang nächsten Monats zurückzahlen können. Du fragst wovon? Ich will es Dir schnell verraten. Ende dieses, Anfang des kommenden Monats findet in Worms das jährliche Backfischfest statt. Ich habe einen guten Arbeitskameraden, unseren Koch, der selbst aus Worms ist und mit dem ich darüber gesprochen hatte. Er hat mir nun einen Kellnerposten besorgt, eine gute Nebenverdienstquelle. Im vorigen Jahr sind, nach seiner Aussage, dort viele Studenten als Kellner tätig gewesen, die es täglich auf 30 bis 50 Mark gebracht haben. Ich nehme mir dazu einige Tage frei, ja man muss sehen, wie man durchkommt.

Schau Liebes, so sieht das aus. Vielleicht kannst Du es möglich machen, mir 50 Mark zu schicken, wenn es geht bitte umgehend, da ich es dringendst benötige.

Sei nicht böse über diesen erneuten Pumpversuch, wo soll ich sonst hin – mit allem, was mich bewegt?

Tausend liebe Grüße und Küsse in Erwartung Deiner baldigen Nachricht

Ganz Dein Arnold

Brigitta

Ich habe deshalb soviel geschrieben, weil ich in absehbarer Zeit kein Geld habe, um irgendwohin auszugehen, mein Mann kostet mich soviel, aber wenn man sich den Luxus leistet, ich meine einen Mann zu halten, muß man auch dafür zahlen. Die Männer sind heute ja so verwöhnt, meiner verspürt immer noch keine Lust zur Arbeit. Neulich meinte er, ganz überzeugt von der Richtigkeit seines Faulenzerdaseins, daß ich ja gewußt hätte, daß er keine Energie besitze. Sehen Sie, das ist meine einzige Schuld.

Arnold

20.08.1952

Helene «Strolch»

Mein lieber kleiner STROLCH!
Für das so umgehend von Dir abgesandte Geld wollte ich Dir schon lange danken, wollte aber auf der anderen Seite gerne Deinen dabei angekündigten Brief abwarten. Als dieser dann kam, war ich über seine Länge maßlos enttäuscht. Ich hatte mir gedacht, dass meine Ausführungen über unsere Zukunft Dich weit mehr beschäftigen würden, als es nach Deinem Brief zu urteilen der Fall zu sein scheint. – Kommt das wirklich nur daher, dass ich augenblicklich nicht mehr über solche Summen verfügen kann, wie es in der ersten Zeit der Fall war? Oder aber vielleicht gerade

deswegen? Ich habe Dir ganz bewusst geschrieben, dass ich im Falle einer Heirat entschieden mehr an Geld freihalte, teilte Dir sogar den genauen Betrag mit und stehe auch heute noch auf dem Standpunkt, dass man mit diesem Geld auskommen kann, weil andere Kameraden von mir es auch können. Dennoch schreibst Du mir, dass ich erst mit meiner Bezahlerei mit Wünsch fertig sein sollte, ehe wir an diese Dinge denken. Schau Liebes, ich will nicht mehr so allein in der Welt herumgondeln, sondern will endlich einmal auch in etwa mein Leben leben, das damit ja eigentlich auch das unsere wäre. Mit meiner Kellnerei in Worms Ende dieses Monats wird es voraussichtlich wohl klappen. Die Sache entscheidet sich jetzt am Wochenende. Ich nehme mir zu diesem Zweck vier Tage Urlaub, denn schließlich geht das Geldverdienen ja vor. Wann es mit meinem Jahresurlaub klappen wird, kann ich nicht sagen, jedenfalls glaube ich, vor Ende des Jahres nicht. Wenn Du also keine Möglichkeit findest, Dein Betätigungsfeld nach hier zu verlegen, sehe ich schwarz. – Schau also zu, was in Deinen Kräften liegt.

Ich hoffe nun, recht bald wieder von Dir zu hören! Bis dahin mit lieben Grüßen und heißen Küssen

Ganz Dein Arnold

Ich meine, Arnold wäre deutlich jünger gewesen als meine Tante. Er lebte allein mit seiner Mutter zusammen, einer sehr biederen Frau, die meinen Eltern zeitweise den Haushalt führte. Arnold war sehr unbeliebt, weil er sich angeblich gern am Rande der Legalität bewegte. Ich kann mich noch gut daran erinnern, dass er sich immer ins Haus schlich, wenn er kam. (Die Einsenderin)

Paul

22.3.53

Wenig sind der Ziele und so ging's heut nach Friedrichshagen. Erst ein Stück am Müggelsee entlang und dann ein wenig gerastet. Marianne lehnte ab, etwas zu trinken, obwohl der Ober gar nicht allzu abweisend war. Übermütig neckte ich Marianne etwas. Sie schnappte ein und ließ mich allein. Sie fuhr nach Hause, während ich später hinterher fuhr. Da war ich nun allein, machte mir ein wenig zu essen und, siehe da, es klingelt und Marianne erscheint. Bis gegen 23 Uhr plauderten wir, es war gemütlich wie meistens. Man kann gemeinsam über alles reden und doch kommt man sich innerlich nicht näher. Es kommt nun die Frage, wie geht es weiter, finden wir den Weg oder trennen sich die Wege und jeder von uns geht allein weiter? Stillstand bedeutet Rückschritt, auch in diesem Falle. Doch hege ich ein wenig Hoffnung. Vielleicht ist es nur der Wunsch, die Dinge sich zum Besten wenden zu sehen, und man jagt einem Phantom hinterher.

Arnold

22. 10. 1953

Mein liebes, armes KLEINES!
Wie sehr wirst Du in der Zwischenzeit schon auf einen kleinen Gruß von mir gewartet haben, aber Liebes, lass es Dir sagen, ich war in den letzten Tagen einfach KO. Die Zahnschmerzen, die sich schon am Sonntag einstellten, steigerten sich derartig, dass ich es gestern einfach nicht mehr aushalten konnte. Ich bin daraufhin nicht zum Dienst gefahren. Kannst Du Dir vorstellen, dass man innerhalb von 24 Stunden eine ganze Packung Veramon vertilgen kann? Ich habe es jedenfalls getan. Na ja, heute geht es wieder etwas besser, und morgen werde ich wieder nach Münster fahren.

Gestern habe ich Dich hier so vermisst. Mir war es so elend, und mein Hase hätte mich so schön trösten können. Aber was will man machen, so musste ich mit meinem Elend allein fertig werden. Häschen, bleibst Du nun bald immer ganz bei mir? Dass ich Dich dann auch in solchen Tagen um mich habe? Sage ganz schnell ja!

Mutter kommt gerade herein und neugierig, wie sie in solchen Dingen dann einmal ist, will sie sofort wissen, an wen und vor allen Dingen, was ich schreibe. Findest Du nicht auch, dass das ein wenig indiskret ist? Aber da kannst halt nix machen, so sind die Mütter. Hoffentlich wirst Du später nicht auch noch so bei Deinen eventuellen ------

Ja, man kann ja nie wissen!

So, nun lasse recht bald wieder einmal von Dir hören!

Für heute recht liebe, innige Küsse

Dein armer, sehnsuchtsvoller, zahnkranker
Arnold

Mutter sagt gerade, ich müsste Dir auch noch schreiben, dass ich Deinen ganzen Schnaps ausgesoffen hätte und das mein Gesicht aussähe wie eine ausgereifte Tomate oder besser: wie eine Rübe zu Lambertus!

Gisela

Gießen, den 16. 11. 53

An Bub!
Es war einmal ...

ein Chef und eine Angestellte, die kehrten sich den Rücken. Sie wurde mit additionösen Anämien gefüttert und mußte sich die ohnehin nicht sehr festsitzenden Zähne an Differenzen im Kassenbuch einer ominösen Werkstatt ausbeißen, während er sich mit dem Aufbau einer Existenz befasste.

Aus bisher noch nicht ganz geklärten Beweggründen verließen aber zwei dieses nette Zimmerchen nur zu gern, um sich in anderer Umgebung «geschäftlich» zu unterhalten:
Als beide sich halten über einer Stadt (in der näheren Umgebung der Heimat), es war an einem Samstag Nachmittag, sich im noch nicht zu erwartenden Frühling ergingen, wollte sie etwas ahnen. Aber ... nein ... wie käme er dazu??!!

«Bub»

Nichtsdestoweniger trank man anschließend seinen Kaffee und wälzte, wie immer, geschäftliche Probleme.

Als «Er» schon erhebliche Fortschritte gemacht hatte, verreiste «Sie» … weit weg … in die Berge und wäre beinahe in einen schroffen Abgrund

gestürzt, weil «Sie» Briefe-lesender- und lachender-Weise von einem Berge stieg. Der Brief war von «Ihm» und ließ ahnen – ahnen – viel ahnen, aber nie ahnen, daß knappe 6 Monate später …

-> Aber, aber …

das ist doch wirklich zu weit vorgegriffen

Achtung! Achtung! Die Reise!! Streng geheim!

Vorerst ohne Kommentar.

Nach Reinigung der Atmosphäre wäre hierzu noch sehr viel zu sagen.

Mein lieber Bub, ich sende Dir herzliche Glückwünsche zum Geburtstag!

Wolfgang (1953)

Damenabende der Korporation. Neben den Frauen der Alten Herren wenige Studentinnen fortgeschrittenen Semesters. Selten Besuche von Töchtern der Alten Herren; eine gefiel mir, sie wohnte in Koblenz, ich fuhr zwei, drei mal für einen Nachmittag hin und durfte ihr das Händchen halten. Ich schwärmte für sie aus der Ferne; einige Briefe; ein Jahr später schrieb sie, sie hätte einen Liebsten gefunden. Zutiefst war ich verletzt in meinen Gefühlen – aber damals lebte ich schon an einem anderen Ort in einer anderen Welt.

Gisela

Gießen, den 20. Nov. 1954

Lieber Bub, wieder ist ein Jahr vorüber, wieder steht der Winter vor der Tür. Und wir beide sind uns nicht näher gekommen, wenigstens nicht näher als zu dem Zeitpunkt, an dem dieses Büchlein anfängt. Wie immer im Leben: es geht auf und ab, rauf und runter, wir waren froh und heiter, still und in uns gekehrt, wir haben uns des öfteren sehr offen ausgesprochen: nun, das mag genügen. Wir wollen ein Leben zusammen leben, und da wollen wir uns später noch was zu sagen haben. Vorerst mal: Herzlichen Glückwunsch auch für dieses Jahr!

Der Nebel steigt, es fällt das Laub,
schenk' ein den Wein, den holden,
wir wollen uns den grauen Tag
vergolden, ja, vergolden.
Trotz allem!

Wolfgang (1955)

Während einer halbjährigen praktischen Arbeit als Geologe in einem Schwarzwalddorf lebte ich eingesponnen in meine Gedankenwelt, nicht interessiert an den Menschen und ihren Sorgen um Auskommen, Gesundheit und Vieh. Manchmal fuhr ich nach Freiburg, kaufte mir Taschenbücher über Philosophie. Damit verbrachte ich meine einsamen Abende, ließ die Dorfmädchen unter meinem Fenster miauen wie läufige Katzen, ohne sie zu beachten.

Paul

2.3.55

Mittags traf ich mich mit Marianne und wir gingen durch die Straßen von Tempelhof. Es war wenig erfreulich, mit oberflächlicher Unterhaltung wurde der Tag verbracht, und als ich Marianne vor der Oper verabschiedete, da war ich recht durchgedreht, und diese Spannung hielt die ganze Woche an; ja es war so, daß ich mich fragte: hat denn diese Freundschaft noch einen Zweck? Kann ich durch Marianne glücklich werden, da es stets mit soviel Hoffnung verbunden ist, und dann werde ich wieder enttäuscht? Vielleicht mache ich mir selbst etwas vor, doch es sind soviel Pluspunkte, daß es mir schwerfällt aufzugeben.

24.7.55

Wie stets über vieles uns unterhalten, doch es kam ein recht dunkler Unterton hinein. Marianne drückte ihre ganze Unzufriedenheit mit der augenblicklichen Lage aus, daß sie stets zwischen mir und ihrer Mutter hin- und hergerissen wäre, und meinte, daß wir beide zu verschieden im Wesen sind, um beide zufrieden zu werden. Bisher wies ich diesen Gedanken stets zurück, doch nun bin ich am Ende meiner Kraft und resigniere.

30.9.55

Wir sprachen über manches, und der Abend verlief in seltener Harmonie, so wie wir ihn bisher nie erlebt hatten. Mehr und mehr zeigte sich, daß man zusammen gehört.

Gisela (1955)

Schon wieder ist ein Jahr verflossen
und vorbei die Sommerzeit.
Worüber mach ich meine Glossen? –
Ach, der Humor liegt ja so weit,
so weit entfernt vom Arbeitstisch,
so weit entfernt vom jetzigen Leben,
was aber hält uns sonst so frisch,
sollt's einmal nichts zum Lachen geben? –
Gewiß, es lebten große Leute
die uns gezeigt was «Leben» ist,
die lachen konnten, aber heute
find' ich den richtigen Ton fast nicht
Was hätte ich Dir jetzt zu sagen? –
Nun, ja, so vieles drängt herzu! –
Doch will ich nur das eine fragen:
Wirst Du nun heute sprechen, Du? –

Gisela

Entschuldige die mörderische Poesie! – Mein Wortschatz reicht nicht aus, die unendliche Trostlosigkeit dieses Herbstes zu beschreiben, und doch versuche ich ständig, mich humorvoll auf das Aktuellste, Deinen Geburtstag, zu konzentrieren. Vielleicht wäre es das beste, wenn Dir dieses Büchlein nie mehr in die Hände fällt. – Dann auch wieder sehr schade, denn den Einband finde ich recht hübsch, auch die vorangehenden Fotos haben es nicht verdient, nie wieder bewundert zu werden.

Paul

Jahresrückblick 1955

Marianne: Bereits am Anfang fand sie zu mir und eine Schranke fiel, doch leider stellte sich im Laufe des Jahres manches Hindernis in den Weg, und es war nicht immer leicht, harmonisch zu leben. Doch Schritt für Schritt kommt man sich näher, und gab es auch oft Differenzen, so war doch alles geglättet, sah man sich wieder. Vielleicht ist uns beiden klar, daß es schwer fallen würde, einen anderen Menschen zu finden, mit dem man sich so ergänzt wie wir beide.

Elisabeth (1956)

In Köln war Städtetag und ich traf abends im Domhotel Peter wieder. Es waren Jahre vergangen, seit wir uns gesehen hatten. Er war inzwischen Oberbürgermeister in P. Die Stadt hat er mit aufgebaut und sie 20 Jahre geführt. In jener Nacht haben wir uns alles erzählt, was jeder von uns erlebt hatte. Da erst hörte ich, was damals 1933 in jenem Brief an seinen Vater gestanden hatte. Zu spät. Wäre Peter damit einst noch einmal zu mir gekommen, ich hätte meinen Mann nicht geheiratet.

Wolfgang (1957)

Als ich von der Fahrt ins Zentralmassiv zurückkam, begegnete mir auf der Treppe ein hübsches blondes Mädchen. Neu eingezogen in die Mansarde neben meiner; in Freiburg kannte sie niemand. Am Abend kam sie auf einen kurzen Schwatz in meine Bude. Sie war aus Hamburg und studierte Betriebswirtschaft. Sie setzte sich bequem in meinen niederen Sessel – im Trainingsanzug zeichnete sich dezent ihr schöner Körper ab. Sie schaute sich um und sagte: «Hier gefällt's mir! Hier gehe ich so bald nicht weg!»

Nach ein paar Tagen sagte ich beiläufig auf der Treppe, ich wollte mir einen Film anschauen; das faßte sie als Einladung auf. Nach dem Kino gingen wir spazieren. Auf einem Kinderspielplatz lockten verschiedene Geräte. Kaum saß ich auf der Schaukel, sprang sie rittlings auf meinen Schoß und presste sich an mich. Auf und nieder sausten wir, ich spürte ihren Atem und ihr junges Fleisch. Wie von selbst löste sich ihr langes Haar. Ich war 24 Jahre und im Umgang mit dem anderen Geschlecht völlig unerfahren. Sie war es nicht. Unsere Zimmer lagen Wand an Wand. Die Versuchung war zu stark für mich.

Mein Herz klopfte wie rasend, als ich sie bat, bei ihr schlafen zu dürfen. Für mich war es der Bruch des strengsten Tabus meiner Erziehung. Sie wehrte sich nur kurz, dann stimmte sie zu, sie fühlte mich gern bei sich und beruhigte mein Herzklopfen. Aber wenn ich in ihre Kammer hinüber ging und bei ihr lag, machte ich mir selbst Vorwürfe. Gewiß, was ich tat, war natürlich Befreiung und Erlösung aus dem Kerker meiner Vereinzelung – aber ich war nicht frei von der strengen Moral jener Jahre. Sie sagte, daß sie mich liebte; ich kam nicht zurecht damit, daß sie vor mir schon einen anderen geliebt hatte. Ich verstand sie nicht, und obwohl ich mich an ihr freute, war ich uneins mit mir selbst. Ich fühlte mich schuldig, weil ich ihre Liebe mißbrauchte, und doch erfüllte ich ihr Verlangen und meines. Am Ende des Semesters suchte das Mädchen sich ein anderes Zimmer, und ich löste das Verhältnis. Sollte ich je eine andere lieben, wollte ich an der wieder gut machen, was ich hier Unrechtes getan hatte.

Karl-Heinz

Ich will hier ja keinen Lore-Roman schreiben, aber ganz ohne die holde Weiblichkeit ging bei uns die Schose auch nicht ab, denn Seemannsbraut ist ja nicht *nur* die See. Wir waren auch keine hergelaufenen Vagabunden der Meere, schmalbrüstig, tätowiert, trink- und tropenfest, leichtfertig und ohne Moral. Wer das glaubt, der kennt den Seemann nicht. An und für sich war jedes weibliche Wesen für uns begehrenswert, wenn wir auch manchmal viel Alkohol brauchten, um die Schönheit der einen oder anderen Dame richtig würdigen zu können. Wenn es denn sein musste, konnten wir alle schlechten Manieren ablegen und den vollendeten Kavalier hervorkehren. Dann waren wir gefragte Größen und wurden nicht nur wegen unseres Geldes geliebt.

Apropos Bräute, von denen, die der Fluss verschlang, erinnere ich mich noch an eine Ausnahmeerscheinung. Als wir 1957 wieder im Hamburger Hafen lagen, da habe ich mir auf der Reeperbahn so eine kleine Madam aufgegabelt. Es war ein Glücksgriff, denn sie hatte schöne Augen und war auch sonst nicht ohne. Leider ist mir ihr Name entfallen.

Wir gingen an Bord, und sie blieb drei Tage. Ich konnte sie vorzeigen, denn sie war proper und wusste sich zu benehmen. Zum Einstand haben wir doch sage und schreibe 24 Cocktails in elf Stunden vernichtet! – oder waren es elf Cocktails in 24 Stunden? So genau weiß ich das nicht mehr. Damals war ich jedenfalls noch gut in Form und konnte was vertragen. Beim Abschied wünschte sie sich einen neuen Schirm, dabei hatte es längst aufgehört zu regnen. Aber so war sie nun mal, immer für eine Überraschung gut, in jeder Hinsicht ein Phänomen, ganz anders als die Bordsteinschwalben, die immer nur Geld sehen wollten.

Elisabeth

1957 hatte mein Mann eine Ausstellung in Stuttgart. Eine Woche blieben wir. Ich hatte nun den ganzen Tag Zeit, um mir die Stadt und die Umgebung anzusehen. Es sollte wohl so sein. Peter traf ich in der Stadt. Er hatte mich von seinem Wagen aus gesehen, wie ich gegenüber am Bahnhof links in das Gartenrestaurant ging.

Er stellte seinen Wagen ab und stand überraschend vor mir. Wir verabredeten uns jeden Tag, fuhren in die Umgebung und alle Erinnerungen wurden wieder wach. Wir liebten uns immer noch. Aber jeder lebte sein eigenes Leben, ändern konnten wir nichts mehr. Aber für mich waren es Glückstage, die ich nie vergessen habe.

Wolfgang (1958)

In einem Tanzkurs versuchte ich, andere Menschen kennenzulernen. Ich tanzte wiederholt mit einem äußerlich unscheinbaren Mädchen. Unauffällig war sie gekleidet; schmal das Gesicht, mit dunklen, streng zurückgekämmten Haaren. Wenn ich versuchte, mit ihr über meine Studien zu sprechen, hielt sie sich zurück – sie sagte, sie interessiere sich für «das Menschliche». Da nun freilich erfaßte sie Wesentliches, intuitiv, nicht durch verstandesmäßige Analyse. Mir war das fremd, es irritierte mich, zog mich an und ließ mich gleichzeitig auch fühlen, wie anders ich war. Sie wollte Lehrerin werden für Handarbeit, Hauswerk und Turnen – Fächer, die auch meine Mutter unterrichtete und denen die Mutter meines Vaters nahegestanden hatte. Wenn wir nach dem Tanzkurs mit anderen ausgingen, schien mir ihr Schweigen mehr zu sagen als viele Worte. Gern ließ sie sich ins Theater einladen. Ihren ersten Besuch in meiner Bude hatte ich als harmloses Gespräch gedacht – sie schwieg. Sie ließ ahnen, was sie fühlte, und doch verbot die Strenge ihrer Sitten alles, was die rigorose Moral verletzt hätte.

Bis auf das Wachpersonal war keiner mehr an Bord, und so stand das ganze Schiff zu unserer Verfügung. Als dann gegen 20.00 Uhr die Schülerinnen unter der Obhut ihrer Glucke an Bord kamen, servierte ich im Salon zum Aufwärmen und zur Auflockerung einen Begrüßungstrunk. Danach wurde das Schiff besichtigt. Zum Schluss baten wir die Damen zu einem kleinen Imbiss in den Salon, wo man sich in geselliger Runde etwas näher kam.

Bei dieser Gelegenheit lernte ich das Fräulein Doris Motzkus kennen, mit dem ich mich für den nächsten Tag verabredete. Sie war Drogistin, und man hatte sie als ehemalige Haushaltsschülerin ebenfalls eingeladen. Dass diese flüchtige Hafenbekanntschaft einmal unser Schicksal bestimmen sollte, konnten wir beide nicht ahnen. Wir lernten uns in den folgenden Tagen besser kennen und verabredeten einen Briefwechsel, um in Kontakt zu bleiben. Nun hing ich an der Angel und sah die Welt mit anderen Augen an. Wegen der einen hatte ich es mit all den anderen verdorben. Ich war glücklich und monogam, was für einen ledigen Seemann eher ein Ausnahmezustand ist. Früher hatte ich immer eine gewisse Erleichterung verspürt, wenn es wieder hinausging, doch jetzt fiel mir der Abschied schwer.

Als wir dann wieder in Bremen lagen, lieh mir Fritz von Rüden sein Auto, und ich machte mit der Dame meines Herzens einen Ausflug durch die Lüneburger Heide. Anschließend stellte ich sie meiner Familie in Borstel vor. Zum Abschluss der Fahrt durch die Umgebung fuhr ich das Auto von einem Waldweg in den Graben. Merke: «Fass beim Fahren nie auf das Knie deiner Sie!» Die Rechnung für den Lackschaden wurde mir dann später präsentiert.

Wenn ein Seemann anfängt, auf Post zu warten und Briefe statt Ansichtskarten verschickt, wenn er im fremden Hafen an Bord bleibt, statt an Land zu gehen, dann sollte er die Seefahrt an den Nagel hängen. Bei mir war dieser Zustand eingetreten, und ich erkannte, dass ich mein Leben in andere Bahnen lenken musste. Da Doris sich ihre Zukunft mit mir als

Seemann auch nicht vorstellen konnte, beschloss ich einen Neuanfang an Land zu wagen.

Brigitta

Gehört und notiert bei Weber und Sohn.

Morjen Süße, na jib mir en Küßchen!
Du bist woll ... ick bin zufrieden, daß ick mein Ollen loß bin, und nu soll ick hier und ausjerechnet Dich.

Jib bloß nicht so an, als ob de aus Eisen bist. Bist ooch bloß en Weib.

Ja, aber jegen Küssen hab ich wat am frühen Morgen.

Wolfgang

Eines Abends stellte sie mich am Bahnhof ihren durchreisenden Eltern vor.

Ihr Vater erschien mir streng, verkniffen, unnahbar, vom Sohn eines Eisenbahners hatte er sich hochgearbeitet zum Oberstudienrat für Mathematik und Physik – ihre Mutter dagegen warmherzig, teilnehmend, an Fremdem interessiert. Aber gerade von dieser Mutter erhielt sie wenig später einen Brief, der sie zu strenger Moral ermahnte. Sie zeigte ihn mir, aufs äußerste empört und verletzt. Als ich sie Pfingsten – da kannten wir uns ein halbes Jahr – in Neustadt besuchte, wurde ich in einer nahegelegenen kleinen Pension einquartiert. Man nahm mich freundlich auf in der Familie – und doch erschien mir die Atmosphäre geprägt von höflicher Distanz – ein Preuß bei Badenern! Wir gingen tanzen im Kurhaus Friedenweiler, und dann brachte sie mich zum Bahnhof. Verliebt hielten wir einander an den Händen – ihre Eltern, die uns vom Fenster aus beobachteten, predigten ihr danach strenge Regeln der Moral. Wir quälten einander, indem wir versuchten, sie zu befolgen.

Paul

Rückschau 1958

Mit Marianne gab es einigen Ärger, und ich weiß auch heute, nach acht Jahren nicht, ob eine stete Gemeinschaft mir die Zufriedenheit bringt, denn obwohl sie jetzt allein ist, steht eine Kluft zwischen uns, ja fast ist dieselbe noch größer geworden.

Wolfgang (1959)

Nach einem Jahr verlobten wir uns – wir zeigten die Ringe ihren Eltern. Die waren verärgert über die Formlosigkeit. Ihr Vater fragte nach meiner Familie. Die Auskunft gab ich ihm gern, und dann war ich akzeptiert. Seit 1945 war ich Kriegswaise, und jetzt durfte ich wieder Vater sagen, und ich lernte den Mann schätzen, trotz seiner allzu starren Korrektheit.

In den Herbstferien heirateten wir – in kleinstem und bescheidenstem Rahmen. Nur vier Tage gönnten wir uns für eine Hochzeitsreise ins Elsaß. Nur an den Wochenenden konnten wir zusammen sein – manchmal fuhr ich zur ihr nach Villingen, manchmal kam sie nach Freiburg, manchmal trafen wir uns in Neustadt.

Karl-Heinz

«Wer die Sehnsucht kennt, weiß wie ich leide.» Wie ein Blitz aus heiterem Himmel kam mir eines Abends Ende März die Idee, nach Bremen zu fahren. Ich hinterließ bei den Wirtsleuten die Nachricht, dass ich wegen einer dringenden Familienangelegenheit plötzlich abreisen müsste. Herr Kohn möchte mich für die nächsten Tage in der Schule und im Hotel entschuldigen. Dann fuhr ich zur Autobahnauffahrt und hielt die Daumen hoch. Ich hatte wieder einmal Glück. Ein VW-Käfer hielt an und nahm mich mit bis Diepholz.

Von Diepholz fuhr ich mit dem Zug bis Bremen. Als ich kurz vor Mittag bei Doris in der Drogerie auftauchte, fiel sie aus allen Wolken. Sie lieh mir Geld (das ich nie zurückgezahlt habe) und ich kaufte Ringe, in die ich unsere Namen und den 02.04.59 eingravieren ließ. Am nächsten Tag haben wir uns dann in einer Telefonzelle verlobt, und auf den Tag genau neun Monate später, am 02.01.1960, wurde unser Sohn Thomas geboren. Da fragt man sich doch, was das eine mit dem anderen zu tun hat.

Karl-Heinz ist bis heute glücklich mit Doris verheiratet.

Paul

Jahresrückschau 1959

Zu Marianne: Glaubt man nun, da sie allein, werde sich einiges ändern, so ist das leider nicht der Fall. Wohl freut sie sich stets, wenn wir gemeinsames unternehmen, doch ein gemeinsames kommt nicht zustande. Besonders die Fahrten werden mehr und mehr zu Spaziergängen, und auch Frau Schäfer gefällt mir mehr in ihrer Art, obwohl ich mir klar bin, daß es zu einer Gemeinschaft nicht reicht, da wohl doch zu große Unterschiede vorhanden sind. Werde sehen, wie es damit weiter geht.

Liebe, wenn ich das schon höre!

(1960–1969)

Monika – Begründung zur Scheidungsklage

Ein paar Monate, nachdem ich meinen Mann kennenlernte, waren wir uns einig, daß wir heiraten würden. Unser Sohn, Norbert, wurde ein Jahr später geboren und im selben Jahr war unsere Eheschließung, nicht des Kindes wegen. Wir hatten uns gern. Wir hatten noch keine gemeinsame Wohnung. Mein Mann wohnte noch bei seinen und ich noch bei meinen Eltern. Einen Tag kam er zu mir, ich den anderen Tag zu ihm. Als Norbert ein paar Wochen alt war und vor dem Einschlafen schrie, geschah es, daß er von meinem Mann ins Gesicht geschlagen wurde, so daß er die Augen nicht öffnen konnte. Damals stand mein Mann am Anfang seines Lehrerstudiums und entschuldigte seine Handlung mit nervlicher Belastung. Es fiel alles zusammen, – Norberts Geburt, unser Einzug in unsere erste Wohnung und meines Mannes Delegierung zum Studium. Ich verzieh ihm.

Til (1961 / 1962)

Wo die Liebe hinhaut,
da wächst kein Gras mehr
da stirbt jede Freundschaft
und Kälte umgibt dich.

Wer liebt, ist schon verloren
der geht, geblendet von sich
ohne Unterlaß ein in das Nichts.

Elisabeth

Wir zogen 1961 nach Düsseldorf. Mein Mann fand aber auch hier keinen Anfang. Er verheimlichte uns allen wie es wirklich war. Stattdessen war er wieder mit der alten Freundin zusammen und ließ sich am laufenden Band tausende Mark geben. Mit dem Versprechen, er ließe sich scheiden und wollte sie heiraten.

Brigitta

7. 6. 1961

Mein Mann wird immer primitiver. Schlimm genug, daß er nur Kriminalromane liest, nein, jetzt lehnt er sogar Hörspiele im Radio ab. Gestern war eine Sendung um Gerhart Hauptmann, von Michael Kramer für den Funk bearbeitet. Sehr eindrucksvoll! Das hat er gar nicht erst angeschaltet. Früher haben wir so etwas gemeinsam gehört und darüber diskutiert. Das gibt es schon lange nicht mehr. Außerdem war gestern abend ein völlig betrunkener Mann in unserer Wohnung, was eigentlich zum ersten Mal vorgekommen ist und er ist auch schnell wieder verschwunden, der wollte sich entschuldigen, daß er meinen Mann bis 11.00 Uhr auf seiner Geburtstagsfeier behalten hatte, mir wollte er Bananen schenken. Wenn die anderen Leute, mit denen er zusammen ist, genauso sind, dann habe ich für ihn keine Hoffnung mehr. Dieser Mann sagte zu mir, ich solle mich von meinem Mann scheiden lassen und ihn heiraten (65 Jahre). Daran konnte ich sehen, wie betrunken der war, außerdem roch er fürchterlich und sagte zu meinem Mann: «Doofe Sau!» Das regte diesen aber weiter nicht auf und als ich ihn nachher auf das unmögliche Benehmen dieses Mannes hinwies, meinte er nur, der eine sei im Suff ruhig, der andere rede viel! Ich glaube, er begreift die Unterschiede gar nicht mehr. Dabei hatte er sich wochenlang ganz gut gehalten. Ganz ohne Trinken geht es natürlich nicht, aber es schien doch in Maßen zu sein. Genau kontrolliere ich das nicht. Ich will es auch gar nicht. Ein Mann muß von sich aus wahrhaftig sein.

Paul

Jahresrückblick 1961

Der Urlaub war vom Wetter begünstigt, doch leider zog ich allein durch die Gegend, denn mit Marianne geht es nicht mehr so nach Wunsch, wie ich auch in dieser Hinsicht keinen Schritt weiter gekommen bin. Nur eines setzt sich bei mir durch, daß es niemals eine so harmonische Gemeinschaft wird, wie ich es lange erhofft und ich mehr und mehr allein sein werde.

Anke

Ich weiß gar nicht, wo ich anfangen soll, es gibt so vieles, das ich Dir sagen möchte und die Zeit vergeht immer viel zu schnell, wenn wir zusammen sind. Der gestrige Tag war einfach wunderschön für mich. Zuerst der Brief – ich hab ihn noch mal gelesen und darüber nachgedacht. Du kennst mich schon besser als viele andere. Du liest in mir wie in einem offenen Buch, und ich finde es gut so. Natürlich gibt es noch viele Seiten an mir, die Du nicht kennst, die ich Dir gerne zeigen möchte. Es wäre schön, wenn auch ich meine Neugierde stillen könnte. In Salzburg akzeptieren sie ein Mädchen nicht wirklich. Für viele sind Mädchen einfach nicht ganz vollwertige Menschen. Wahrscheinlich haben sie aber bloß Angst, sich eine Blöße zu geben. Es wäre ja wirklich schlimm, wenn jemand merken würde, daß sie vielleicht nicht ganz so sind wie sie tun.

Ich brauche inzwischen schon eine Zeitlang, bis ich Vertrauen habe, bis ich auftaue. Sie haben mir ein paar mal zu oft wehgetan. Du warst einer der wenigen Ausnahmen. Eigenartig, ich könnte schwören, daß ich Dich schon lange kenne. Ich kann nicht glauben, daß ich Dich vor acht Tagen das erste Mal gesehen habe.

Paul

Jahresrückblick 1962

Mußte erkennen, daß mein Bemühen vergebens war und es für mich nicht mehr fruchtbringend war, da die erhoffte Harmonie oft nicht vorhanden. Die steten Spannungen wurden mir zuviel, und da in Norwegen alles nach Wunsch ging, erkannte ich den Gegensatz und machte nachdem Schluß. Leicht fiel es mir nicht, aber es ist das Beste gewesen. Lange Szenen gab es, doch wenn einmal eine Sache zerbrochen, läßt sich dieselbe nicht mehr flicken. Nun bin ich bei Ursel. Ruhe dort gefunden, manch schöne Stunde bereits verbracht, und doch bin ich allein. Da ist diese Familie, die Kinder, die daran hindern, alles gemeinsam zu machen. Oft bin ich allein, nicht das Richtige, und doch freue ich mich stets, mit Ursel Gemeinsames zu unternehmen, und sind es nur Stunden, die wir zusammen sind.

Elisabeth

Es war am 14. September 1963, an unserem 30. Hochzeitstag, da hatte mein Mann mir einen Brief hingelegt, wo er mir mitteilte, daß wir uns trennen sollten. Mir war in meinem Leben nichts mehr fremd. Ich gehöre zu den Menschen, die von Natur aus bewußt erleben, die großen Freuden, die große Liebe und die große Trauer. Oft sieht man viel später erst ein, wofür manches gut war. Nun lebte ich wieder frei mit meinen wenigen Dingen, die ich mitnahm. Hatte mir eine nette, kleine Wohnung eingerichtet und begann, neue Menschen kennenzulernen. Liebe geht, wohin sie will, aber nirgendwo irrt der Mensch mehr als in der Liebe. Mein Mann war zurückgeblieben in dem Rest der von ihm zertrümmerten Ehe. Bat mich, noch den Umzug in eine kleine Wohnung für ihn zu machen, was ich in meiner Gutmütigkeit auch tat. Dann aber gab er sehr schnell den Rest seiner Selbständigkeit auf und zog ganz zu dieser Frau. Verbrauchte ihr Vermögen, spekulierte mit Grundstücken und andern Dingen und meinte immer ohne Arbeit, das große Geld zu machen. Wir wurden erst 1968 geschieden und geheiratet haben sie nie. Diese Frau mußte nun, seit sie zusammen leben, für ihn arbeiten. Nach allen Erfahrungen wollte sie ihn wohl auch nicht mehr heiraten. Einmal hatte ich jener Frau gesagt: «Man muß im Leben für alles bezahlen.» Sie hat bezahlt, seit sie ihn hat.

Brigitta

Liebe, wenn ich das schon höre! Gundel darf noch daran glauben und mit ihr die ganz Jungen. Nach der ersten Enttäuschung – gleich welcher Art – werden sie schon skeptischer, und das ist gut so!

Bei meiner Schwester ist soweit alles in Ordnung, nur, daß mein Schwager schon wieder eine neue Stellung hat! Sie hofft, daß er sie wenigstens bis Weihnachten behält; er hat aber auch schon verlauten lassen, daß der Chef ein Idiot sei. Sie liebt ihn nicht mehr. Nach außen macht er eine gute Figur und benimmt sich; das «Zuhause» sieht ja niemand. Sie hat resigniert. Zu mir sagte sie neulich, es sei eigentlich nur das Geld, worum es immer ginge, und wenn sie es einfach abschreibt, was er so durchbringt, dann würde sie sich nicht mehr so aufregen. Ins Grab könne sie nichts mitnehmen. Er hätte auch einige positive Eigenschaften, und wenn sie nicht so dumm gewesen wäre, wäre sie nicht blindlings in dieses Verderben hineingegangen; sie müsse dieses Leben nun leben, weil sie es so gewollt habe. Auch sei wegen Susanne eine Scheidung nicht gut.

Monika – Begründung zur Scheidungsklage

Es kam zu einem Wortwechsel, der für mich mit Schlägen endete. Meine Mutter, die damals Norbert in Pflege hatte, empörte sich darüber, und wurde auch geschlagen. Mein Mann versprach, daß dies nie wieder geschehen würde, und ich verzieh ihm. Da es trotz meines guten Willens immer wieder zu Streitigkeiten und auch Tätlichkeiten kam, ging ich zu Herrn

Rechtsanwalt Gambert und reichte die Scheidung ein. Der Zeitpunkt ist mir nicht mehr genau bekannt. Auf das inständige Bitten meines Mannes zog ich die Scheidung zurück. Die anfallenden Kosten von über 100 Mark mußte ich allein tragen.

Paul

Jahresrückschau 1963

Mit Ursel verbrachte ich die freie Zeit. Sehr viel Schönes und unsere Freundschaft verfestigte sich. Wohl ging dabei nicht alles nach meinem Wunsch, aber mehr und mehr empfindet wohl auch Ursel, daß sie zu mir gehört. Machten unsere Urlaubsfahrt wie geplant, die gut gelungen, wäre gern länger mit Ursel dahergezogen, doch leider ging's nicht, da Traudel die Hälfte des Urlaubs von Ursel beanspruchte.

Brigitta

19. 10. 64

In letzter Zeit war es reichlich turbulent bei uns, weil Gundels «Geliebter» unbedingt nach Berlin kommen wollte. Meine Schwester hat sich die Finger krumm geschrieben, um ihm dieses auszureden. Einen recht scharfen Brief habe ich dann mit der Maschine geschrieben, nach einem Entwurf von meiner Schwester mit äußerst markanten Einwürfen von mir. Dieser Brief hat dann auch seine Schuldigkeit getan. Jens hat seinen Entschluß aufgegeben, vor Beendigung seiner Lehre nach Berlin zu kommen. Darüber waren wir alle recht froh. Gundel trauerte, aber sie konnte gegen unsere Begründung nichts einwenden; außerdem schreckte sie der Gedanke, daß er dann nur Hilfsarbeiter sei und damit eben doof, und einen Doofen will sie natürlich nicht.

Wolfgang

In glühender Hitze nahmen wir den Zug, fuhren anschließend noch ein Stück mit dem Bus zu einem kleinen, abgelegenen Ferienort an der Ostsee. Im Dorfgasthaus ein bescheidenes Zimmer. Auf der Straße davor ein Verkaufsstand – in der Luft durchdringender Rauch von Holzfeuer, Geruch frisch geräucherter Aale schwebte träge durch den heißen Spätnachmittag. Schnell das Abendessen ins Zimmer – nur ins Wasser!

Über der bleiernen See drückende Schwüle. Verlassene Strandkörbe – wir hatten Strand und Meer für uns allein. Am Horizont eine ungeheure schwarze Wolkenwand, aus der die Blitze zuckten. Kam sie schnell näher oder nur langsam?

Hemd und Hose flogen in einen Strandkorb, wir rannten in das aufspritzende Wasser. Hellgrün war es und warm, spiegelglatt die Oberfläche. Eintauchen, schwimmen, erfrischen!

Immer schwärzer der Himmel. Dann unzählige kleine Springbrunnen auf der glatten Oberfläche. Schwere Tropfen stürzten herab, klatschten aufs Meer, ließen Wasserkränze hochspringen. Windböen treiben graue Regenschleier heran. Alles prasselte und rauschte. Wir hörten kaum das Krachen des Donners in den Wolken. Blitz um Blitz kam näher, immer rascher gefolgt vom Donner. Nichts wie raus! An Land schlugen die Tropfen wie tausend Nadeln auf unserer Haut. Ein Strandkorb bot Schutz. Jetzt goß es in Strömen, und die Blitze zuckten bald ferner, bald näher.

Hosen und Hemden waren im Strandkorb trocken geblieben, wir klemmten sie unter die Arme und rannten los, zehn Meter weit zum nächsten Strandkorb, zwanzig Meter zum übernächsten, immer wieder Schutz suchend, immer wieder durch den strömenden Regen, ein paar Minuten Pause hier, ein paar Minuten da. Als wir schließlich das Gasthaus erreichten, waren unsere Kleider genau so naß wie das Badezeug, das wir am Leib trugen. Wir sprangen durch die Wirtsstube, unter dem Gelächter der Gäste, zur Treppe, hinauf in unser Zimmer.

Stickiges Halbdunkel unter schrägen Wänden. Wir rissen das Fenster auf, hingen die Sachen zum Trocknen über Schranktüren und ans Waschbecken. Splitterfasernackt überlegten wir – sollten wir aus dem Rucksack Reservezeug holen? Im Zimmer brütete die Hitze. Unser Abendessen roch würzig durch das Papier – der Räucheraal! Wir würden ihn mit dem Taschenmesser und den Fingern essen. Goldbraun glänzte die Haut. Milch aus dem Zahnglas, Äpfel als Nachtisch. Wie Adam und Eva hockten wir am rohen Holztisch, lösten mit den Zähnen das fette, weiße Fleisch von der biegsamen Mittelgräte, schleckten uns die Finger.

Wir waren jung, und wir liebten uns. Neun Monate später wurde unser Sohn geboren.

Wolfgang ist bis heute glücklich mit seiner Frau verheiratet. Sie haben vier Kinder.

Brigitta

Am vergangenen Montag erschien dann Rainer bei uns, das ist der Freund von Jens, welcher wiederum Gundels Geliebter ist. Rainer will nicht zur Bundeswehr, darum arbeitet er nun bei Siemens im Labor für Fernsehtechnik, gefällt ihm gut, weil wenig zu tun ist. Diesem lieben Jungen haben wir uns nun etwas angenommen, weil er doch von Jens kommt und sein bester Freund ist. Allerdings geht die Freundschaft nur bis zu einem gewissen Grad; denn – so hat Jens geschrieben – wenn er Abwerbung bei Gundel treibt, dann kommt Jens mit einem großen Messer, welches er ihm in die Rippen stoßen wird. Rainer wird das respektieren und in allen Ehren mit Gundel ausgehen. Gundel findet es wunderschön, daß sie mit einem hübschen, jungen Mann ausgehen kann, aber er darf es nicht wagen, mehr als eine Kameradin in ihr zu sehen. Am Sonntag, also gestern um 17.00 Uhr, wollte sie sich wieder mit ihm treffen. Um 12.00 Uhr klingelte es und der Rainer stand vor der Tür. Er machte: «Pst!», weil er glaubte Gundel sei da, als ich dies verneinte kam ein weniger hübscher Junge mit großer Brille hinter der Wand hervor. Dies also war nun der geliebte Jens. Er steht meinem

Herzen natürlich auch sehr nahe, obwohl er eine riesengroße Nase hat, aber sein Charakter – soweit ich dies nun schon beurteilen kann – gefällt mir. Am Mittwoch muß er wieder nach Hause. Ich hatte nun zu tun, die beiden Jungen abzufüttern. Es ist unglaublich, was in so eine Bohnenstange, und das ist der Jens – bei aller Liebe – alles hineingeht. Als Gundel dann kam, gab es eine große Freude und Küsserei; ich habe mich dann aber diskret zurückgezogen. Nun glaube ich, daß sie ihrem Jens treu ist.

Monika – Begründung zur Scheidungsklage

Zu meiner Person möchte ich sagen, daß ich seit meinem Schulabgang ohne Unterbrechung berufstätig bin. Seit dem Tag unseres Kennenlernens hatte ich keinerlei Beziehungen zu einem anderen Mann, was bis heute auch nicht der Fall ist.

Brigitta

Im Übrigen hat jetzt die ganz große Liebe ihren Einzug bei uns gehalten. In der Oper war es, als er ihr seinen ersten Liebesbrief übergab. Ich konnte vor Aufregung die ganze Nacht nicht schlafen, weil ich immer an den armen, von seinen Freunden betrogenen Jens denken musste, der im fernen Duisburg seine Lehre beenden soll, derweilen die beiden sich hier küssen, ja und das haben sie schon. Am Sonnabend war ich bei meiner Schwester und wir haben alle gemeinsam – auch Gundel und Rainer – den Fall besprochen. Rainer hat eine ganz einfache Lösung, er sagte, der Jens würde Freund und Kollege verwechseln, eigentlich waren sie Kollegen, und unter Kollegen scheint es, seiner Meinung nach, nicht so schlimm zu sein, wie unter Freunden, wenn man sich die Freundin wegnimmt. Sonderbare Logik, aber wir können ihm alle nicht böse sein. Das ist alles so unkompliziert bei der Jugend, sie nehmen sich, was sie wollen. Jens hat neulich einen so lieben

Brief geschrieben. Daraufhin sagte ich zu Gundel, sie solle ihn Rainer zum Lesen geben. Erst wollte er nicht, als er ihn dann gelesen hatte, hat er geweint, weil es ihm auch leid tat.

Klaus

Meine liebe kleine Bärbel.
Bitte sei mir nicht böse über diese Zeilen. Ich weiß genau, daß du mich gern hast, aber ich kann es nicht glauben!! Seid dem du mit Wolfgang Mirich im Auto warst, ist mein Vertrauen zu dir total abgerissen. Aber ich schwöre dir ich kann wirklich nichts dafür, und nun kommt noch etwas. Was ich dir zu Sagen habe!! wie hast du dir das den blos so vorgestellt einfach mit andere Jungen zu flirten. Ich weiß ja, daß du jung bist, aber trotzdem hast du kein recht soetwas zu tun, aber ich weiß nicht was ich mit dir machen soll. Aber ich bin in meinem Leben viel *enteucht* worden. Bitte, sei mir nicht böse wenn ich dir jetzt sage das wir beide uns trennen solten. Es fällt mir selba nicht Leicht, aber du kannst mir glauben es ist besser so. Ich habe auch vor, mich an deine Mutter mich zu bedanken. Sie war immer so nett zu mir als wenn ich Ihr eigener Sohn währ, aber auch dein Vater ist kein Unmensch, offen gesagt ist er ganz in ordnung (wen er Nüchtern ist) Auch bei ihm möchte Ich mich bedanken.

Bärbel sei mir bitte nicht böse, daß ich dir soetwas schreibe. Aber ich bin sehr Unglücklich. Das wirst du ja auch sicherlich ferstehen.

Bärbel auch wen ich unrecht habe: Bitte, Bitte, wir müssen uns trennen.

Noch mal Tausend dank für alles gute, was ich in 2 Jahren 4 Monate und 21 Tage von dir hatte

So nun wünsche ich euch vom Herzen Recht Frohe Weihnachten, und alles gute im Neuen Jahr.

Heute am 23. 12. werde ich nicht zu besuch nach Hause kommen.
Ich habe das Leben schon langsam über, aber ich muß mich selber damit abplagen. Wie heißt es doch gleich (Jeder muß sein Päckchen selber tragen)

Wen du noch etwas fertrauen zu mir hast.

Dan zeige bitte *diesen Brief* deiner Mutter.

Mein neuer Wohnsitz ist 1 Bln,-26. (Wittenau) Am Hügel 1–5 Jugendwohnheim.

Also alles gute für deine Zukunft

Dein Klaus

Brigitta

Er will aber auf Gundel nicht verzichten und sie nicht auf ihn; es sei ganz anders bei Rainer als bei Jens, sagte sie, und sie würde nie wieder den Jens haben wollen. In sechs Jahren wollen sie heiraten, ich hätte mich kugeln können. Das wollte Jens auch, aber er wollte wenigstens erst seine Meisterprüfung machen. Rainer ist viel zu faul dazu, er will immer nur mit Gundel zusammen sein. Gestern hat er mit uns «Mensch ärgere Dich nicht» gespielt, weil er dachte, ich würde es gern spielen. Ich hätte lieber gelesen. Zum Kaffee war er auch etwas schüchtern,

Rainer und Gundel 1964

ich sagte ihm aber, der Kuchen sei nicht vergiftet; er meinte, ob ich denn einen Grund für eine so böse Absicht habe. Ich sagte «Nur, wenn Du meine Tochter verführst, denn bei Deinen fast 21 Jahren kann ich ja wohl auf diese Idee kommen, also hüte Dich!» Er versprach es, da er erst in sechs Jahren heiraten wollte, bestünde auch gar kein Grund für mich, zu denken, daß er Gundel Böses antäte. Dieses Kapitel macht mir natürlich Sorge. In der Beziehung war mir der Jens viel lieber, weil ein Liebesbrief keinen Nachwuchs zaubern kann, aber es ist nicht zu ändern. Jedenfalls werden es hübsche Kinder! Das wiederum wäre bei Jens nicht der Fall gewesen. Ach, Sorgen hat man!

Anke

Heute habe ich wieder mal so richtig schön mit Mutter gestritten. Ihre Art, sich immer um meine Tugendhaftigkeit zu kümmern und in jedem männlichen Wesen in meiner Nähe nur einen potentiellen Liebhaber zu sehen, macht mich einfach rasend. Wie es mir geht, interessiert sie ja nicht besonders. Hauptsache, ich schlafe mit niemandem. Reden kann man mit ihr über dieses Thema nicht vernünftig, und sie hat ein Talent, mich mißzuverstehen. Manchmal habe ich wirklich große Lust, einfach zu verschwinden. Ich sitze da, rede in Gedanken mit Dir, denke nach über Dich, über mich, über uns und es fällt mir so schwer, meine Gedanken auf das Papier zu bannen.

Weißt Du, was ich mir wünsche? Freundschaft ohne Druck, etwas tun zu müssen. Wir haben viel Zeit. Ich fühle mich sehr wohl bei Dir, es freut mich, daß es Dir Montags auch so gegangen ist. Ich werde immer für Dich da sein, wenn Du mich brauchst. Ich mag Dich und die, denen ich meine Zuneigung geschenkt habe, vergesse ich nie, sie können immer auf mich zählen. Entschuldige bitte, ich schreibe etwas wirr, aber es geht mir so viel durch den Kopf und ich hoffe, Du verstehst mich trotzdem. Was ich Dir noch sagen wollte: schön, daß es Dich gibt.

Ich denke ja, daß Rainer nicht so sehr lange ohne «Bettfreundin» auskommt und sobald er hier heimischer geworden ist, wird er sich das Passende suchen, dann ist die Liebe sowieso aus. Er hat sie schon gefragt, wie sie das so aushalte, ihm sei sehr danach zumute. Gundel fragte mich, was sie da sagen müsse, denn sie hielte es aus, es sei nichts da, was sie beim Küssen beunruhige; die Zärtlichkeit an sich sei ihr angenehm, mehr möchte sie gar nicht. Er hat sie auch gefragt, ob sie «kalt» sei, sie hat zu all diesen Fragen geschwiegen, denn sie kann noch nichts dazu sagen. Ich habe ihr aber gesagt, daß es keine sogenannten «kalten Frauen» gibt; es läge immer am Mann und an der Einstellung zum Mann. Sie sei aber körperlich noch nicht so weit entwickelt, daß sie Verlangen nach einer intimen Beziehung habe und dies sei auch einer der Gründe, aus denen sie einen GV ablehnen müsse. Es ist überhaupt erstaunlich, daß sie über diese Dinge spricht. Ich glaubte, sie sei aufgeklärter in der Theorie; denn die Filme, die sie sich schon angesehen hat, waren bezeichnend. Anscheinend hat sie doch nicht alles verstanden, was sie gesehen hat.

16. 11. 64

Mein lieber Mann hat nun doch nicht geschrieben, der erste Eifer trügt immer, es hätte aber sein können. Sein Lebensinhalt besteht nach wie vor darin:

1. Fressen

2. Saufen, aber zu seiner Ehre sei gesagt, es geschieht nicht mehr so häufig, und zwar seit Rainer uns des öfteren besucht und er über meine Sittlichkeit wachen muß, man kann bei einem alten lüsternen Weib nie ganz sicher sein, ob es nicht mit List und Tücke versucht, so einen jungen Braten für sich zu gewinnen!

3. Kacheln kleben, kleben, kleben und kleben …… Die Badestube ist immer noch nicht fertig, aber bei einer Leistung von drei bis sechs Stück am Tag kann man vielleicht auch nicht mehr erwarten.

Paul

Jahresrückblick 1964

Nach dem Urlaub war die Freundschaft mit Ursel auf dem Nullpunkt angelangt, und wenn es so weitergeht, ist das Bestehen derselben eine Frage der Zeit. So ist man allein und richtet sich alles nach Wunsch ein.

Brigitta

26. 8. 65

Was die jungen, frischen Männer betrifft, so haben sie natürlich recht. Einen alten übellaunigen kann man schlecht lieben. Aber zu meiner Verteidigung möchte ich betonen, daß ich auch eine eventuelle Schwiegertochter lieben könnte, wenn sie einen guten Charakter hat und mich nicht aus tiefster Seele ablehnt. Ich weiß natürlich nicht, wie es wäre, einen geliebten Sohn herzugeben, eventuell an eine Unwürdige. Vielleicht hätte ich sogar vor einem Jahr noch über das intime Liebesleben einer 17-jährigen missbilligend den Kopf geschüttelt. Nun, da Gundel soweit ist, suche ich nur noch nach Entschuldigungen. Selbst die Bildung bestimmter Hormone halte ich nun für zweckmäßig; das heißt, ich versuche mir so etwas Blödes einzureden.

Rainer und Gundel 1966

Gemeinsame Kaffeetafeln sind bei uns sehr selten, weil Gundel immer bestrebt ist, mit ihrem Geliebten allein zu sein. An Vorlesen und dergleichen andere schöne Dinge, Diskussion usw. ist bei uns gar nicht zu denken; die Zeit kann man besser mit Küssen und Streicheln vertun – die Doofen sind eben glücklicher und liebesfähiger.

7.9.65

Armins Anständigkeit in Bezug auf Mädchen hat mir wieder gezeigt, daß es auch anders geht. Sicher würde auch er gern eine Freundin haben, aber sie würde ihn eventuell zu sehr erregen, und er wiederum hat zuviel Verantwortungsbewusstsein, um eine jetzt noch aussichtslose Liebschaft zu beginnen. Es sind, so meine ich, für einen heranwachsenden Mann die schwierigsten Jahre. Ich weiß auch nicht, ob eine Beichte ihm da weiterhülfe, denn diese natürliche Entwicklung ist doch keine Sünde. Früher war man auch der Ansicht, das Manipulieren sei für den Körper schädlich, aber da wußte man wohl auch noch nicht so viel über Hormone. Jedenfalls, so entsinne ich mich, werden die Hormondrüsen angeregt, und dies sei nicht zum Nachteil. Ob es nun zu begrüßen ist, weiß ich nicht, aber so lange der Körper nicht geschädigt wird, ist es nicht beunruhigend. Vielleicht ist es besser, ein junger Mann wird mit diesem Problem selbst fertig, und ich glaube Armin tut das auch.

Til

Zwischen den Beinen
Der Rücken, weit ab
Von den langen verfänglichen
Haaren

Das Telefon klingelt und ich hebe auf.
Unverständliche Worte. Wir
nuscheln

Brigitta

24. 9. 65

Gestern war wieder ein fürchterlicher Krach. Es ging um eine Bratwurst, die ich vergessen hatte. Heise hatte keine und an dem anderen Schlächter bin ich wie im Dusel vorbeigelaufen; ich hatte auch für mein letztes Geld Kuchen für die Tochter von Frau Schulwitz gekauft, die mich besuchen wollte mit ihrem Mann. Da die Bank nur freitags abends auf hat, konnte ich nicht früher etwas holen und meinen Mann wollte ich auf keinen Fall schicken, weil das immer ein Verlustgeschäft ist. Ich hätte mir natürlich hier im Dienst ein paar Mark borgen können, aber ich dachte, ich käme aus. Wäre mein Mann abends zu Hause gewesen, dann wäre es mir sofort eingefallen; das heißt er fragt als erstes, ob und was ich zu Essen mitgebracht habe, aber er war wieder mal nicht da. Nun hätte ich noch zu meiner Freundin gehen können, denn sie wohnt um die Ecke, konnte es aber nicht, weil ich die Inge Schulwitz erwartete; außerdem war der Tischler in meiner Abwesenheit bei uns gewesen und hatte die Fensterflügel behobelt und befestigt. Die Küche, die ich morgens sauber und aufgeräumt verlassen hatte, glich einer Tischlerwerkstatt, der Mülleimer bis zum Rand gefüllt. Na, also die Bratwurst wurde vergessen, und als mein Mann erschien, war es zu spät, und das Gewitter rollte ab; anderes Essen, zum Beispiel Bratkartoffeln mit Speck und

Eiern oder Linsen, die ich schon vorgekocht habe, lehnt er ab. Zur Strafe für mich, weil ich vergeßlich bin, ißt er heute auch keine Linsen, sonst merke ich mir das womöglich nicht, wenn er mich nicht gehörig straft.

Paul

Jahresrückblick 1965

Man ist mit den zwölf Monaten zufrieden, obwohl mit Ursel sich nichts geändert. So wünscht man sich für 1966 selber vor allem Gesundheit. Mit Ursel mehr Konsequenz von meiner Seite, obwohl ich mich frage, ob ich mich dann verbessere.

Brigitta

11.2.66

Ich denke immer, ich hätte mit ihm die tiefste Stufe erreicht, aber es geht anscheinend immer noch weiter nach unten. Jetzt kann ich die Nächte zählen, an denen er zu Hause ist. Er hat es nicht einmal nötig, zu Hause zu sein, wenn ich vom Dienst komme, um zu essen. Er erscheint, wann es ihm passt, und ich kann mich nochmals in die Küche stellen und für ihn das Essen bereiten. Er freut sich schon auf Mai, wenn Gundel aus dem Hause ist, weil er meint, ich hätte dann die ganzen Abende für ihn. Er übersieht nur, daß ich abends k.o. bin und meine Ruhe brauche. Immer soll ich mit ihm Schallplatten anhören und ihn verwarten. Meine Schwester hat ihm gesagt, was man in Jahren kaputt gemacht hat, ist nicht mehr zu heilen. Er soll zufrieden sein, wenn ich für ihn sorge und mich sonst um ihn kümmere. Eine geistige Gemeinschaft ist auf keinen Fall mehr aufzubauen. Das bißchen, was mal gewesen ist, kann kein neuer Anfang sein. Außerdem wird er immer aggressiver.

Monika – Begründung zur Scheidungsklage

Durch viel Geduld habe ich all die Jahre versucht meinen Mann umzuformen, seine Unbeherrschtheit zu bekämpfen. Es ist mir nicht gelungen. Geblieben ist nur noch die Angst vor seinen Stimmungen, denen er sehr stark unterliegt. Ich habe das Vertrauen verloren. Es ist wohl keine Lösung, wenn ich mit meinem Sohn bei einer Kollegin schlafen muß, da wir uns bedroht fühlen.

Til

Pfingsten 66

Ein Fick auf der Parkbank –
Das ist auch nichts.
Man redet zuviel. Brecht
wird nicht mehr gelesen. Wie auch?

Manchmal, wenn es dunkelt, denken wir
noch zurück an andere Zeiten, die da
besser nicht waren, sondern eben
anders.

Brigitta

1.9.66

Mein guter Mann bekommt kein Krankengeld mehr. Er hat jetzt nur seine 170,- DM Grundrente und 12,- Kleiderverschleißgeld. Davon braucht er 50,- DM Taschengeld und 30,- Mark für Zigarren, die guten Brasil natürlich. Vom Rest müßte er, wenn er allein wäre, seine Miete bezahlen, sich kleiden und leben! Aber der Herr hat ja ’ne Frau, die verdient, und bei der Gleichberechtigung ist die Frau dem armen Mann gegenüber unterhaltsverpflichtet. Im Grunde genommen macht es mir nichts aus, für meinen Mann zu sorgen;

schließlich soll man Gutes und Schlechtes in der Ehe teilen. Wenn man aber im Laufe einer langen Ehe immer nur Schlechtes und Schweres aufgebürdet bekommt und dazu noch einen uneinsichtigen und teilweise faulen Mann hat, der gleichgültig ist und sich so gar keine Sorgen macht, dann meint man manchmal, irgendwas an den Gesetzen kann da nicht stimmen.

Paul

Jahresrückblick 1966

Der Bruch mit Ursel ist da, wohl denke ich noch oft an sie, aber mal läßt man auch diese Hoffnung fahren. Nun in der Zwischenzeit ist auch die neue Bleibe wohnlich geworden, und die Zentralheizung hat schon was für sich. Nun kann ich auch mal jemand empfangen, selbst in der kalten Jahreszeit ist es stets gemütlich und wohnlich. Mit der neuen Wohnung auch eine neue Bekanntschaft angeknüpft, Else tauchte auf und werde sehen wie und was aus dieser Freundschaft wird. Noch liegt da manches drin, und vielleicht wäre es besser, hätten wir uns zehn Jahre früher kennen gelernt, aber da war meine wirtschaftliche Lage nicht gut, und ob sie so mit allem einverstanden gewesen, ist fraglich. Es ist noch fraglich, ob wir zusammen bleiben, wohl auch gar nicht so wichtig, zumindest eine Bereicherung in meinem Leben.

Brigitta

Berlin, den 20. 2. 1967

Meine Liebe,
eigentlich wollte ich doch den Brief sofort beantworten, aber dann ist wieder so viel passiert, daß ich es unterlassen mußte.

Nun habe ich wieder Abstand gewonnen und kann zum alltäglichen übergehen.

Werner wollte nicht mehr; er hat am 10. 2. einen Suizidversuch unternommen. Ich wurde nachmittags von einer Nachbarin angerufen, die mir die Nachricht gab, daß eben Feuerwehr und Polizei in meiner Wohnung gewesen seien; mein Mann sei ins Westend-Krankenhaus gekommen.

Es ist mir vieles durch den Kopf gegangen, insbesondere, was ich falsch gemacht habe, daß er so unglücklich ist. Aber alles, was ich zu meinen Lasten entdeckte, nämlich daß ich abends zu abgespannt und müde war, um ihn zu unterhalten und dergleichen mehr, ist ja durch sein Verhalten hervorgerufen worden. Wäre er den Verpflichtungen nachgekommen, die er als Familienvater und Ehemann hat, wäre ich nicht so überlastet gewesen und hätte mich auch um ihn kümmern können. Die Wurzeln seiner Lebensuntüchtigkeit liegen aber schon im Elternhaus. Es hat ihm unweigerlich die Nestwärme gefehlt und wenigstens ein bißchen Religion. Was mir zugemutet wird, übersteigt ja auch die Grenzen des Ertragbaren, und trotzdem greife ich nicht zur Flasche.

Monika – Begründung zur Scheidungsklage

In den Jahren unserer Ehe ist mein Mann an über zehn Arbeitsstellen beschäftigt gewesen, wodurch es oft Ärger gab, denn finanzielle Verpflichtungen gingen weiter. Im vorigen Jahr war er vier volle Monate ganz ohne Arbeit.

Meine Eltern haben viel getan, damit wir über die Runden kamen. Statt dies einmal anzuerkennen, werden sie von ihm beschimpft und beleidigt.

Am Sonntag wurde ich erneut im Beisein unseres Sohnes geschlagen, worauf mich mein Mann nicht aus dem Wohnzimmer ließ und abschloß. Zwei Tage zuvor war er nachts nicht nach Hause gekommen.

Brigitta

Inzwischen habe ich nun wieder festgestellt, daß er seinen Fotoapparat und das Blitzgerät auf die Pfandleihe getragen hat – wie bereits dreimal gehabt – höchstwahrscheinlich hat er seine Schulden bei Mariechen davon bezahlt. Bares Geld bekommt er nämlich nicht mehr, und dem «Mariechen» hatte ich schon gesagt, daß ich keine «Saufschulden» bezahle. 75,- DM hat er für alles bekommen! Rainer hat mir den Vorschlag gemacht, ihm doch die 75,- zu geben, damit er sich seine Sachen wieder von der Pfandleihe holen und bei nächster Gelegenheit wieder hintragen kann, das sei doch für ihn ein einträgliches Geschäft. Nun, das werde ich nicht tun! Rainer sagt, meine Gutmütigkeit grenze nun schon an Dummheit. So Unrecht hat er wohl nicht – aus seiner Sicht. Alles, was mit meinem Mann zusammenhängt, ist mir derartig unwichtig geworden, daß mich materielle Dinge überhaupt nicht mehr interessieren, sofern das Existenzminimum einigermaßen gesichert ist.

Til

Es schert mich mein Weib
es schert mich mein Kind
Ich habe auch beßres Verlangen.
Sie sind betteln gegangen,
weil sie hungrig sind
und haben den Kaiser gefangen.

Monika – Begründung zur Scheidungsklage

Kostgeld bekomme ich 150 Mark im Monat von ihm, dazu die Hälfte der Miete, Zeitungen, Gas und Licht. Wenn Kleidung oder schulische Dinge für Norbert gekauft werden müssen, so legte ich dies aus. Meines Mannes Hälfte zu diesen Ausgaben wurde in ein Buch geschrieben. Wenn er in der Lage wäre abzuzahlen, wollte er dies tun. Er hat das Buch verbrannt.

Brigitta

Viel schlimmer ist es, wenn mein Mann mich nicht in Ruhe lässt. Den Abend vor dem Suizidversuch war er recht sonderbar, wahrscheinlich stockbesoffen, denn er hatte ja das Geld von der Pfandleihe! Das war mir aber alles erst hinterher klar geworden. Er kam gegen 23.00 Uhr nach Hause, rumorte im Flur herum, hämmerte gegen meine Tür und verlangte eine Unterschrift von mir. Ich wußte nicht, was ich tun sollte. Aber weil er immer lauter pochte, stand ich auf. Er sah zum Fürchten aus; mit glasigen, rotunterlaufenen Augen sah er mich an und faselte immer von einer Unterschrift. Er hörte gar nicht auf das, was ich sagte, nämlich, ob die Unterschrift nicht bis morgen Zeit habe, sondern zog an meinem Morgenrock, so daß ich in sein Zimmer ging. Ich nahm einen Bogen Papier und schrieb meinen Namen darauf, obwohl es mir idiotisch erschien, aber um ihn zu beruhigen, tat ich es. Aber damit war er nicht zufrieden, ich sollte aufschreiben, daß ich Angst habe; denn ich würde mich doch immer einschließen. Ich schrieb nun auf, daß ich mich immer einschließe, wenn mein Mann nicht zu Hause ist, weil die Wohnung kein Sicherheitsschloß besitzt. Und weil mir alles so dumm vorkam, schrieb ich noch dazu, daß mein Mann gesagt habe, er ließe mich in dieser Nacht nicht schlafen, wenn ich nicht «unterschreibe». Ungefähr zehn Minuten brauchte er, um diese Erklärung zu lesen, dann schrie er, das sei verkehrt, die Wohnung habe ein Sicherheitsschloß, ich solle das schnellstens dazu schreiben, sonst würde was passieren.

Monika – Begründung zur Scheidungsklage

Im Jahre 1967, er war nervlich fertig, kam es zu Hause zu einer heftigen Auseinandersetzung zwischen uns. Er warf mir einen Teller heiße Nudeln an den Kopf und schlug mich. Das war das einzige Mal, daß ich zurückschlug. Er wußte nicht mehr, was er tat und griff nach meinem Hals (Ärztliches Attest wurde mir ausgestellt). Ich konnte mich aber losreißen und lief zur Polizei. Ich bat dort, da mein Mann damals in ärztlicher Behandlung war, einen Krankenwagen zu schicken. Stattdessen kam eine Funkstreife. Man brachte ihn nach Dösen ins Krankenhaus, wo er sechs Wochen stationär lag. Das verzeiht er mir nie.

Brigitta

Nach einer Weile gestattete er mir dann ins Bett zu gehen, aber abschließen dürfe ich nicht. Ich habe natürlich in dieser Nacht kaum geschlafen, wie Sie sich denken können. Und am nächsten Morgen quatschte er wieder allerlei Unsinn von Mördern und ganz unzusammenhängendes Gewäsch. Jedenfalls hat er nun im Krankenhaus versprochen, keinen Selbstmordversuch mehr zu unternehmen.

So, dies wäre das Unerfreuliche!
Morgen berichte ich mehr.

Monika – Begründung zur Scheidungsklage

Ich habe hier nur grob geschildert, wie unsere Ehe verlaufen ist. Ich bitte deshalb um die Scheidung, weil unser Sohn Norbert sehr unter diesen Verhältnissen leidet und versucht, sich oft außer Haus aufzuhalten, um die Streitigkeiten nicht mitzuerleben.

Til (1967)

Daß du bei mir bist,
das glaube ich.

Du liegst neben mir im Bett,
deine Kleider hast du abgestreift, wir
schlafen zusammen.

Das darfst du glauben:
Daß ich neben dir liege
Daß unsere Körper übergehen.
Mehr nicht.

Brigitta

21.2.67

Vorgestern hatte ich zu Hause wieder Aufregung; es war, als würde eine Party abgehalten, mit sehr lauter Musik. Gestern wurde ich gefragt, wann ich die ehelichen Beziehungen wieder aufzunehmen gedenke. Auf mein: «Nie wieder» wurde er böse, sagte, ich solle aufpassen, daß mir nicht einmal ein Bein gestellt würde, dann wieder in weinerlichem Ton, ich sei hart und kalt und er hätte keinen Menschen. Ich frage mich selbst, warum ich bei ihm nicht mitleidig sein kann, sicher, weil er es ausnutzen und Zärtlichkeit verlangen würde, und dies ist es, was ich nicht ertragen kann. Alle anderen widrigen Umstände sind erträglich, wenn auch schwer, aber das wäre, was ich nicht ertragen könnte.

Nun habe ich wieder davon geredet, und ich wollte Sie doch eigentlich nicht damit belasten!

Für mich waren die Briefe eine Art Therapie. Frau Soltau hatte viel Verständnis, zumal sie auch eine miese Ehe führte. Unsere Generation hatte keine Chance auf einen verständnisvollen Ehemann. Diese ehemaligen Soldaten waren fast alle traumatisiert. Ich kannte meinen Ehemann seit meinem 11. Lebensjahr. Der entscheidende Grund, warum ich ihn geheiratet hatte, war, daß er in West-Berlin gemeldet war. Für mich gab es nur die Alternative, entweder die Russen zu ertragen die er für seine Kriegsbeschädigung erhält, verbraucht er allein.

Da mein Mann völlig hilflos ist, und bereits Verwahrlosungstendenzen zeigt, müßte er dringend in stationäre Behandlung; insbesondere auch deswegen, daß sich seine Leiden nicht noch mehr verschlimmern. Zu dieser Annahme habe ich berechtigten Grund; denn am Freitag, dem 7.4.1967, d. h. in der Nacht vom 7. zum 8. 4., hat mein Mann sich sehr sonderbar verhalten.

Am Vormittag hat er sich loo gr. Paraldehyd verschreiben lassen und diese loogr-Flasche während des Tages und des frühen Abends völlig geleert.

Gegen 22.3o Uhr begann er, sich mit nicht anwesenden Personen zu unterhalten. Ich ging zu ihm und bat, ruhig zu sein, aber er erkannte mich nicht; er redete mich mit "Mariechen" an. Das ist die Wirtin aus ssinem Stammlokal.

Als ich wieder in meinem Zimmer war, hörte ich, daß mein Mann aufstand, seine Zimmertür öffnete und in den Flur :" Walter!" rief. Dann schloß er die Tür wieder und verhielt sich eine Weile ruhig. Plötzlich schrie er:"Raus hier!" Ich ging wieder zu ihm und fragte, was geschehen sei. Diesmal erkannte er mich und sagte, er habe zwei Männer mit Schrotflinten verjagt; sie hätten in sein Bett geschossen; das meiste sei aber in den Tisch gegangen. Es sei jedoch nicht schade um den Tisch; die kleinen Löcher stören nicht weiter.

Kaum war ich zu Bett, als er zu singen begann; irgendjemand sang dann aber nicht so, wie er das wollte; er ~~er~~ wies ihn lautstark zurecht.

Nach einer halben Stunde klopfte er an die Wand und begann, dem den Schiebetüren an dem Umbau seines Bettes zu hantieren. Ich ging wiederum zu ihm. Er saß auf dem Bett und befühlte die Bettkante. Auf meine Frage, was das nun schon wieder zu bedeuten habe, erklärte er mir, jemand habe ihm die drei Flugsicherungen ausgebaut; nun könne das Flugzeug nicht abfliegen. Ich fragte ihn, wohin er denn fliegen wolle: "Nach Amerika!" sagte er. Und dann : " Geh doch mal ins Bad und klopfe auf den Fußboden, dann wissen die im Keller Bescheid, daß das

Brigitta 1967

oder die Heirat, um nach West-Berlin zu kommen. Nach drei Vergewaltigungen habe ich den Rettungsanker «West-Berlin» ergriffen.

Paul

Jahresrückblick 1967

Mit Ursel die Verbindung locker gestaltet, so daß mir eigentlich nur Else in diesem Jahre persönlich nahe stand. Wie lange dieses dauern wird, erweist die Zeit.

Til (1969)

Das Alleinsein
hältste nich aus
(verstehste, ganz cool)

Titten, Votzen
manchmal ein
Arschloch

Gin-Lime, Chandler
und Klages, Kaffee
und Bier, Upmans
Corona.
und die Titten

Til

Paul

Jahresrückblick 1969

Die letzte Seite so recht geeignet, Rückblick auf das vergangene Jahr zu halten, doch es geht auch ein Jahrzehnt zu Ende. Mit Else verstehe ich mich gut, sie ist doch mir sehr zugetan und ich erlebte mit ihr manch frohe Stunde, ohne die es mir sogar recht einsam gewesen wäre. Eines ist dahin. Else möchte gern heiraten, und nun, da bei mir alles so gut geht, habe ich wenig Lust dazu, sehe auch keinen Grund warum. Gesundheitlich geht es mir gut, wohnungsmäßig kann ich mir keine Besserung denken, Geldsorgen sind keine vorhanden, nun hofft man, daß das Ersparte nicht durch Geldentwertung dahin geht. Wenn alles so bleibt wie es ist, habe ich nichts dagegen. Hätte ich mehr Urlaub, so würde ich gern noch einmal nach Kärnten fahren.

Meine Sehnsucht ruft so laut nach Dir

(1970–1979)

Evelin

24. 1. 72

Meine über alles geliebte Piebmaus!
Ein Tag trennt uns schon wieder und gleichzeitig bringt er uns einen Tag näher ans baldige Wiedersehen. Wenn es nur erst wieder Freitag wäre, und Du, mein Liebster hier wärst. Ein schönes, vor allem langes Wochenende erwartet uns beide.

Wenn ich jetzt an das vergangene Wochenende denke, bin ich wahnsinnig glücklich. Es war so schön!

Aber auch der Nachmittag hier war schön. Ach, jede Minute, sogar jede Sekunde, ist schön mit Dir. Ein Wochenende mit Dir geht viel zu schnell vorbei. Montags früh möchte ich das so furchtbare «Zeitrad» einfach zurückdrehen auf Freitagabend. Das wäre unsagbar schön!

Heute habe ich nun doch ein wenig Psychologie gelernt, wohl bemerkt «ein wenig».

Aber jetzt, wenn es Abend wird (21.20 Uhr), da wird meine Sehnsucht ganz groß. So groß, daß sie gar nicht in mein kleines Herz hineinpaßt. Meine Sehnsucht ruft so laut nach Dir! Warum bist Du nicht bei mir? Ich brauche Dich! Ich liebe Dich!

Im Moment gucke ich gerade Fernsehen. Ein unmöglich trauriger Film. Ich verstehe nicht, wie sich Liebende so entzweien können wie in dem Film. So etwas gibt es doch nur in der Phantasie. Die Wirklichkeit ist doch nicht so grausam, wie sie hier dargestellt wird. Bei uns beiden ist doch die Wirklichkeit so schön. Und ich weiß es: Sie wird immer so bleiben – ja sogar noch schöner werden – wie ich Dich liebe!

Ach, mein über alles geliebter Spatz, hätte ich Dich jetzt hier, wäre alles viel leichter. Du wärest nah bei mir und ich könnte Dich spüren. Und schon allein das macht mich so sehr glücklich. In mir sagt immer etwas: Komm doch her Rolf. Komm doch bitte! Deine liebe Frau möchte Dich hier haben.

Rita

April 1973

Mein Gott, was kam heute über mich, ich bin noch ganz verwirrt. Auf dem Weg zum Friedhof sah ich einen Mann, kannte ihn aber nicht und doch war er mir so vertraut. Er ging fremd an mir vorbei, und doch sah ich ein liebes Gesicht. Heute am Abend sehe ich das Gesicht noch vor mir.

Klaus

Dich

Mein Hand möchte ich senken
Auf Dein nacktes Bein
Deine Brust
Mit meinen Lippen umschließen
Und die Wärme
In Deinem Körper genießen.

Rita

Silvester 1973

Viel Abwechslung gab es nicht. Was soll es auch? Und doch schaue ich dem Silvesterzauber nicht mehr ganz so verzagt zu wie vordem. In den letzten Wochen habe ich Sonntag früh auf dem Friedhof das liebe Gesicht einige Male gesehen. Auch wenn der Mann mir fremd bleibt, freue ich mich jedes Mal, wenn ich ihn sehe. Auch wenn wir nur wenige Worte wechseln, ist mir nachher wohler, bin ich freier. Unter anderem fragte ich ihn nach dem Ruheplatz seiner Frau, er hat ihn mir gezeigt. Von da an wußte ich, daß er Richard heißt. Seinen Vornamen zu wissen, war für mich ein Geschenk, doch das darf er niemals wissen. Nein, meine Zuneigung zu ihm wird er nie erfahren.

Eberhard

Liebste Nicole,
eigentlich hast Du recht, daß Du auf meine Worte: «Ich habe Dich lieb» nicht antwortest: «Ich Dich auch». – Nein, Du mußt eigentlich eine eigene, andere Antwort darauf finden. – Vielleicht muß ich mich Dir sogar «anders» mitteilen?

Ich kann es gar nicht so recht begreifen, wie ein 17-jähriges Mädchen so sehr mein Leben bestimmen kann. So sehr, daß es mir wehtut, wenn ich daran denke, ich hätte Dich nie kennen gelernt.

Vergessen sind die Anschuldigungen meiner Mutter, die auch sagte: «Du wirst nie ein Mädchen bekommen!» – belohnt wurde meine Geduld, in der ich auf Gott vertraute, er wird mir das richtige Mädchen schon zeigen und mir geben.

Jeder Tag, an dem ich nicht wenigstens Deine Stimme höre, oder Dich nicht sehen kann, oder keinen Kuß Dir gebe, scheint mir nur ein halber Tag zu sein. Nur halb lebe ich da! Ja, wie soll es denn auch anders sein, wenn wir beide zusammen immer «Eins» ergeben, dann muß doch ein Tag ohne den anderen nur ein halber Tag sein! Nur halb lebe ich an Tagen ohne Dich.

Wie gerne halte ich Dich fest in meinen Armen. Wie gerne würde ich jetzt an Deiner Seite ruhen. Nur ein unaufhaltsames An-Dich-Denken läßt mich langsam in den Schlaf hinübergleiten und meine Sehnsucht nach Dir für eine Nacht zum Stillen bringen.

Keine Worte finde ich mehr – zu anderer Zeit wird es wieder neue Worte geben, die uns immer mehr «Eins» werden lassen. Nimm mich als einziges Geschenk, das ich Dir geben kann.

Dein, ja wirklich,
Dein Eberhard

Rita

Silvester 1974

Wo blieb die Zeit? Haben mir die vergangenen Monate Freud oder Leid gebracht? Ich weiß es nicht, ich kann mein Leben nicht mehr unter Kontrolle halten. Ich weiß nur, ich habe mich in Richard verliebt. Es muß mein Geheimnis bleiben.

Elisabeth

1975 lernte ich einen Mann kennen, der alleine mit sich nicht fertig wurde. Er war auch schon Rentner und besaß ein kleines Haus mit Garten. Handwerklich konnte er alles, nicht nur das, er war ein Künstler. Spielte wunderbar Geige und war Profi im Akkordeon spielen. Dann hatte er noch eine große Begabung, er konnte wunderbar zeichnen und malen. Porträtzeichnen hatte er in Frankreich in der Gefangenschaft gelernt. Das schönste Bild war das meiner Tochter Anke. Es ist gewiß nicht einfach, wenn zwei Menschen, die ein eigenes Leben hinter sich haben, nun zusammenfinden sollen. Ich war nach allem, was ich erlebt hatte, sehr mißtrauisch. Holte mir eine genaue Auskunft ein. Die war so positiv und am Schluß stand: «Einer Verbindung steht nichts im Wege.» Mir hatte er, ehe ich zu ihm zog, für meine vielen Bücher ein großes Regal gebaut. Ich richtete mir oben mein Zimmer ein. Er hatte nebenan eine kleine Malstube. Ein Schlafzimmer hatte ich neu gekauft. Unten sein Wohnzimmer ließ ich wie es war. Er sollte sich in seinem Heim wie immer zuhause fühlen. Den kleinen Garten übernahm ich, was er allerdings zuerst nicht wollte. Ich überließ ihm nur noch das Rasenmähen. Aber der Garten wurde jedes Jahr schöner.

Eva

Duisburg, den 9. 1. 77

Liebster Roman!
Nun sind wir wieder beide in unseren Wohnungen hunderte von Kilometern voneinander entfernt, und es bleiben vorläufig nur die Erinnerungen, eventuell Telefongespräche und unsere Briefe. Wie schrecklich, wenn die Post so unzuverlässig arbeitet. Ich werde meine Briefe numerieren, ab und zu wird ja wohl doch mal einer ankommen.

Wie schön, daß wir soeben miteinander sprechen konnten. Ich bin nun beruhigt, daß Du die ganze Odyssee gut überstanden hast.

Erhole Du Dich in den kommenden Tagen, damit Du ein bißchen ausgeruht an Deine Arbeit gehen kannst. Wenn Du dort erst wieder angefangen hast, ist ja auch die briefliche Verständigung einfacher.

Gestern habe ich hier endlich in Ruhe die herrliche Chopin-Platte angehört. Ich werde sie mir immer auflegen, wenn die Sehnsucht zu groß wird.

Dir nun alles Liebe und einen guten Anfang bei der Arbeit. Paß gut auf Dich auf! In Gedanken nehme ich Dich fest in die Arme.

Deine Eva.

Rita

Januar 1977

Heute geschah etwas Wunderbares für mich. Bei der Begrüßung gab mir Richard einen ganz schüchternen Kuß auf die Wange. Der Himmel tat sich für mich auf, der kleine Kuß hat mich sehr beglückt. Wie aber wird es weitergehen? Optimist bleiben.

Eva

Duisburg, den 30. 1. 77

Lieber Roman!
Vor einigen Tagen kam das Päckchen mit den beiden Flaschen Wodka an, herzlichen Dank dafür. Ich habe inzwischen das erste Glas auf Dein Wohl getrunken!

Wie geht es Dir? Ich habe bislang keine Post von Dir bekommen und bin doch sehr in Unruhe deswegen.

Was machst Du? Bist Du noch in Stettin oder schon in Guben? Ich kann mir so gar nicht vorstellen, wie Dein Alltag verläuft. Wenn ich an Dich denke, sehe ich Dich hier oder in Köln.

Für Dich ist das sicher einfacher. Du kennst mein Zuhause, meine Gewohnheiten, meine Freunde und kannst Dir vielleicht vorstellen, was ich gerade tue. Für mich ist das alles so unwirklich. Wenn der briefliche Kontakt doch besser wäre, dann würde mir auch die Zeit bis zum Sommer nicht so lang werden.

Denkst Du noch an das gegebene Versprechen wegen des Wodkas? Ich sorge mich um Dich. Wenn ich doch Deine Stimme hören könnte!

Unser Beisammensein hat einen ziemlichen Aufruhr in mir ausgelöst und solange ich nichts von Dir höre, werde ich wohl keine Ruhe finden.

Heute war herrliches Sonnenwetter. Ich habe einen kleinen Spaziergang gemacht. Es war auch nicht das Rechte. Ich mußte dauernd an unsere gemeinsamen Wege denken.

Nun hoffe ich, bald von Dir zu hören. Liebe Grüße und einen herzlichen Kuß

Deine Eva

Wilhelm-Pieck-Stadt Guben, den 4. Februar 1977

Liebste Eva!
Deine teuren Zeilen vom 9. Januar haben mich glücklich erreicht. Sie haben mir große Freude bereitet. Endlich das geschriebene Wort von Dir. Der Brief war in zwei Wochen angekommen. Der erste wurde leider nicht entdeckt. Ich habe den Briefträger nachgefragt und habe erfahren, daß mein Briefkasten zu Hause am 2. Januar einen Einbruch erlebt hat. Wahrscheinlich dann wurde Dein Brief entfernt. Es gibt so viele boshaften Menschen und Briefmarkensammler dazu.

Liebe kleine Eva, für mich bist Du doch das kleine und süße Wesen, ich denke immer – jeden Tag an Dich. Ich bleibe Dir treu und kann auch ganz ruhig schreiben, daß ich Deins bin. Es ist so wunderbar so einen Menschen wie Du kennengelernt zu haben. Als Frau gefällst Du mir auch so sehr! Es ist schlimm, daß ich Dich täglich in meinen Armen nicht habe. Ich möchte doch Dich so süß und lange lieben!

Ich denke auch viel an unseren Aufenthalt in Klötze. Unsere Spaziergänge waren so interessant. Liebe Frau Schröter hat so nett unsere Liebe gepflegt. Dank dieser Hilfe konnte sie blühen und große Probe überstehen. Unsere gemeinsamen Gespräche waren so wichtig für mich. Ich habe dabei sehr viel vom Leben verstanden und konnte auf meine primitiven Meinungen verzichten. Das Telefongespräch mit Dir war ein großes Erlebnis für mich. Deine Stimme so einfach von dieser Entfernung zu hören war so lieb und angenehm. Danach aber konnte ich mich nicht beruhigen, und ich wollte unbedingt Dich bei mir haben. In Gedanken warst Du dann mit mir!

Liebste Eva! Es freut mich, daß Du die Chopin-Platte anhörst. Arme Platte, die, wie Du schreibst, leider nur mit zu großer Sehnsucht verbunden und in diesen Zustand aufgelegt wird. Spaß beiseite! Ich besorge noch andere Chopin-Platten.

Inzwischen wirst Du ein Büchlein von mir bekommen. Schreib mir bitte, wie Du es findest. Evchen! Jetzt kommen meine Zeilen schon zu Ende. Ich küsse Dich sehr herzlich und bitte paß mal auf auf Deine Gesundheit. Denke an mich und sei mit mir.

Dein Roman

Roman 1977

Eva

Duisburg, den 8. 2. 1977

Lieber Roman!
War das eine freudige Überraschung, als ich gestern Mittag heimkam und Dein liebes Päckchen vorfand. Hab herzlichen Dank für das reizende Polen-Büchlein und die liebe Widmung.

Endlich ein Lebenszeichen von Dir! Ich hatte mir schon große Sorgen gemacht, weil ich seit unserem Telefongespräch am 9. 1. nichts mehr von Dir gehört hatte. Ist die Postverbindung mit Polen so schlecht, daß die Briefe nicht angekommen sind? Ich kann es gar nicht begreifen. Am Abend unseres Telefonats habe ich auch geschrieben und dann natürlich immer auf Post von Dir gewartet. Inzwischen kamen vor etwa 14 Tagen die beiden Flaschen Wodka an, für die ich mich am 30. 1. in einem weiteren Brief, dem dritten, bedankt habe. Auch jetzt noch einmal Dank dafür. Ich habe schon einige auf Dein Wohl getrunken!

Und nun gestern endlich diese hübsche Überraschung. Wie lieb, daß Du an mich denkst, aber bitte, schreib nun öfter, von Guben aus ist es doch kein Problem.

In der letzten Nacht habe ich schon viel in dem Buch gelesen und dabei vor allem Freude an den hübschen Zeichnungen gehabt. Natürlich auch ein bißchen Vorfreude auf unseren gemeinsamen Sommer! Bleibt es dabei? Ich habe auch schon allerlei Prospekte gewälzt, um mich zu informieren.

Als ich in der vorigen Woche an einem Spätabend nach Hause kam und gerade wieder ein voller Mond am Himmel stand, fielen mir unsere schönen Mondscheinspaziergänge ein.

Anna

Vollmond

Sieh wie er liegt,
der Mond auf dem Reisfeld
Sein Licht sich schmiegt
Um Ähre und Stengel
wie wenn was wär
heute nacht.
Ach du mein Geliebter,
wär nur dein Stengel
in meiner Venusblüte versunken,
bevor du gingst
in dunklem Verlangen
dem Monde entgegen
in lautloser Nacht.

Eva

Vor fünf Wochen waren wir noch zusammen. Wie schnell ist die Zeit wieder vergangen. Bei mir stellte sich das Gefühl ein, daß es bis zum Sommer ja doch noch sehr lange hin sei und ich habe mit dem Gedanken gespielt, zu Ostern zu Dir zu fahren. Was hältst Du von meinen Überlegungen? Und würde überhaupt die Möglichkeit bestehen, daß Du mich dort für vier Nächte unterbringst? Ich würde mich zu einer Freundin in der Nähe von Magdeburg einladen lassen und mich dort auch an- und abmelden. Sie wohnt sehr beengt, aber eine Nacht könnte ich dort schon schlafen. Schreibst Du mir gleich, ob es überhaupt Sinn hat, ob Du Dich freuen würdest und ob eine Möglichkeit der Unterbringung besteht? Ich kenne ja Deine Wohnverhältnisse dort nicht und weiß nur, daß es mit Hotels ja immer sehr schwierig ist in der DDR. Wenn Du Freude daran hättest und es sich realisieren ließe, müßte ich es sofort wissen, da ich ja dann erst an meine Freundin nach Magedeburg schreiben müßte. Der Antrag dauert vier Wochen.

Eva 1977

So, nun bin ich gespannt auf Deine Antwort. Vielleicht hast Du ja für Ostern auch schon was anderes vor und willst in Deine Wohnung fahren.

Jetzt hast Du einen langen Schrieb, und ich bin froh, daß ich die Maschine genommen habe, da geht es mir schneller von der Hand, und Du kannst es wenigstens lesen.

Für heute laß Dich nun von Herzen grüßen!

Alles liebe für Dich!

Deine Eva

Roman

17. 2. 77

Eva! Dein Brief vom 8. 2. 77 liegt vor mir. Lang, getippt und so interessant. Er wurde schon von mir ein paar Mal durchgelesen. Eva! Ich erlebe die schönsten Weilen in meinem Leben. Du denkst an mich und Du hängst ein bißchen an mich auch. Mach bitte alles, um zu mir zu Ostern zu kommen. Ich bleibe also in Guben, sperre das Geld ein, warte auf Dich und bald werden wir wieder zusammen sein. Meine Wohnung ist sauber und modern, und die Hauptsache: wir sollen hier ganz allein sein. Die Fahrt von Magdeburg nach Guben zahle ich Dir hin und zurück auch. Du wirst also keine Kosten haben. Wohin soll ich Dir aber die Fahrkarten schicken? Du sollst wenig Sachen mitschleppen. Nur heißes Herz und Deine elegante Figur. Die beiden Sachen brauche ich unbedingt. Du mein allerliebstes Wesen! Meine Freude ist so groß, daß Du zu mir kommst, und daß ich Dich küssen werde.

Grüß schön unsere liebe Frau Pankow. Eva! Ich führe schon meine Zeilen zu Ende. Ich warte auf Deine Briefe immer ungeduldig. Ich küsse Dich sehr herzlich und denke bitte, daß Du in diesem Augenblick mit mir ganz nah bist.

Dein Roman

Eva

Duisburg, den 23. 2. 1977

Lieber Roman!
Heute kam Dein lieber, langer Brief. Ich habe mich sehr, sehr gefreut und vor allem bin ich glücklich, daß Du Dich auf mein Kommen freust. Ich habe nun gleich meine Magdeburger Freundin informiert und hoffe, daß alles klappt.

Meine Reise nach Guben und zurück kann ich selber finanzieren, ich muß doch sowieso einen täglichen Pflichtumtausch vornehmen. In Danzig wirst Du nachher noch tief genug in Deine Taschen greifen können. Aber Dank für Dein Angebot! Heute in sechs Wochen bin ich um diese späte Nachmittagsstunde schon in Magdeburg und fahre dann am nächsten Tag, den 7. 4. weiter zu Dir. Der nächste Tag, der 8. 4. ist doch auch in der DDR ein gesetzlicher Feiertag (Karfreitag), da werdet ihr doch wohl nicht arbeiten? Ich hoffe sehr auf drei freie, gemeinsame Tage. Wenn Du Dienst hast, werde ich mich aber schon beschäftigen.

Inzwischen hast Du ja nun auch meinen dritten Brief vorgefunden und bist dadurch ganz schön mit Post verwöhnt worden! Aber ich ja auch. In der vorigen Woche kam Dein lieber Kartengruß aus Frankf./O an und dann ein paar Tage später Dein erster ausführlicher Brief vom 4. 2. Er war fast zwei Wochen unterwegs. Ob das vom fehlenden D vor der Postleitzahl kam? Normalerweise geht die Post zwischen hüben und drüben nicht so lange.

Nun kann ich mir doch ein bisschen vorstellen, wie Dein Tagesablauf ist. Wenn ich morgens noch in Ruhe frühstücke und dabei meine Zeitung lese, bist Du schon in Eurem Bus unterwegs. Und wahrscheinlich mit leerem Magen! Da mußt Du ja Kopfschmerzen bekommen! Kannst du Dir in Deiner Wohnung nicht eine Tasse Tee oder Kaffee zubereiten und eine Kleinigkeit Brot, Butter und Wurst wirst Du doch auch auf Vorrat haben können? Ich freue mich schon auf unser gemeinsames Frühstück, das ist doch erst die richtige Grundlage für einen Tagesablauf.

Ich freue mich auch, wenn wir für uns alleine sind. Es gibt ja so viel zu erzählen, und eigentlich wissen wir ja von uns selbst sehr wenig. Wenn ich ein interessantes Buch lese, dann denke ich oft, ob Du wohl daran Freude hättest? Jetzt, wo es im Garten langsam anfängt zu grünen, frage ich mich, was Dir die Natur gibt? Ich habe mit meinen Gedanken in den letzten Jahren ja immer allein fertig werden müssen. Da sehne ich mich nach einem Austausch.

Deine Briefe erfreuen mich und Deine Zärtlichkeit und Liebe machen mich glücklich. Wir wollen es langsam wachsen lassen!

Die Entdeckungsreise durch Polen (per Buch) habe ich inzwischen beendet. Es war reizend und hat mich neugierig gemacht. Vor allem ist es sehr tolerant geschrieben, so daß es nicht zu sehr belastet, wenn man auf Dinge stößt, die uns Deutsche nicht zum Ruhm gereichen.

Ich will den Schrieb jetzt auch beenden, dann kann ich ihn noch zum Kasten bringen, der heute abend an der Ecke beim Fleischer noch geleert wird. Desto schneller hast Du ihn, und je eher kann ich Antwort haben.

Dir alles Liebe, laß Dich herzlich umarmen.

Deine Eva.

Roman

Guben, den 3. März 1977

Liebste Eva,
Dein netter Brief vom 23. 2. ist schon am 1. März eingetroffen und hat mir, wie jede Nachricht von Dir, eine große Freude gemacht.

Es tut mir sehr leid, daß meine Briefe so lange unterwegs sind! Ich hoffe aber, daß Du inzwischen wieder meinen Brief vom 18. 2. schon erhalten hast.

Eva! Ich freue mich so sehr auf Dein Ankommen. Soll ich auch hier bei der Volkspolizei eine Anmeldung über Dein Eintreffen machen, oder reicht es schon, wenn Du das bei der Polizei in Magdeburg machst?

Eva! Ich habe schon für Dich einige Überraschungen vorbereitet. In einem schönen Lokal habe ich für 8. 4. und 10. 4. für uns gute Plätze reserviert. Wir werden also zwei Mal ausgehen. Du wurdest von mir eingeladen und ich spendiere selbstverständlich alles.

Am 7. 4. um 19. 28 wartet Dein Roman auf dem Bahnhof mit sehr klopfendem Herzen. Eva! Du machst mir große Freude. So einen großzügigen und zuverlässigen Menschen wie Du habe ich noch nie getroffen. Fast 100 % gibt es schon darauf, daß ich am 8. 4. von der Arbeit frei bin. Auf diese Weise verlängern wir unser Zusammensein.

Eva! Deine Briefe lese ich wieder und wieder, findend immer was Neues und Interessantes. Die Briefe sind für mich mehr als die schönsten Bücher oder Gedichte. Dadurch kann ich Dich sehen, hören und fühlen!

Ich habe inzwischen ganz schön Geld erspart und kann Dich wirklich gut aufnehmen. Die große Reise nach Polen kommt doch Deinerseits bald, aber nur in meiner Gesellschaft, denn die Männer in Polen sind zu große Kavaliere.

Eva! Ich schließe schon meinen Brief. Ich küsse Dich sehr herzlich mit voller Zärtlichkeit dabei und bin mit Dir ganz nah.

Dein Roman

Eva

Duisburg, den 17. 4. 1977

Roman, mein Liebster!
Gestern bin ich pünktlich und ohne Zwischenfälle wieder hier angekommen. Der Aufenthalt bei Dir war für mich sehr schön und Deine Fürsorge und Aufmerksamkeit haben mich sehr beglückt und erfreut. Du hattest alles so lieb vorbereitet, daß es mir ganz warm ums Herz wurde. Jetzt werde ich viel daran denken und davon zehren, bis zum Sommer unser nächstes Beieinander möglich wird.

Ich habe gestern Abend, nachdem ich ausgepackt und in meiner Post und in den Zeitungen gekramt hatte, noch ein bißchen so gesessen und an die schönen Stunden mit Dir denken müssen. Da ich noch eine Flasche Piccolo im Keller hatte, habe ich sie mir geholt und im Angedenken an unser gemeinsames Sekttrinken auf Dein Wohl geleert. Frau Schroeter hatte übrigens auch eine Flasche besorgt, so daß wir dort auch dauernd auf Dich angestoßen haben.

Soviel Sekt wie in diesen zehn Tagen habe ich noch nie in so kurzer Zeit getrunken.

Wie geht es Dir? Fühlst Du Dich sehr allein? Ich hoffe, daß es für Dich auch so schöne Tage waren wie für mich, und daß Du im Denken daran auch Deine Einsamkeit ein bißchen leichter überbrückst.

Große Sorgen machen mir Deine vielen Kopfschmerzen. Bitte, Roman, gehe doch zu einem tüchtigen Arzt! Nur Tabletten dagegen zu nehmen ist doch kein Dauerzustand, die Ursache muß beseitigt werden.

Wie schmeckt Dir denn nun die Arbeit wieder? Ach, weißt Du, ich finde, wenn man so etwas Schönes vor sich hat, wie wir beide mit unserem gemeinsamen Danzigurlaub, dann macht die Arbeit auch große Freude und hilft dabei, das Getrenntsein zu mildern.

Romeczko (na, wenn das man richtig ist?!), mein lieber Liebster, ich danke Dir von Herzen für die schönen Stunden bei Dir und freue mich schon jetzt auf unser nächstes Beisammensein.

Für heute sei lieb gegrüßt! Mit einem herzlichen Kuß bin ich.

Deine Eva.

Anna

Traumzeit

die Sonne von den Zweigen fällt
Wind die Gedanken zerzaust
Blätter raschelnd in Ohrmuscheln krabbeln
mit Dir unter einem Apfelbaum
wachsen mir Trauben in den Mund
während weiße Wattewölkchen
südwärts wandern
wankt Wärme betrunken
von Haut zu Haut
kräuselt Lippen wie Wind das Meer
und weiche Worte in den Augen tanzen
schweigt vor Wonne zungenfertig
jetzt ein Traum.

Eva

Duisburg, den 9. 5. 1977

Liebster Roman!
Vier Wochen sind nun schon vergangen, seit ich aus Guben wieder fortgefahren bin. Wie ein Traum liegen die schönen Tage hinter mir. Endlich habe ich nun auch Nachricht von Dir. Ich war sehr traurig, daß ich nach meiner Abfahrt nichts von Dir gehört habe, und hatte mir schon Gedanken gemacht, ob Du mich wohl nicht mehr lieb hättest. Weißt Du, ich war von den schönen gemeinsamen Stunden so erfüllt, daß ich Dir am liebsten jeden Tag geschrieben hätte, einfach weil ich das Bedürfnis hatte, Dich an meinen Gedanken und Überlegungen teilnehmen zu lassen. Und da es eben mündlich nicht ging, wollte ich es schriftlich tun. Dazu ist aber eine Resonanz des

Partners nötig. Ich hatte gedacht, Dein Herz wäre genau so übervoll, und Du hättest das gleiche Mitteilungsbedürfnis.

Wie geht es Dir gesundheitlich? Hoffentlich wieder besser! Bist Du den schrecklichen Husten endlich los?

Am Freitag habe ich übrigens vom Reisebüro die Zusage für die Danzig-Buchung bekommen. Das Zimmer ist im «Novotel» auf der Speicherinsel, gegenüber dem «Grünen Tor» gebucht. Es kann also losgehen. Ach wie ich mich freue! Auf Danzig, wo ich so gern gewesen bin, und vor allem darauf, daß ich es mit Dir zusammen unternehmen kann. Eine Freundin hat mir erzählt, wie elegant die Polinnen seien. Sie hätte nur gestaunt darüber und wäre sich in ihrer schlichten Aufmachung richtig provinziell vorgekommen.

Dir nun alles Liebe, mein liebster Romeczek, und sei lieb gegrüßt von Deiner

Eva.

Roman

Guben, den 24. 5. 1977

Liebste Eva!
Heute gerade nach der Arbeit war ich in der Nähe von meiner Post. Ich habe das Gebäude besucht und das Paket von Dir abgeholt.

Erst zu Hause fand ich den Ablieferungsschein. Ich freue mich über den Inhalt des Pakets so wie ein Kind und küsse Dich (leider diesmal in Gedanken) schrecklich heiß. Du hast mir wirklich so große Freude gemacht.

Mit Frau Schröter haben wir Briefe gewechselt. Unsere liebe Dame hat an mich einen ausführlichen Brief ausgerichtet. Meine Unruhe um Dich hat auf sie einen guten Eindruck gemacht!

Eva, du bist sehr gut angezogen. Du brauchst keine andere Aufmachung. Ich möchte Dir versichern, daß Dein sportliches Aussehen ist das beste für

Dich. Die Hauptsache, Du kommst zu mir und bald werden wir unser Zusammensein realisieren!

Ich küsse Dich, umarme und tue alles, worauf Du Lust hast.

Dein Roman

Eva

Mein liebster Roman!
Tagelang warte auch ich auf Deine Nachricht, und dann kommt alle Post auf einmal! Meine Mühlheimer Freunde haben neulich schon gesagt, ich hätte «Hummeln im Hintern»! Kennst Du diese schöne Redensart, die man auf jemanden anwendet, der voller Unruhe steckt und dauernd unterwegs ist?

Ich hatte neulich Pläne gemacht, wegen einer eventuellen Herbstreise nach Budapest. Das Plänemachen finde ich zu schön! Wir müssen doch die kommende Zeit nutzen und genießen. So eine schrecklich lange Zeitspanne, daß wir sie vertrödeln könnten, bleibt uns ja schließlich nicht mehr. Wir haben ja beide allerlei Kummer hinter uns und sollten versuchen, möglichst viel Schönes gemeinsam zu erleben. Schwer genug wird uns das durch die blöden Verhältnisse ja sowieso!

Am letzten Samstag habe ich ein Paket an Dich abgeschickt. Ob Du es schon hast? Die Post nach drüben geht im Augenblick wieder ziemlich langsam. Du gibst mir doch gleich Nachricht, wenn das Paket angekommen ist? Ob die Salami dic Richtige war? Es gab so viele verschiedene Sorten!

Sechs Wochen sind nun schon wieder vergangen, seit ich bei Dir war. Ich sehe Dich noch immer so allein auf dem Bahnsteig in Cottbus stehen, als mein Zug abfuhr.

Dir nun alles Liebe. In Gedanken laß ich mich fest in Deine Arme nehmen und kuschele mich an Dich. Du fehlst mir oft sehr!

Deine Eva

Klaus

Tatsächlich
Meine Liebe ist nicht normal
Mein Schatz
In dieser Phase
Absolut verrückt
Mein Schatz

Eva

Duisburg, den 3. Juni 1977

Roman, mein liebster Schatz!
Wenn ich daran denke, daß nun nur noch so viel Zeit zu unserem Wiedersehen im Sommer vergehen muß, wie vergangen ist, seit wir Ostern beisammen waren, dann finde ich, daß das gar nicht mehr lange ist. Ich bekomme Herzklopfen, wenn ich Dich in Gedanken am Kai in Danzig stehen sehe.

Wenn Du alles tun willst, worauf ich Lust habe, dann wünsche ich mir vor allem viel Zärtlichkeit von Dir! Ob Du wohl ahnst, wie sehr sie mir manchmal fehlt? Tagsüber komme ich ja kaum zur Ruhe, aber wenn ich abends hier so allein sitze, dann gehen meine Gedanken fast immer zu Dir und ich freue mich auf unser Wiedersehen.

Von dem polnischen Reisebüro habe ich inzwischen die Unterlagen für die Einladung an Dich bekommen. Alles ist in polnischer Sprache auszufüllen, und nun mußt Du mir deswegen noch einige Angaben machen. Es soll die Verwandtschaftsbezeichnung des Einzuladenden angegeben werden, geht es wohl auch, wenn ich schreibe: Bekannte?

Dann brauche ich die polnische Schreibweise Deines Geburtsortes und die polnische Schreibweise Deiner Wohnung in Stettin und die Dauer des Besuchs von-bis und das polnische Wort für «Besuchsreise».

Meine Güte, ist das umständlich! Ich muß das dann ausgefüllt ans Reisebüro zurückschicken, das schickt es an die Botschaft, dort wird es überprüft und kommt mit Vermerken oder Stempel von dort an mich zurück. Dann kann ich es Dir erst schicken. Bleibt es dabei, daß Du zu Weihnachten versuchen wirst zu kommen? Ich würde mich sehr freuen und wäre glücklich, wenn wir zusammen wären.

Inzwischen warte ich ungeduldig auf Deine Nachricht wegen Budapest. Bekommst Du nicht Angst vor meinem Unternehmungsgeist?

So, nun hast Du eine Menge zu lesen und zu beantworten. Ich warte auch sehr auf Deine Post!

Liebe Grüße und ich küsse Dich

Deine Eva

Roman

Guben, den 14. Juni 1977

Eva, mein liebster Schatz!
Ich will sehr gern verraten, daß ich beim Lesen Deiner Korrespondenz sehr schöne Erlebnisse habe und beantworte ich auch sehr gern. Zu dieser Zeit aufgrund Deiner schriftlichen Mitteilungen kann ich mir alles, was Dich betrifft, ausführlich vorstellen. Ich sehe alles so genau, daß ich das Gefühl habe, daß Du mir gleich in meine Arme fällst und schon so weiter bleiben wirst. Jeden Tag denke ich viel an Dich, und sehne mich nach diesem Moment, wenn ich Dich in Danzig am Kai umarme … und dann viele wunderbare Tage in Polen, oder besser gesagt bei mir und mit mir.

Wirklich! Die Post geht jetzt im Schneckentempo und deswegen soll man auf Deine Briefe die Antwort gleich geben, um die Hoffnung zu haben, daß Du sie möglichst rasch erhalten wirst.

Am 5. Juni hatten wir also unser Ferngespräch. Es war wunderbar und hat mir großes Vergnügen gemacht. Deine Stimme zu hören, so ganz in der Nähe und zu gleicher Zeit von so großer Entfernung. Von Lübbenau habe ich an Dich kurz geschrieben, denkend dabei, daß wir beide den Ausflug in den Spreewald mit dem Kahn realisieren werden! Es hat mir dort sehr gefallen. Einsame Häuschen am Ufer und der Fluß selbst, so langsam fließend zwischen Bäumen, lassen unvergesslichen Eindruck. Es war so romantisch gewesen …

Klaus

Von Bäumen und Seen

Die Frau schaut mich an. Sie schaut mich an als wüßte sie was.
Als wüßte sie, daß mein Geschlecht ein Baum ist.
Ein Baum, den der Sturm biegt.
Winterlich weiß und herbstlich entblättert.

Ich schaue zurück. Ich schaue zurück als wüßte ich was.
Als wüßte ich, daß ihr Geschlecht ein See ist.
Ein See, den der Sturm aufwühlt.
Am Grunde des Sees, da bleibt es ganz ruhig.

Roman

… Es fehlte aber eine geliebte Frau dabei. Vielleicht kennst Du sie? – Eva K., aber sie kommt, und wir werden zusammen das schöne Land bewundern. Schon jetzt beschreibst Du Deine künftigen Erlebnisse so gut – merkwürdigerweise.

Von meiner Seite aus lassen sich unsere Budapestpläne realisieren. Ich habe schon in meinem Ausweis einen erforderlichen Stempel erhalten. Auch Geld für Ungarn – Forints – kann ich im Handumdrehen zur Verfügung haben. Mit Deinem Vorschlag, trotz Angst um die Unkosten, bin ich einverstanden. Du wirst das Hotel mit Frühstück für uns beide buchen. Das andere erledige ich. Mittag und Abendbrot essen wir unterschiedlich in ausgewählten Lokalen, wo die Zigeuner uns mit ihren Geigen von der Puszta erzählen werden. Ich bin schon darauf aufgeregt.

Diese schöne Redensart «Hummeln im Hintern» haben, paßt nicht nur zu Dir, aber uns beiden, also jetzt haben wir beide dasselbe «im Hintern».

Du siehst also, daß Budapest ruft uns und wartet!

Es tut mir sehr leid wegen so viel Mühe beim Ausfüllen des Formulars.

Ich versuche Dir zu helfen, oder Du wirst mir das Formular schicken und ich werde es mit Bleistift ausfüllen und Du danach mit Deinem Kugelschreiber oder Schreibmaschine.

Eva und Roman

Ich habe schon an die BRD-Botschaft um Visumsformulare geschrieben und Paßfotos gemacht. Man muß immer sehr viel Formalitäten erledigen und man weiß nie, ob die Angelegenheit zu meinen Gunsten erledigt wird. Wenn nicht, dann kommst Du zu mir nach Polen, oder in die DDR. Ich muß die Volkspolizei fragen, ob ich Dich einladen darf.

Ich trinke keinen Wodka und habe schon viel abgenommen. Du wirst einen ganz anderen Herrn Czabanski treffen. Du sollst Dich überraschen lassen!

Es ist schon 23.00. Ich werde jetzt versuchen schlafen zu gehen und mit Gedanken an Dich einschlafen. Vielleicht kommst Du heute Nacht zu mir?!

Gute Nacht Liebste! Ich küsse und umarme Dich.

Roman

Rita

Februar 1978

Heute beim Wiedersehen hat mich Richard an sich gepreßt und geküßt, mir gesagt: «Wenn ich jetzt mit Dir in einem Raum wäre, würde ich Dich vergewaltigen.» Ich gab zur Antwort: «Nein, das würden Sie nicht tun, das wäre Ihnen zu billig.» Was darauf in Richard vor sich ging, weiß ich nicht, meine Seele hat gezittert, mein ganzes Sein und Denken verlangte doch nach ihm. Der Abschied war etwas herzlicher als sonst, wir hatten uns wieder beruhigt.

März 1978

Heute in der Früh hat Richard angerufen und sich für abends angemeldet. Er kam um halb acht und blieb bis halb zehn. Was sich in dieser Zeit getan hat, war einfach wunderbar.

Roman

Liebste Eva!

Wieder eine längere Zeit keine Post von Dir. Es kann auch so sein, daß ich sie morgen vorfinde.

Dein Foto steht auf meinem Nachttisch und auf diese Weise kann ich jeden Morgen und Abend mich mit Dir unterhalten. Das Foto macht sehr viel, aber ich brauch Dich mit Leib und Knochen. Jetzt ist meine Sehnsucht nach Dir noch größer geworden. In meinen Gedanken zieh ich Dich aus und machst mich glücklich, so gut wie Du es kannst.

Ich küsse Deine Hände und umarme Dich sehr heiß.

Roman

Roman stirbt 1984 an einem Herzinfarkt, für die über 90-jährige Eva ist Roman heute noch die große Liebe.

Rita

April 1978

Zum ersten Mal nach dem Friedhofsbesuch sagte Richard zu mir: «Ich habe dich sehr lieb.» Diese Worte werde ich nie vergessen, denn Richard ist für mich wie das achte Weltwunder, ich kann es kaum glauben, daß ich nochmals Liebe empfangen darf.

Mai 1978

Heute hat mich Richard sehr beleidigt. Unter anderem sagte er mir, meine Liebe sei doch nur ein Strohfeuer. Natürlich weiß ich, wie alt ich bin. Hat die Liebe etwas mit dem Alter zu tun, kann man nicht auch als 70-jähriger Mensch eine innige Liebe empfinden für einen anderen? Ach Richard, warum kannst du nur so verletzend sein? Das tut weh.

Klaus

Wohin
Mein Herz?
Fragen wir
Wohin?

Hat's
Die Zeit
Gefressen
War ich
Draufgesessen?
Fragen wir

Sagen wir
Sprechen wir
Noch mal drüber

Rita

Juni 1978

Heute war für mich der schrecklichste Tag, seit mein Mann von mir ging. Richard war so unsagbar hässlich zu mir, er hat mir so böse Worte gesagt, so daß ich jetzt, am Abend, noch immer nicht ganz begreifen kann, was über mich hereinbrach. Mein Kopf kann keinen klaren Gedanken mehr fassen, in mir ist alles leer und gestorben. Ich fühle es, er hat mich satt. Warum denn nur, warum? Keinen seiner Sätze will ich niederschreiben, denn alles ist so hinterhältig und beschämend. Und den Menschen liebte ich weit mehr als mich selbst.

Klaus

Ein Satz aus Deinem Mund
Zerschlägt mir
Die mühsam erlernte Sprache

Anna

Und die Liebe liegt als kleines Kind außerhalb vom Bett, nicht zugedeckt.

Rita

August 1978

Das eine weiß ich jetzt – Richard will nicht gebunden sein, er will seine Freiheit und die gebe ich ihm zurück. Ein Verhältnis ohne gegenseitige Liebe, nur auf Begierde basierend, ist für mich die Hölle auf Erden. Ich habe viele Fehler gemacht, doch mein größter Fehler war, daß ich in ihm ein Idol sah.

Auch heute hat er mich vor der Haustür ohne Kuß, ohne Zärtlichkeit verabschiedet, so wie eine flüchtige Bekannte. Heute Mittag wollte ich mir das Leben nehmen aus lauter Verzweiflung über seine Kälte, aber es sollte nicht sein. Beim Anrühren der Schlaftabletten wurde ich dreimal telefonisch gestört, doch der Anrufer meldete sich nie. Ich konnte nach dem dritten Anruf wieder klar denken, habe mich angezogen und bin zum Alpengarten gefahren.

Wie mein Leben ohne Richard weitergeht, kann ich mir nicht vorstellen, mein Herz wird immer um Richard weinen.

Klaus

Liebeskrank

In tönerner Nacht
die trunken umherstülpenden
gierigen Blicke auf Haltestation

Was bleibt von Dir
Ist ein Foto

Ich bin am Ende, und sie fährt Mercedes

(1980–1989)

Bimbo

Männli, Männli, Männli,
habe heute Deinen Brief bekommen, man muß sich die Post von der Post abholen, ich habe mich riesig gefreut, ist doch gleich alles mal feiner dann. Ich glaube ich habe etwas Heimweh. Es ist süß, daß Du alles so lieb machst und es den Kindern gut geht. Du brauchst allerdings nicht jeden Tag «vorschriftsmäßig» saugen, so wie Du es für richtig hältst. Das ich die Pieker verwechselt habe, nein so was, und das bei meiner Korrektheit, wie konnte mir dieser Fehler nur unterlaufen?

Apropos Sonne, der Himmel ist knallig blau und die Sonne scheint, was sie kann. Wir drei Weiber sitzen hier alle oben ohne. Did wär was für Dich, wa? Tschuldigung.

Wenn ich abends in meinen Schlafsack krabbel, knuddel ich immer mein Bärchen und denke an Dich. Oje, meine Schrift ist fürchterlich, werde mir mal Mühe geben. Ich bin gar nicht gewöhnt, so viel mit der Hand zu schreiben.

Nachts ist's hier ganz schön gruselig, stockdunkel und überall hört man was. Sogar Fledermäuse fliegen hier, die sind ja eigentlich süß. Aber auf's Klo gehe ich nachts nicht mehr, da muß dann das Waschbecken herhalten, habe ich schon alles probiert.

Werd mal ein Piepchen rauchen, Bier trinke ich sowieso schon. Ich bin tief gesunken, wa?

Ich habe Dir ja schon immer gesagt: Bimbos sind entweder Affen oder Neger. Was hast Du mir nur für einen Namen verpaßt, einen Affennamen.

Mensch wird das ein Geknuddel, wenn ich wieder zu Hause bin, vieles wird ja dann anders und es tut mir weh, daß es so ist. Auf der anderen Seite freue ich mich auch etwas.

Mensch Trudelmaus, meine Schrift wird immer schlechter, ich glaube ich höre jetzt gleich auf. Rauchen tue ich hier wie ein Schlot, oje.

So nu werde ich mir mal 'nen Umschlag suchen. Ob das mit dem Anrufen so klappt, kann ich Dir nicht versprechen, es ist ganz schön kompliziert, glaube ich, sei nicht traurig, wenn's nicht geht. Deine Stimme würde ich sooooo gerne hören.

Schluß für heute. Schlaf schön, paß gut auf Dich auf und und und. Ein ganz dicker Kuß von Deinem Bimbo aus Schweden.
P. S. Machst Du auch ein Ritual daraus die Post zu lesen? Ich wasch mir vorher die Hände, creme sie dann natürlich ein. Zünde mir ne' Zigarette an. Hole mir was zu trinken und kämme mir sogar noch die Haare, und dann lese ich ganz langsam.

Tschüüß Männli
Frauli

Michael

14. 07. 83 Mittags

Der zweite Tag der Trennung – ich habe die ersten 24 Stunden überstanden ...

In mir ein Emotionsgemisch aus Schmerz, Trauer, Einsamkeitsängsten und auch einer Sehnsucht – wieder zu ihr hin –, daß es mich fast zerriß. Mir immer wieder eingeredet – «Daß es sein muß», daß ich nicht mehr «ich» sein werde, wenn mir jetzt der Absprung abermals nicht gelingen sollte.

Was macht dieses zerstörerische und selbstzerstörerische Potential in mir aus – weshalb gelingt es mir nicht im Gefühls- bzw. Beziehungsbereich den nötigen Abstand zu halten und wieso kommt es immer wieder bis zur völligen Selbstaufgabe von zumindest einem Teil meines «ich's»? (Bei «stärkeren» Frauen) Wieso dieses – wie M. es ausdrückte – Fehlen einer (meiner) Mitte – dieses ständige Pendeln zwischen den Extremen – ständig entweder das eine oder das andere, alles oder nichts, entweder – oder? Woher diese *«Maßlosigkeit»*, mit der ich mich immer wieder mit den besten Absichten auf *alles* stürze, *alles will* und doch *nichts* erreiche ...

Dieser ständige Hunger und Gier nach Nähe und Liebe?

Dieses Fordern an den Partner – dieses ständige «Wollen»?

Was kompensiere ich über meine Art der Sexualität und wieso meine Angst, *nicht* geliebt zu werden?

Wieso geht mir soviel an Kreativität verloren, wenn ich mich im Stadium einer Beziehung befinde?

Ich muß darauf Antworten finden ...

Im Suff, 16.07.83. Sonntag früh 03.30

Alles, was nach dieser Zeit mit ihr blieb, ist ein Dach über dem Kopf (was ich bald verliere) – 100 DM in bar und ein ungedeckter Scheck ...

Ich bin am Ende, und sie fährt Mercedes ...

Am Ende wirklich – Menschlichkeit eine Phrase – es gibt nur noch mich in meinem Käfig – ich möchte sterben ... Erbarmen, Vater – ich sterbe an dieser Welt und diesen Menschen – (angeblich) – nach deinem Ebenbild ...

Diese Frau hat mir alles genommen – ich kann nicht mehr – Tod erlöse mich – es gibt keine Zukunft.

Verfaßt am Morgen einer der schlimmsten Nächte meines Lebens ...
Verlassen von Allen!!

18.07.83 Nachmittags

Die Selbstquälerei hört nicht auf – immer wieder die Erinnerung an diesen «Verrat», diese unwürdige Szene – Vorstellungen von ihrem «Treiben» – bis zu Gedanken von vielleicht weiteren Hintergehungen ihrerseits (eventuell auch in dieser Wohnung?) – ich quäle mich / ertappe mich bei Hoffnungen auf einen Anruf, ein Telegramm – bin mal wieder kompromißbereit, hoffe auf ein Zeichen – und denke – es kann nicht vorbei sein. Mein Selbstwertgefühl wieder gleich Null – wünsche mir Erlösung durch Schlaf und Tod, sehe mich wieder am Ende, warte in meiner Unfähigkeit darauf, daß mir «jemand» weiterhilft (ein Zufall, eine Nachricht oder ein «Mensch»). Sehe keine Kraft, um aus dieser Situation selbst herauszukommen ...

Bimbo

Männli,

ich möchte Dir noch soviel sagen.

Ich habe das Bärchen von Dir gefunden, er liegt schon im Bett, mein Gott war das wieder fürchterlich. Das kleine süße Bärchen, das Du so lieb genäht hast. Und die Wärmflasche und und und ...

Es sind alles Sachen, die mich so an unsere Zeit erinnern. Dabei ist unsere Zeit doch noch nicht vorbei. Das Telefonat war schön, doch auch sehr schlimm. Alles krampfte sich in mir zusammen und dann sagst Du auch noch «Ick hab Dir lieb», ich dachte, ich müßte sterben.

Ich habe solche Sehnsucht nach Dir, warum können wir keine feine Familie sein? Ich glaube die Zeit dazu ist einfach noch nicht reif. Vielleicht wird's aber mal so.

Mein Bett habe ich auch schon gemacht mit dem Bärchen und dem Schal unter'm Kopfkissen, alles wie gehabt. Und doch alles sehr fremd hier für mich. Ich weiß, daß das hier nicht Dein Zuhause ist, die Seestraße, das war immer unser Zuhause, obwohl wir ja gemeinsam nicht viel zuhause waren, irgendwie warst Du immer da.

Dein Werkzeugregal im Flur, wie oft habe ich darüber gemeckert, ich brauchte mich nur zu drehen, es waren überall Sachen von Dir. Ach, ich muß schon wieder heulen. Das Schlimmste ist, außer Dir versteht das niemand.

Was will ich denn? Habe eine schöne Wohnung, tolle neue Sachen, Warmwasser, 'ne Dusche.

Da heule ich einer Hinterhofwohnung nach. Stell Dir vor, so'ne Wohnung könnte reden, wieviel Trauriges und Freudiges würde da rauskommen? Ich bin ja auch so froh, daß Du sie noch hast, unsere kleine Wohnung.

Ich glaube, Du bist sehr einsam, wenn Du nach Hause kommst. Männli, ich bin auch einsam. Ach, ich möchte Dich festhalten und weiß, daß ich es nicht kann.

Dropsel, ich habe Dich lieb, vergiß das nicht. Wenns auch 'ne ulkige Beziehung ist, ich find's schön mit Dir.

Geduscht habe ich auch und mir die Zähne geputzt, ich werde mir jetzt immer die Zähne abends putzen. Fein.

Tschiep, tschiep, Bärchen. Ich habe Dir wieder viel Kohl geschrieben, wa, aber das war heute für mich ein trauriger Tag. Das mußte ich Dir nu auch noch mal schriftlich mitteilen.

So Schnulli, nu' hops ich ins Bett, mal sehen, ob ich schlafen kann. Ich denke an Dich.

Laß Dich knuddeln

Dein Bimbole und die Kinder

Michael

25.07.83

Gestern Abend wieder auf ein «Horror-Paar» gestoßen. Also dies ständige Zusammenkommen mit Pärchen ist schon eigenartig – es ist für mich wie Kino (Horror). Was ich da als «Neu-Single» alles entdecke, raubt mir jeden Mut. Die wildesten Theorien auf der Zunge und die absolut gegensätzliche Praxis. Es haut mich um. Ich glaube, es ist besser für mich, diese Art von Zusammenkünften einzuschränken.

20.41 Uhr

Auf der Terrasse vorher wieder in Tränen ausgebrochen – ich bin doch wirklich ein «perverses» Arschloch. Da lasse ich mich innerlich soweit runterziehen, daß ich jetzt in meinem Wahn und in meiner Angst schon auf einen Anruf von ihr hoffe – ich glaub, ich werd nicht bekloppt – ich bin's schon.

30.07.83, 20.00 Uhr

Am Nachmittag wieder sehr langes Telefonat mit «M.» (circa zwei Stunden), ziemlich zähflüssig (streckenweise). Ich konnte ihr gegen ihre Absicht doch einiges «entlocken». Die erste Nacht (wie schon angenommen) natürlich unter «Stoff» – überhaupt sehr verwunderlich, wie selten sie bei der ganzen Geschichte ihren «Kopf» im Einsatz hatte. Was sie an ihm findet? «Er ist schön» – auf schöne Menschen könne sie voll abfahren – sie habe eine Aufwertung verspürt – «er ist unkompliziert – führt ein Eigenleben» – sie kann lachen – es sei nicht «krampfig» mit ihm. Nach der ersten Nacht wohl die Ernüchterung, dann habe er wohl «nachgepowert» – sie, ohne großes Nachdenken bzw. Überdenken von Konsequenzen, ist drauf eingegangen («wie im Rausch»).

Ulrike

Ich denk', daß wir manchmal, wenn wir zusammen sind, rumschmusen, weil wir nichts «Besseres» miteinander anzufangen wissen, daß wir oft nebeneinander – statt miteinander leben. Vielleicht kommt es auch daher, daß wir wenig richtig zusammen machen (meistens, weil ich keine Lust habe ...). Das erschreckt mich alles – ich möchte dich so gern richtig lieb haben – ohne Zweifel und laufendes Hin- und Herüberlegen. Vielleicht bin ich ja gar nicht fähig dazu – vielleicht tu ich's schon – ich weiß nicht. (Sie sagte, sie liebt mich nicht, aber sie war sich nicht ganz sicher – du kennst das ja).

Ich möchte jetzt so gern mit dir zusammen sein ...

Bitte sei nicht traurig ... Vielleicht bin ich auch einfach noch so verwirrt. Wir müssen drüber reden, wenn ich wiederkomme. Bis dahin – große Sehnsucht und einige Träume – alles Liebe –

Ulrike

10. 08. 83, kurz vor drei

Soeben heimgekehrt – angetrunken

Die letzte Eintragung, so hoffe ich, die mit *M.* zu tun hat. Nachdem ich abends unter Aufbietung sämtlicher Überredungskünste ein «Date» mit ihr ausmachen wollte – führte uns der «Zufall» zusammen.

Sie ziemlich nervös – sich dauernd umschauend – (konnte meinem Blick nicht standhalten) *rechtfertigte* ihre Lüge in Bezug auf das Wiener Telefonat («einen alten Bekannten aus München getroffen») – leugnete ihre Lüge – meinte, es sei *eh alles «kaputt» gewesen* (was die Sexualität bzw. mein Drängen angeht). Ich äußerte mich zum Schluß, daß sie mich nunmehr sexuell gleich Null interessiert – sie zog von dannen. Habe sie heut' in ihrer ganzen *«Oberflächlichkeit»* und zugleich *«Häßlichkeit»* erkannt und erfahren. Hiermit gebe ich meinen «Fehltritt» zu – ich hatte mich verrannt …

Ab heute widme ich ihr keine Zeile, der böse Traum ist vorbei (sie erschien mir heute wirklich «häßlich») – ich werde nicht mehr leiden noch sonstwie eine Rückkehr *«dieser Zeit»* herbeisehnen.

ES IST VORBEI

Alles was jetzt folgt, hat mit dem Beginn einer neuen Zeit zu tun.

01. 09. 83

… Wie an anderer Stelle zuvor schon gesagt – *«Wenn ich an etwas zu viel verfüge, so ist das Hoffnung»* – sie ist nicht auszulöschen / totzukriegen.

So auch diesmal wieder – ich wollte wohl eine endgültige «Gewissheit», was meine Hoffnung in Bezug auf den Weg «zurück» – zum alten (sprich: Die Beziehung zu M.) angeht – nach dieser Nacht hab ich sie. Denn trotz all des Wissens um die Unmöglichkeit der Wiederaufnahme bzw. Fortführung «unserer Beziehung», hatte ich nach wie vor «Hoffnung» bzw. Zweifel verbunden mit Hoffnung …

Doch nach dieser Nacht (– sie müde / ohne eine Geste / ohne Zärtlichkeit, ein Wort, eine Berührung / absolut unbeteiligt mit dem Spruch «mußt du selbst wissen, ob du bleibst»), weiß ich, *daß alles Hoffen in Richtung «zu-*

rück» vergeblich und überflüssig ist. Nun ist es mir endgültig klar – ab dem heutigen Tag werde ich mir auch keine weiteren Gedanken über das *warum* und *wieso* mehr machen. Ich will nicht mehr …

08. 09. 83, nachts

Nur durch Abhängen / Schlaf / Fernsehen über den Tag gekommen – treibe voll in die Katastrophe (vor allem finanziell) und unternehme nichts. Unfähig – ohne Kraft und Willen – wünsche mir nichts mehr als die Nähe eines Menschen. Jetzt auch wieder überall «Körperjucken» – das Ekzem ist wieder am «rotieren». So kann und darf es mit mir einfach nicht mehr weitergehen!

Ulrike

Lieber Klaus,
schon wieder ein hellgrauer Morgen mit Neonlicht und dieser Radiomusik. Die letzten Tage waren ziemlich ätzend – ich kann mich zu nichts aufraffen, obwohl es mir jetzt wieder ziemlich gut geht. Oft lief ich nur rum – träume von dir. Ich denke dran, wie es war, als wir jeden Tag zusammen waren, aber es ist alles so weit weg. Ach, ich möchte dich so gerne mal wieder richtig in den Armen haben, deine lieben Hände spüren, mit dir allein sein. Tja – nur ein Traum. Vielleicht findest du das alles entsetzlich schmalzig, aber ich denk sooo an dich …

Tschüs Schatz – laß es dir gut gehen

Ulli

Michael

11.09.83, abends

Schlagartig wurde mir heute etwas klar – eröffnete sich eine neue Dimension – die mir der wesentliche – der Hauptgrund – dieser Tragödie zu sein scheint. Ich mußte in dieser Beziehung gegen ein «Phantom» ankämpfen – gegen den von ihr so ungeliebten und abgelehnten Vater. Seitdem diese «Vater»- und «Väterlichkeits»-Assoziationen in Zusammenhang mit mir auftraten – war es mit uns (mit der Liebe) aus. Aber auch dieses auftretende *«Tochterverhalten»* – dieses sich für überhaupt nichts zuständig fühlen – dieses nur mich «machen» lassen – dieses «unbeteiligt» sein – dieses sich «nicht kümmern» findet dadurch eine Erklärung.

Ihr bislang unverarbeitetes, «desolates Tochter/Vater Verhältnis» war ausschlaggebend für die Konflikte und das Scheitern unserer Beziehung – wurde uns zum Verhängnis …

Um wie viel wäre alles leichter und einfacher gewesen, hätte ich diese «Erkenntnis» schon vorher gehabt.

23.09.83 13.30 Uhr

In schier grenzenloser Verzweiflung und Ohnmacht erkläre ich diese Stunde, diese Minute zum Neubeginn – der Countdown läuft …

02.10.83 Mittags

Es hat heute auf den Tag *elf Wochen* und der Seiten dieses Buches bedurft, um endlich von ihr loszukommen … aber jetzt bin ich mir sicher – ich bin FREI.

Wir haben nichts mehr miteinander zu tun. Es scheint mir, als hätte ich sie Stück für Stück aus meinem Leben geschrieben.

Heute denke ich, die ganze Zeit war wie eine lange Krankheit – eine lebensgefährliche Krankheit – aber nun bin ich da durch – hab's überstanden. Vieles ist mir immer noch «unbegreiflich» und wird es auch bleiben …

Aber durch die «Krankheit» – das Leiden – habe ich auch eine «Erfahrung» gewonnen – gelernt.

Michael – du bist von mir jetzt als *«geheilt»* entlassen. Geh' und lebe.

LEBE GUT – VERSUCH DEIN BESTES

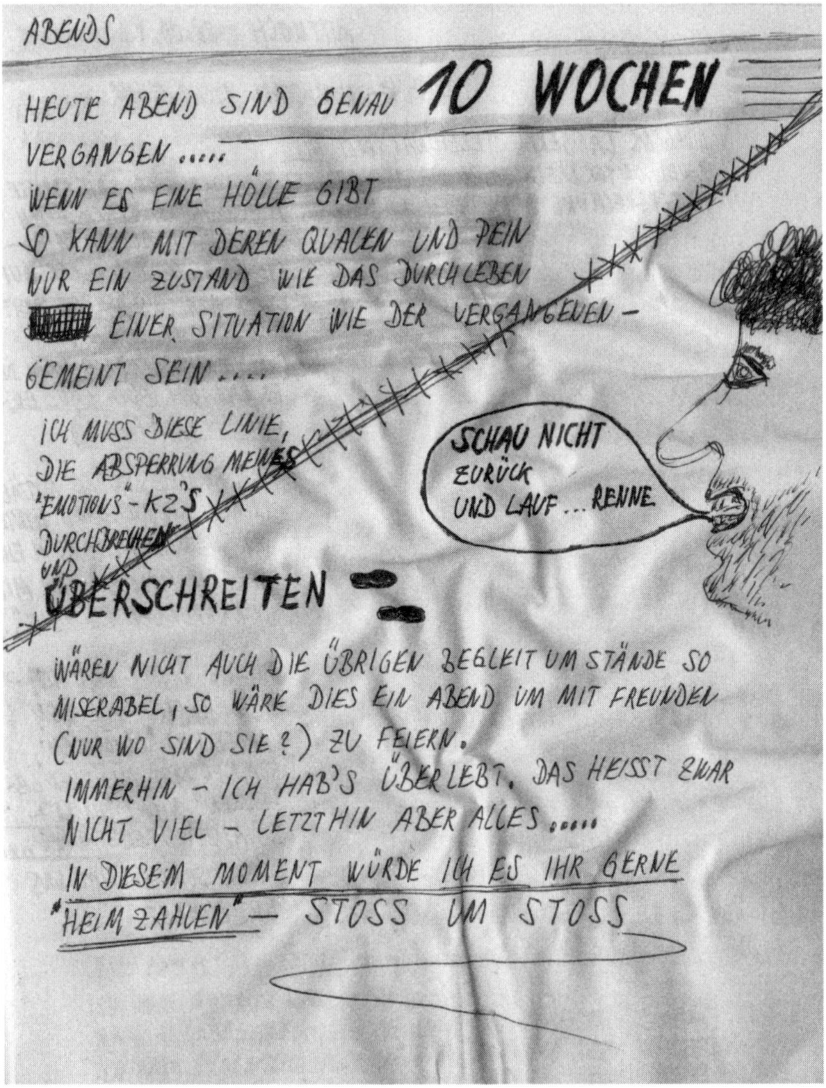
ABENDS

HEUTE ABEND SIND GENAU **10 WOCHEN**
VERGANGEN .....
WENN ES EINE HÖLLE GIBT
SO KANN MIT DEREN QUALEN UND PEIN
NUR EIN ZUSTAND WIE DAS DURCHLEBEN
[redacted] EINER SITUATION WIE DER VERGANGENEN –
GEMEINT SEIN ....

ICH MUSS DIESE LINIE,
DIE ABSPERRUNG MEINES
"EMOTIONS"-KZ'S
DURCHBRECHEN
UND
ÜBERSCHREITEN

WÄREN NICHT AUCH DIE ÜBRIGEN BEGLEITUMSTÄNDE SO
MISERABEL, SO WÄRE DIES EIN ABEND UM MIT FREUNDEN
(NUR WO SIND SIE?) ZU FEIERN.
IMMERHIN – ICH HAB'S ÜBERLEBT. DAS HEISST ZWAR
NICHT VIEL – LETZTHIN ABER ALLES .....
IN DIESEM MOMENT WÜRDE ICH ES IHR GERNE
"HEIMZAHLEN" – STOSS UM STOSS

Wolfgang

Ich liebe Dich! und quäle Dich doch so sehr. Aber auch ich leide diese Qualen. Ich versprach Dir, meine Eifersucht zu unterdrücken, und doch konnte ich es vergangene Nacht nicht. Bitte verzeih mir, aber Du warst ganz einfach «Miss Erotika». Warum nur kann ich nicht so normal wie andere sein? Möglicherweise ist in mir auch alles zu sehr auf das Erotische ausgerichtet. Aber ich sagte es Dir in letzter Zeit ja des öfteren; Deine erotische Ausstrahlung ist einfach enorm. Ich weiß nicht, ob ich es Dir durch dieses Beispiel verdeutlichen kann, aber Du wirktest auf mich ungeheuer animierend, so wie ich auf Dich vielleicht wirken könnte, wenn ich ständig mit erigiertem Penis getanzt hätte. Entschuldige bitte, das soll keine Beleidigung sein.

Kerstin, meine Eifersucht zerreißt uns, wenn ich sie nicht unterdrücke, vielleicht sogar besiege. Denn ich glaube an Dich. Bitte, gib mir noch eine Chance! Ich liebe Dich!

Karin

01. Januar 85

Habe Silvester krank im Bett verbracht. Heute hat mich Rilli mit einer Menge Lebensmittel versorgt. Ob ich in Andy verliebt bin?

03. Januar

Gleich früh war Ralf bei mir. Wir waren so lieb zueinander und haben zusammen geschlafen. Ich bin immer noch total heiser. Abends Treffen bei mir (Andy, Ralf, Markus, Rilli, Claudia, Gaby, ich)

Umschlag
von Karins Tagebuch

04. Januar

Die «ganze» Clique beim italienischen Essen am Bordeauxplatz, dann ein Teil mit zu uns zum ratschen. Habe Andy eine schriftliche Liebeserklärung gemacht.

13. Januar

Gespräch (ihm alles erzählt) mit Andy bis 2.30 war super. Ich bin noch mehr in ihn verknallt, er aber nicht in mich.

20. Januar

Rilli, Markus, Andy, Ralf, Gaby und ich schön gefrühstückt, dann mein Tagebuch vorgelesen. Am Abend mich soo gut mit Ralfi unterhalten und dann mit ihm geschlafen. Es war soooo schön ♥

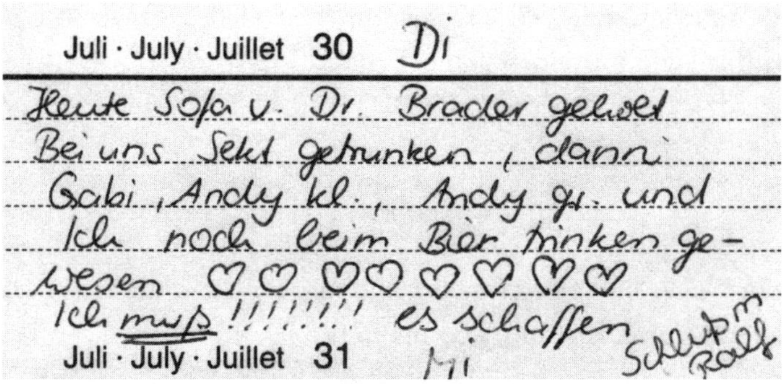
Juli · July · Juillet 30 Di

Heute Sofa v. Dr. Brader geholt
Bei uns Sekt getrunken, dann
Gabi, Andy kl., Andy gr. und
Ich noch beim Bier trinken ge-
wesen ♡♡♡♡♡♡♡♡
Ich muß !!!!!!! es schaffen

Juli · July · Juillet 31 Mi

06. Februar

Mit Andy, Rilli, Ralf, Gabi noch weg gewesen. Andy bei Gaby geschlafen, macht mich total fertig, weil eh was war.

11. August

Ralf ist schon wieder ganz fertig. Gott sei Dank fahren sie morgen früh. Am Nachmittag mit Rilli und Gabi an der Isar spazieren, dann die 1000. Aussprache mit Andy. Ich muß endlich von ihm loskommen, denn ich bin ihm völlig gleichgültig.

Wolfgang

Was mache ich mit Dir? Ich quäle Dich. Verzeih mir, ich bitte Dich herzlichst darum! Warum aber können wir nicht zusammenkommen, wenn es unser beider Verlangen fordert? Kerstin, das verstehe ich nicht. Ich verstehe, daß Du gewisse Fastenzeiten wünschst. Kerstin, ich weiß, daß Du mir oft selbstlos Befriedigung gewährtest. Ich danke Dir dafür. Kerstin, vielleicht bin ich doch pervers? Denn vergangene Nacht hast Du mich ungeheuer erregt. Oh Kerstin, ich kann nicht mehr warten, bitte entschuldige. Bitte, komm wieder einmal mit mir zusammen. Bitte, glaube mir aber, daß meine Liebe nicht allein darauf aufbaut!

Ich sagte Dir immer: ‹Ich werde immer für Dich da sein.› Das war nicht nur so dahin gesagt, nein, ich werde es auch wirklich sein, wenn Du es wünschst. Bitte, gib mir eine Chance!

Karin

21. August

Habe einen Neger und zwei Typen kennengelernt, mit denen ich mich morgen abend treffe. Erst um 3.00 ins Bett.

28. August

Mit der Fähre wieder zurück nach Kymi, von dort nach Skopelos. Es war schon dunkel, als ich ankam. Ganz nettes Zimmer. (Heute am Strand mit Buo gewesen. Am Abend zwei Franzosen und zwei Australier kennengelernt, sehr nett. Sie schlafen bei mir).

29. August

Wir haben gefrühstückt und sind dann zu Fuß zu einem schönen Strand marschiert, wo Xavier und ich uns küßten, streichelten, fast liebten. Es war herrlich.

30. August

Leider sind die beiden heute schon abgefahren.

03. September

Wieder an den Koukou Strand gefahren, zwei Kölner kennengelernt, Manfred und Axel. Am Abend mit ihnen und anderen Essen gewesen, dann Manfred und Doris aus Bielefeld und ich weg gewesen. Bin total in den Manfred verknallt.

04. September

Die Nacht konnte ich vor lauter Herzklopfen nicht schlafen. Mit den beiden auf der Insel Zangrias gewesen und am Abend wieder weg gewesen. Er hat mich heimgebracht und geküßt. ♥♥♥♥♥♥

Wolfgang

Wir müssen uns trennen! Meiner Seele widerstrebte es, diesen Satz zu schreiben. Es tut unglaublich weh – auch Dir, das weiß ich. Ja, aber so geht es nicht weiter – darf es nicht weiter gehen! Was maßt sich eigentlich Dein lieber Conny an, mich als «Hausfreund» zu bezeichnen? Noch dazu mit ironischem Unterton! Er ist für mich ein Trottel, auch wenn er Dir eine bessere Nacht beschert hatte, als ich es vermochte. Er ist verheiratet – und Du willst mir etwas von Moral erzählen! Lächerlich, einfach lächerlich!
Ja, Kerstin, bitte entschuldige, aber ich denke, daß Du ihm diese Wonnen nicht nur einmal gewährtest. Ja, meine krankhafte Eifersucht ging schon so weit, daß ich mir vorstellte, wie Du zu ihm sagtest – «Conny, du mußt mich wieder einmal richtig befriedigen. Mein Hausfreund vermag es einfach nicht». Ich bin verrückt, ich weiß.

Karin

17. Oktober

Heute nach der Arbeit war Uli da mit zwei Flaschen Sekt. Es war sehr nett und er hat dann gleich hier übernachtet. Sind recht spät eingepennt.

21. Oktober

Nach der Arbeit mit ~~Helmut~~ telefoniert (mit Manfred, wie komme ich bloß auf Helmut). Er schickt mir total süße Karten und möchte, daß wir uns in Berlin wiedersehen.

22. Oktober

Heute nach der Arbeit hat mich Andy angerufen, wollte mit mir weg. Ich hatte aber Volleyball, danach Treff mit Ralf. Er heult Rotz und Wasser, ist total fertig. Was soll ich nur machen?

26. Oktober

Schon um 9.00 aufgestanden, obwohl erst um 3.00 ins Bett. Den ganzen Tag eigentlich nur rumgehangen und nichts Gescheites gemacht. Von Xavier ein Telegramm bekommen, soll ihn anrufen.

27. Oktober

Uli heute nacht dagewesen. Mit Gabi gefrühstückt. Dann Aussprache mit Uli. Er ist einfach nicht das Wahre! Am Abend mit Andy im Café d'accord und dann bei uns gewesen.

09. November

Heute Mutter in Haar geholt, den Nachmittag bei mir verbracht. Sie wieder zurück gebracht. Am Abend Party bei Sterz und Sebastian im Studentenwohnheim. *Hans!* kennengelernt, er hat mich gleich heimgebracht.

Wolfgang

Aber wie kann ich Dir auch Glauben schenken, wenn Du mir versichertest mich nicht zu hintergehen, da Du nur mit einem Mann schlafen könntest, für den Du auch tief empfindest, andererseits dagegen einige «Unfälle» hattest? Wie ordnest Du das denn ein? Ich will Dir nicht weiter weh tun – aber das tue ich. Aber auch Du hast es getan. Mir schenkst Du nur wenig Zeit – «Ich muß ins Bett», war immer Dein kategorischer Bescheid. Diesem Günther dagegen schenktest Du gleich die halbe Nacht. Was glaubst Du eigentlich, was ich bin? Ja, ein verliebter Narr bin ich! Kerstin, ich liebe Dich! Vergiß das bitte nie – gleich, was ich tue. Ich glaube, ich werde nie mehr von Dir loskommen.

Karin

14. November

Ich war heute fix und fertig, habe geheult und finde, daß ich total überarbeitet bin. Urlaub kommt echt recht. Am Abend war Hans da, hat auch hier geschlafen.

16. November

Habe mich heute früh mit Manfred getroffen, ist zwar nicht mein Traumtyp, aber recht nett. Zu intellektuell. Am Abend mit Gerd und Anette beim Chinesen gewesen (Menü C).

17. November

Schon um 11.00 nach Haar gefahren, mich nicht mehr mit Manfred getroffen. Lothar und Manfred haben Mutter besucht. Wir waren dann Jugoslawisch Essen. Am Abend Hans da.

26. November

Heute total stressiger Arbeitstag. Von Michael kam gleich ein Telegramm. Er überstürzt die ganze Sache etwas.

01. Dezember

Zum Mittag hat Mutter Pichelsteiner gemacht, Nachmittag war Ralf da zum Kaffee trinken, am Abend kam Hans, hat bei mir geschlafen.

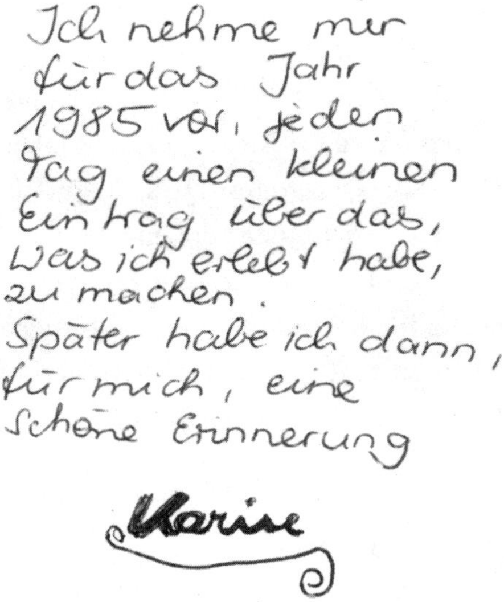
Ich nehme mir für das Jahr 1985 vor, jeden Tag einen kleinen Eintrag über das, was ich erlebt habe, zu machen. Später habe ich dann, für mich, eine schöne Erinnerung

Karin

Erste Seite aus Karins Tagebuch

03. Dezember

Nach der Arbeit Andy getroffen. Wir waren erst im Café d'accord anschließend in der Cocktail Bar in Schwabing. Hatte meinen Schlüssel vergessen und bei Andy geschlafen. Hmhm!! ♥♥

12. Dezember

Von der Praxis aus Michael angerufen. Er kommt morgen. Hans ist sauer.

Wolfgang

Hallo Kerstin,

Ich bin nicht mehr gewillt mit Dir derzeit persönlich zu reden. Unterlasse also jeglichen nochmaligen Bekehrungsversuch. Es ist zu spät. Unsere Beziehung ist verlebt. Nicht wenig aber trägst Du die Schuld daran. Ja, Du liest richtig. Du bist ja so makellos. Immer wieder trug ich die Hoffnung in mir. Nichts jedoch kam. Immer nur Du. Nichts verbindet uns noch miteinander. Lebe Du Dein Leben weiter – so wirst Du allein bleiben. Du maßt Dir an mich zu kritisieren, Frau «Makellos»? Mich, den Du biegen konntest nach Belieben, konntest Du schon nicht halten. Arme Zukunft! Doch es ist die Deine – nicht mehr die unsere.

Es ist nicht mehr der geringste Funke von Liebe in mir. Du tust mir nur noch leid. Nicht mal Freundschaft mehr biete ich Dir. Werde glücklich, Kerstin, mit Deinem kalten, hartherzigen Wesen.

Carolin

Ich breche fast zusammen. Was soll ich nur tun? Ich bin so hilflos und habe keine Freude mehr, keine Motivation irgendwas zu tun.

Warum? Was ich nicht versteh: warum muß ich nur so fühlen? Von Peter bin ich enttäuscht. Er hilft mir nicht, nicht ein bißchen, das zu überwinden – Dabei brauche ich ihn gerade jetzt, viel Zuneigung, einen klaren Standpunkt, warum kann er nicht zu mir stehen?

Es ist schrecklich grausam. Ich liebe Dich so. Aber es wäre besser, wenn es nicht so wäre, cool und gefühllos, das wäre bei ihm am besten. Anders kann ich es nicht aushalten. Ich liebe ihn eben.

Nicola

Berlin 11. 10. 88

Die Beziehung zu G. ist aus – war ja schon lange so gut wie klar und ist auch o. k. so. War zwar merkwürdig es nun noch gesagt zu bekommen, ich stand irgendwie neben mir und hab nur beobachtet. Tränen waren keine mehr drin. Alles ganz kühl und sachlich. Nur – schlafen tun wir immer noch zusammen. Hab' auch nicht vor, diese Inkonsequenz aufzugeben. Es ist zu schön, genieße es sehr. Außerdem verstehen wir uns super, können wieder miteinander reden und lachen.

Zur «Ablenkung» Martin. Ist alles ganz merkwürdig. Am Mittwoch Bahnhof Zoo mußte ich ihn ja abservieren, weil ich G. erwartet hatte und ihn auch unbedingt sehen wollte. Das alles schien Martin aber auch sehr recht zu sein. Hab ihn seitdem zweimal gesehen, seit Sonntag ist er in Köln bei seiner Freundin. Mittwoch – das heißt morgen, will er wieder kommen. Auch morgen – nehme ich mal so an – wird Stefan kommen. Wer dann den Zuschlag bekommt, weiß ich noch nicht. Hängt von Stefan ab. Wenn er sich – wie es mir in Beijing vorkam – verliebt haben sollte, dann er. Hab etwas Sehnsucht nach einem verliebten Mann – und Martin ist es bei weitem nicht. Also den Mittwoch abwarten.

Carolin

Du weißt nicht, was Du willst. Ich weiß, und diese Situation macht mich völlig fertig – Du bist verwirrt, suchst Abenteuer und was anderes. Gewohnheit, aber ich bin nicht Gewohnheit. Ich liebe Dich so sehr, aber auf meine Liebe willst Du verzichten. Du siehst nicht meine Liebe – Ich könnte heulen, immer. Habe keine Fähigkeit mehr, mein Leben in den Griff zu bekommen. Will ich auch gar nicht. Ich will Dich. Aber ich kann nicht um Dich kämpfen, weil es nur um Deine Entscheidung geht. Zwingen will ich Dich nicht. Du mußt es auch wollen. Du sagst, Du liebst mich. Aber Du behandelst jeden besser als mich. Ich bin nicht Dein Eigentum, was Du sicher hast. Aber Du denkst es und darum bemühst Du Dich nicht. Ich bin Dir zur Gewohnheit geworden. Deswegen bist Du blind geworden. Ich bin nichts neues, aber Du könntest es so sehen. Ich möchte mit Dir zusammen sein. Ich finde keine Lösung. Ich kann immer nur im Kreis denken. Es gibt nichts, was ich tun kann. Zusehen, aber das tut weh.

Nicola

Berlin, 15.10. Samstag

Am Mittwoch hab' ich mich mit Ralf getroffen und für 23 Uhr Martin ins Kumpelnest «zitiert». Er kam auch, brachte später seine Freunde nach Hause und kam unerwarteterweise danach zurück. Hab' mich riesig gefreut. Zu dritt ins Metropol und die Disco in der Motz… wie hieß sie doch gleich? Am Donnerstag war Stefan dann da, trotzdem erstmal zu Martin. Das übliche Suchtverhalten beginnt. Damit war dann auch für Stefan alles klar. Ich denke, es hat ihm schon etwas wehgetan, er hat sich aber prima verhalten. Klick Wedding, Orion Teil IV – VII von 20 bis 1 Uhr. War lustig. Danach ins Havanna, Café M und Dschungel. Dieser Typ kennt überall Leute, kommt mit allen klar, hat in jeder Situation genau die Art an sich, die mir gefällt. Seit langer Zeit (dürften wohl um die zweieinhalb Jahre sein) wieder mal ein Ziehen im Bauch gehabt, das totale Zärtlichkeit geben wollen Bedürfnis, die Sehnsucht nach dem Sichfallenlassen. Zu Hause noch den Sekt getrunken, das einzige Mal, wo Stefan schon etwas störte. Martin sagte gerade noch kurz, daß ihm seine Kölner Freundin wahnsinnig wichtig sei, er aber total in mich verknallt sei. Was zu tun, wisse er auch nicht, besonders glücklich erschien er mir nicht gerade. Und wieder mal ist er gegangen.

Ich war so froh, aus diesem ganzen Gefühlsmist und Chaos endlich mal raus zu sein. Und jetzt stürze ich mich schon wieder in so was rein. Auf der einen Seite tut es fürchterlich weh, wenn er sagt: Was ich meiner Freundin gebe, kann ich Dir nicht geben. Es tut mir leid, daß ihm das alles nahe geht. Aber der Punkt, wo ich noch mal neben mir stehe, ist vorbei. Ich versteh' nicht, warum wir noch keine Nacht zusammen verbracht haben. Ich will ihn noch mehr leiden sehen und dann – diese seine Gefühle einmal wieder selbst erfahren. Wollte keine Gefühle geben und keine brauchen, jetzt gibt's sie schon wieder in mir, noch dürfen sie nicht raus, und sie zu bekommen ist die größte Sehnsucht. Außerdem ist da auch noch G. Im Moment gibt's zwar wieder mehr Stress wegen der Taxe, will versuchen die Nacht bei ihm zu verbringen. Ganz locker, bei G. klappt das bis jetzt besser. Die Gefühle sind tot, die Geilheit groß, verstehen uns besser denn je, und er ruft sogar bei Claudia wegen mir an. Würde gerne das Spiel spielen, aber dann verliere ich ganz, noch erscheint mir das völlig unvorstellbar. Hoffentlich bleibt die Beziehung dann doch in irgendeiner Art erhalten. Denn er war zwei Jahre lang ALLES. Verdammt viel, und sehr komisch, jetzt so ganz anders, unbeteiligt mit ihm zusammen zu sein. Jetzt muß ich mir erstmal Martin aus dem Kopf schlagen, hatte und habe einfach zu viel vor, kann keinen Stress und Gefühlschaos mehr gebrauchen, und die Beziehung, nur schön und easy, die gibt's wohl nicht.

Carolin

Daß Du mir weh getan hast, damit kann ich noch fertig werden, aber daß Du nicht weißt, was Du willst, läßt mich verzweifeln.

Warten. Auf was? Ende! oder vielleicht auch nicht. Ich wiederhole mich, weil meine Gedanken ständig darum kreisen. Ich will Dich nicht verlieren.

Wenn ich Dich verliere, weiß ich nicht, wie ich da rauskommen soll.

Keiner wendet mein Unglück ab – wer auch?

Ich stehe nahe am Abgrund, ob ich hinunter falle oder oben bleibe, liegt an Dir. Du hast die Macht darüber, aber lasse Dich nicht davon abschrecken, wenn Du mich fallen läßt. Ich trage die Verantwortung und muß da alleine durchkommen. Nur wie?

Nicola

Donnerstag 30. 4. 89

Langes Schweigen, ein halbes Jahr fehlt schon wieder. Martin ist vorüber, ein UNI-Semester auch, G. vielleicht auch (oder nur: auch mal wieder?) viele Leute vergessen … kurz: viel Scheiße, aber jetzt gerade – denke ich – geht's wieder aufwärts. Es ging mir, zumindest November/Dezember sehr gut. Einziger Haken dabei war, daß mit Beginn des UNI-Streiks alles mit Martin vorbei war; der war noch euphorischer als ich, hat in der UNI gewohnt … Nach ein paar nächtlichen Besuchen habe ich es aufgegeben und ihn seitdem kaum noch gesehen. Soviel zu Martin (obwohl, es tut heut' noch weh', es war so schön und so schön lebenslustig). Wenn ich so zurückdenke, sehe ich eigentlich fast nur G. Dann den großen Rückgriff: Als er wiederkam, war er total in Maria verliebt, mit mir hat er geschlafen. Die Beziehung ging weiter, Maria kam: Telefonverbot für zehn Tage. Silvester war er auch da, jetzt ist er es schon wieder. Tränen, Bitten, Selbstmordgedanken haben den letzten Monat bestimmt. Jetzt ist er trotzdem in Spanien, ich habe, nachdem ich eine der schlimmsten Nächte meines Lebens überstanden habe, vor, alleine weiterzumachen. Ich brauch keinen Mann, der nur stur sich selber sieht, der mir Komplexe noch und nöcher einredet, der ein anderes Leben brutal zertritt. Aber lamentieren bringt's jetzt auch nicht mehr, besser ist's was zu machen.

Carolin

Er redet nicht gern über seine Gefühle. Aber ich kann sie nicht erraten. Sag mir was!

Heute ist es so und morgen anders.

Ich will endlich mal Vertrauen haben, aber ich bekomme nur Unsicherheit.

Ken hat mich vor ein paar Tagen gefragt, ob ich mit ihm zusammen sein will. Ja, er ist nett. Aber warum fragen mich immer die anderen Männer? Wahrscheinlich, weil sie mich nicht kennen und was Neues immer reizt. Aber ich will nicht. Ich will Peter.

Vielleicht verschwende ich meine Liebe und sollte besser gehen. Es tut aber weh.

Ich will nicht.

Nicola

Vienna, 5. Oktober 89

Nichts ist besser, nichts weiter, nichts ist erwachsener. Mit G. lief's doch noch weiter, bis circa Juni. Bitterstes und ungeheuer schmerzhaftes Ende, etliche Zeit nur Frust ... Dann eine Woche mit Olaf, dann Andreas, obwohl man ja Altes nicht auftauen sollte. Und immer und immer mehr in Lorenz verknallt. Die letzten drei Wochen vor der Exkursion jeden Tag in der UNI gewesen, wegen Lorenz. Aber irgendwie stell ich mich dumm an, habe auch Angst vor all dem, was wieder kommen könnte (oder würde?). Na ja, auf jeden Fall hat mir diese Verliebtheit sechs absolut euphorische Tage beschert, bis ich gestern mitbekommen habe, daß er 'ne Freundin hat. Bin mal wieder in ein Loch gefallen, aber irgendwie geht's heut' schon wieder. Wird man seichter, oberflächlicher, abgehärteter? Weiß nicht, kann auch gar nicht beurteilen, ob ich das gut oder schlecht finden soll.

Denke ich werde jetzt mal was anderes angehen müssen. Dieser ganze Männermist nervt: Entweder bin ich unglücklich verliebt oder mit irgendwelchen mittelprächtigen Beziehungen beschäftigt. Im Bett läuft auch nichts mehr so wie früher. Orgasmusprobleme noch und nöcher. Das waren jetzt drei Männer (ach ja, hab Carsten von der Grabung vergessen) und bei keinem klappte es. Das war wohl auch der Grund, warum ich seit drei Wochen wieder mit G. schlafe, das klappt wenigstens noch – aber wenn wir das über ’nen längeren Zeitraum weitermachen, geht’s sicherlich so weiter, wie im letzten Winter. Das will ich nun überhaupt nicht. (Aber die paar Nächte waren wirklich einsame Spitze, leider!)

Hatte mir schon seit dem Sommeranfang vorgenommen, bei Lorenz ’nen letzten Versuch zu starten, aber das fällt ja anscheinend auch unter die Kategorie: total verliebt und keine Resonanz.

Carolin

Die Unentschlossenheit von Peter macht mich verrückt. Ich will endlich mal denken können, daß ich vertrauen kann. Aber ich bin nur voller Angst und verzweifelt. Ich wünsche mir, daß er mir von sich aus von seinen Gefühlen oder sonstiges erzählt.

Es würde mir helfen.

Andere Dinge möchte ich auch wissen, aber ich werde ihn nicht fragen.

Mit ihm schlafen konnte ich nicht. Aber das versteht er nicht. Dann ist er irgendwie verständnislos. Er denkt nie daran, wie es für ihn wäre, vielleicht könnte er mich dann verstehen. Kann sein. Wenn ich nicht will, dann spür ich, daß ich fallengelassen werde. Ja, er meint es möglicherweise nicht so, aber ich fühle mich trotzdem so. Im Moment brauche ich einfach die Liebe, die er mir nicht gibt.

Ich will, daß er redet. Er guckt nur so ausdruckslos. Er hat keine Ahnung wie es mir geht. Er wird es auch nicht erfahren, denn es nervt ihn ja jetzt schon. Stell Dich nicht so an, denkt er.

Nicola

Sonntag, 20. 10. 89

Tja, wie ging's denn nun weiter? Die Flirterei dauerte an – war wunderschön. Am letzten Abend die entscheidenden Worte, genau die erwarteten. Wider Erwarten hat es doch ziemlich weh getan, auch wenn's keiner gemerkt hat. Rückfahrt, Ankunft – war unendlich traurig. Noch dazu hat mich die Zugfahrt wieder an Martin erinnert, jetzt denk' ich wieder öfters an ihn. Mit Lorenz war gar nichts mehr, obwohl ich jeden Tag in Dahlem war. Letzten Donnerstag war Fototreffen, da waren wir zumindest wieder in guter Stimmung. Sogar eine erste Umarmung zum (vierwöchigen) Abschied. Seit Freitag völlig neben mir. Nur noch unkonzentriert und fahrig. Taxifahren war ein einziger Horrortrip. Lernen ist überhaupt nicht mehr. Habe das unangenehme Gefühl, daß ich mich mal wieder völlig verrannt habe, und je aussichtsloser es erscheint, desto mehr beiße ich mich fest. (Gell!) Ist's überhaupt noch er – oder nur noch dieses Gefühl? Kann ich schon gar nicht mehr sagen. Ich hoffe es, und auch wieder nicht, weil's doch eh nichts werden kann (laut Lorenz). Verwirrt, unentschlossen, unsicher … alles wie gehabt. Warum schreib ich das alles? Will ich etwa die nächsten drei Wochen festhalten, soll's irgendwann mal jemand lesen? G. ist vorbei, läßt mich völlig kalt. Jetzt ist der letzte sichere Lover auch noch verschwunden. Wartezeit – ich sollte sie lieber als Erholungszeit nutzen; wer weiß wofür.

Carolin

Ich möchte wissen, wie es weitergeht mit ihm und Sabine. Das aber traue ich mich schon gar nicht mehr zu fragen. Er redet drumherum und ich kann ihn nicht hundertmal fragen. Warum kommt er nicht von selber drauf?

Vielleicht will er sich auch nicht klar äußern.

Sabine spielt keine Rolle für mich. Ich möchte nur wissen, was Peter denkt. Ich hasse sie nicht. Es ist völlig egal, welche Frau es ist. Es geht nur um ihn. Er will mich und andere Frauen. Aber ich kriege das nicht hin. Es tut weh.

Den Schlüssel hat er.

There's an expression on his face.

Was sagt er mir heute?

Ich habe Angst.

Alles denke ich mit Dir

(1990–1999)

Thomas

Hallo Spatz!

Ich möchte Dir einen kleinen Brief schreiben und mich durch dieses Medium bei Dir für mein kindisches, egozentrisches Verhalten entschuldigen. Ich sitze hier wieder in meinem langweiligen Deutschunterricht und habe mal wieder an unsere Beziehung gedacht und es tut mir echt sehr leid, daß ich unsere Beziehung durch mein Verhalten in Gefahr gebracht habe. Es ärgert mich bloß sehr, daß ich ständig am Arbeiten bin und gar nicht soviel Zeit für Dich habe. Da kommen schnell die Gedanken, und ich weiß ganz genau, was Du für eine Wirkung auf mein Geschlecht hast. Deshalb bin ich öfters eifersüchtig und stelle Dir ständig Fragen wie «Hast Du mich noch lieb?», ich bin einfach unsicher. Ich will und ich

«Spatz» 1991 oder 1992

kann Dich nicht verlieren. Ich weiß jetzt gar nicht, ob Du schon innerlich mit mir abgeschlossen hast oder ob Du noch Interesse an dieser unserer Beziehung hast. Wenn ja, versuche ich mich nicht nur zu ändern, sondern auch Dir mit mehr Verständnis und mehr Vertrauen entgegenzukommen. Ich verspreche, mir sehr viel mehr Mühe zu geben und unser Zusammenleben im neuen Jahr durch tieferes Glück und Zufriedenheit zu erfüllen und zu bereichern. Ich wünsche mir aufrichtig, daß wir diese Krise gemeinsam bewältigen.

Gabi

14. 3. 1991

Lieber Roland,
Tränen bahnen sich ihren Weg ins Freie, laufen über mein Gesicht: Tränen aus Kummer, Tränen aus Enttäuschung, Tränen aus Schmerz. Ich will Dich wieder fühlen, will Dich wieder atmen, will Dich wieder streicheln, doch ich darf Dich nicht mehr fühlen, darf Dich nicht mehr berühren, darf Dich nicht mehr lieben! Es tut verdammt weh dies alles nicht mehr zu dürfen, und doch, doch sind Gefühle stärker als Verbote, doch liebe ich Dich, und es schmerzt sehr, es tut so weh, daß ich dieses Gefühl oft hasse, daß ich Liebe hasse. Kann man Liebe überhaupt hassen? Kann man Haß lieben?

Gedankenversunken – schöne Gedanken, traurige Gedanken – träume ich vor mich hin.

Es war wunderschön. Für kurze Zeit schien die Sonne, schier unbeeinflußbar … Für lange Zeit Glück, lange Zeit eine gewisse Belanglosigkeit gegenüber anderen Dingen, lange Zeit so große Bedeutung für mich: Ich sehne die Stunden herbei, in denen wir uns liebten, in denen wir uns küßten, in denen ich mich so wohl fühlte. Ich sehne die Abende herbei, an denen ich wartete, auf Deinen Anruf, eine mir so vertraute und beruhigende Stimme, Deine Stimme, mir gute Nacht wünschte, und ich träumte von einem wolkenlosen Morgen, an dem die Sonne wieder aufgeht – Ausgeträumt – Aufgewacht – Aus und Vorbei.

Bleibt bloß die Erinnerung, eine schöne Erinnerung, bleibt Einsamkeit, Tränen, Schmerz, Enttäuschung. Doch es wird wieder anders kommen. Mit irgendeiner Hilfe wird es wieder Freude, Glück, Lachen und Hoffnung geben – auf neue Liebe, neues Leid – neues Leben.

Ich wünsche Dir viel Glück, hätte gerne dazu beigetragen! Wünsche Dir, daß Du glücklich wirst: so glücklich wie ich es für kurze Zeit, für lange Zeit und bestimmt für eine schöne Zeitlang war.

Deine Gabi

Helen

Mein lieber Werner!
Gestern Abend konnte ich wieder ewig nicht einschlafen. Ich mußte an Dich denken. Mir fehlen so sehr Dein Streicheln und Deine lieben Worte. Weißt Du, wenn ich mich mit meinem Mann hinlege, legt er noch eine Witzkassette ein, läßt sich von mir den Kopf kraulen und schläft ein. Ich habe ihm schon so oft gesagt, daß ich auch Streicheleinheiten brauche. Er lenkt dann immer vom Thema ab oder dreht sich rum und schläft. Vielleicht kannst Du jetzt verstehen, warum ich mich so nach Dir sehne und weshalb ich traurig bin, daß Du fortgehst.

Mein lieber Werner! Nun sind es noch dreiundzwanzig Stunden, bis wir uns wiedersehen. Bis jetzt konnte ich unsere Trennung immer aushalten, weil ich wußte, wann wir uns wiedersehen. Was soll das erst werden, wenn Du für immer weggehst? Ich darf gar nicht daran denken. Es wird dann sein, als ob Du tot bist. Ich wünsche Dir nur, daß Du das Richtige tust!

Lucia

Du!
Keine falschen Hoffnungen (?) oder Befürchtungen: Das hier is' noch kein echter Liebesbrief! Weil, ich hab' überhaupt gar keine Zeit, Dir zu schreiben, und was noch schlimmer ist, weil nicht abstellbar, an Dich zu denken!

Trotzdem muß ich Dir jetzt ganz schnell erzählen, daß Du jetzt gerade der wichtigste Mensch für mich bist, daß ich Dich auf keinen Fall so schnell verlieren will, daß ich Dich ganz, ganz gerne mag, daß seit Dir alles, was vorher war, ziemlich bläßlich ausschaut. (Wenn Du findest, daß dieser Text ein bißchen wirr wirkt, dann nur weil ich ein bißchen wirr bin, weil Du und dieses unendlich starke Gefühl zu Dir mich wirklich ein bißchen wirr machen.)

Deine Lucia

Werner

23.07.1991

Meine liebe Helen!
Ich höre die Musik unseres Zusammenseins. Es war ein Zusammensein voller Erfüllung. Fandest auch Du nicht zu sexueller Erfüllung. Du belogst mich letztlich, um mich zu befrieden. Ich danke Dir, meine Helen, aber wußte ich darum. Es tat uns beiden weh, bitte glaube mir das. Immerhin war das der einzige Wermutstropfen an diesem Abend. Ich kann nur sagen – ich danke Dir!

Du zeigtest mir, was Frauen vermögen zu geben. Meine Sehnsucht danach war so groß. Du, meine liebe Helen, hast sie gestillt. Ich danke Dir!

Ich rief Dich wie verabredet an, aber es sprach nur Euer Anrufbeantworter. Ich werde es morgen nochmal versuchen. Es ist falsch, das weiß ich, aber ich muß wenigstens Deine Stimme noch einmal hören.

Du verdienst Liebe und Achtung. Nicht jedoch Verachtung, Unterdrückung und Schläge. Begehre um Deine Sehnsüchte, meine Helen. Und bekehre Deinen Mann dazu. Du mußt natürlich mithelfen.

Ich danke Dir, meine Helen!

Helen

Mein lieber Werner!
Nun ist hier endlich Ruhe eingezogen und ich habe Deinen lieben Brief gelesen. Vielen Dank dafür, auch für das schöne Gedicht.

Es ist nun reichlich zwei Stunden her, daß wir uns gesehen haben und ich kann es kaum noch bis Dienstag abwarten.

Weißt Du, es geht mir bei unserer kurzen Beziehung nicht nur um sexuelle Erfüllung. Ich bin gern mit Dir zusammen, weil wir uns verstehen. Es tut mir gut in Deiner Nähe zu sein, Dein Streicheln zu spüren und Deine lieben Worte zu hören. Du bist so herrlich zärtlich, liebevoll, zuvorkommend und feinfühlig, wie es wohl jede Frau gern hat. Ich habe mir all das ersehnt, und Du hast es gefühlt und mir meine geheimsten Wünsche erfüllt. Ich danke Dir dafür!

Aber eins kann ich nicht verstehen, daß Du weggehen willst, für immer! Was treibt Dich von hier fort und wohin willst Du gehen? Bitte, verrate es mir, wenn Du kannst, ich möchte Dich so gern verstehen. Ich werde nicht versuchen Dich zurückzuhalten, ich will es nur begreifen können.

Ja, es tat mir weh, daß ich gerade bei Dir nicht zum Höhepunkt gekommen bin. Aber es lag auch an mir. Ich konnte nicht von dem Gedanken abschalten, daß dies unser einziger Abend ist. Aber ich habe gemerkt, daß es auch Dir leid tat, deshalb war es nicht ganz so schlimm. Es tat sogar gut, zu wissen, daß es Dir nicht egal ist, wie ich fühle. Jetzt hätte ich fast die Zeit verpaßt. Es ist nun schon 21.30 Uhr und ich muß noch mit Ajax runter.

WERNER

03.08.1991

Noch drei Tage.

Meine Helen!
Du weintest oft während unseres Zusammenseins. Auch ich war mitunter den Tränen nahe. Aber kämpfte ich dagegen an. Du allein hattest ein Recht auf Tränen. Ich riß Dich aus Deinem tristen Alltagsleben. Rücksichtslos war mein Handeln und noch rücksichtsloser ist es, Dich in dieses zurückzuschicken. Beide waren wir uns dessen jedoch bewußt.

Bitte, vergib mir, meine Helen! Ich wollte noch einmal lieben, seelisch und sexuell. Beides erfüllte sich. Selbst in unserem sexuellen Zusammensein vermochten wir noch zu Höhen zu gelangen, die auf so wunderbare Art verbindend sind. Ein gemeinsamer Höhepunkt vereint die Seelen und die Körper miteinander. Zumindest fühlte ich so. Ich war glücklich.

Unser letztes Zusammensein war einfach wunderbar. Es währte neun ganze Stunden. Sieben Stunden saßen oder lagen wir davon auf meinem Bett und liebkosten uns. Einfach wunderbar! Beide holten wir nach, wessen wir entbehrt. Du wirst seelisch davon zehren, und ich ging seelisch befriedet.

Ich danke Dir! Ich wünsche Dir Erfüllung Deiner Sehnsüchte! Ich verbiete Dir, mich zu bedauern, und bitte Dich, mir alles zu vergeben! Ich danke Dir von Herzen! Leb wohl!

Werner

LUCIA

Ich bin gerade aufgewacht mit einem ganz intensiven Gefühl im Bauch: Es heißt Sehnsucht nach Dir. Und ich schwör Dir's, die ist nicht nur geistig, die ist auch absolut körperlich, so daß es beinahe schon wehtut! (Ganz so schlimm ist es dann auch wieder nicht, aber trotzdem!)

Abends:

Du mußt mich jetzt, in diesem Augenblick, festhalten. Ich brauche Dich nämlich jetzt ganz dringend. Ich könnte Dir jetzt 1000 klassische Liebesbrief-Phrasen schreiben, und sie würden alle passen und wären ehrlich gemeint. Mir fällt noch was Gescheiteres ein: Im «Stiller» steht ein guter Satz. Horch mal:

«Wenn man einen Menschen liebt, so läßt man ihm doch jede Möglichkeit offen und ist trotz aller Erinnerungen einfach bereit, zu staunen, immer wieder zu staunen, wie anders er ist … und nicht einfach so …»

Du bist nicht «einfach so» für mich, Du bist was ganz besonderes, und überhaupt wir sind gemeinsam was ganz besonderes, weil … weil ich Dich liebe.

Lucia

Helen

Lieber Werner!
Auch wenn unsere Beziehung, kaum daß sie begonnen hat, nun bald wieder abrupt endet, so hast Du mir doch vieles gegeben. Du hast mir wieder Mut und Selbstvertrauen geschenkt. Ich weiß nun wieder, daß ich eine Frau bin. Eine Frau, die ein Mann auch begehren kann. Das hat mir lange Zeit gefehlt! Ich werde versuchen, auch für meinen Mann wieder begehrenswerter zu sein, aber wenn er so gleichgültig bleibt, werde ich einen Schlußstrich ziehen. Ich habe schon zu viele Jahre verschenkt. Ich muß endlich etwas tun; man wird ja immer älter. Man müßte wirklich die Zeit besser nutzen. Zum Beispiel jetzt das Wochenende habe ich nur vergammelt. Mein Mann wollte ja eigentlich mit uns irgendwohin fahren, war aber wieder mal zu faul. Er hing den ganzen Sonntag nur auf dem Sofa rum und ich mußte

mich wieder mal um alles kümmern. Am liebsten hätte ich die Kinder geschnappt und wäre zu Dir gekommen. Aber erstens warst Du ja unterwegs und zweitens wußte ich nicht, wie mein Mann darauf reagiert.

Warum ist das Leben nur so hart? Warum haben wir uns nicht schon viele Jahre eher kennen gelernt? Wir hätten sicher viel glücklicher gelebt, als ich mit meinem Mann. Dann hätte ich jetzt von Dir ein oder mehrere Kinder. Das wäre mein größtes Glück. Du wärst während einer Schwangerschaft sicher viel liebevoller, zärtlicher und besorgter um mich und zu mir gewesen. Du hättest Dich auch sicher mit mir auf das Kind gefreut. Das alles habe ich während meiner vier Schwangerschaften und auch danach vermißt. Du weißt ja, die ersten zwei Väter sind mir weggelaufen. Wenn da meine Eltern und meine Schwester nicht gewesen wären, wäre ich völlig durchgedreht. Bei den zwei kleinen kam dann zwar mein Mann, aber jedesmal drängelte er, wann ich endlich wieder nach Hause komme, es wird ihm alles zu viel. Mir graute davor entlassen zu werden, wußte ich doch, was mich da wieder erwartet.

So, nun habe ich aber genug von mir erzählt, das hatte ich eigentlich gar nicht vor. Aber so kannst Du Dir vielleicht ein Bild davon machen, warum ich so ruhig geworden bin und kaum noch Selbstbewußtsein habe. Du hast es mir wiedergegeben und dafür bin ich Dir dankbar. Ich werde wohl sehr oft mit Sehnsucht und voll Dankbarkeit an Dich zurückdenken.

Liebe!
Helen

Lucia

Wien, 17. 10. 91

Alleine, um zu arbeiten, denk' ich nur noch an Dich! Lege gerade Rainhard Fendrich: «Weus'd a Herz hast wia a Bergwerk» auf. Möchte nur noch bei Dir sein (mein Gott macht mich diese Musik sentimental).

Schreibe mich zu Dir!

Lucia 1991

Du! Hab' Herzklopfen wie bei unserm ersten Kuß!

Ich kann mir mich ohne Dich nicht mehr vorstellen, alles was ich denke, denke ich mit Dir!

Du! Nur Du! Ich liebe Dich (bin in der Eile nicht fähig einen hochliterarischen, durchdachten Liebesbrief zu entwerfen). Trotzdem und immer (soweit ich denken kann).

Deine Lucia

Werner

Es ist derselbe Werner, der an Helen geschrieben hat und schließlich auch an Irene schreibt.

03. 12. 1993

Meine Lara!
Es ist jetzt 21.15 Uhr, ich sitze in meinem Zimmer, höre schöne Musik und schreibe Dir diese Zeilen. Auch ein Glas «Baileys» steht auf dem Schreibtisch.

Lara, Du bist ganz einfach eine tolle Frau. Du siehst nicht nur unverschämt gut aus, nein, Du bist dazu noch äußerst attraktiv und Deine Wesenszüge lassen mich hoffen.

Meine Lara, Du glaubst gar nicht, wie glücklich Du mich machst. Du entsprichst eben meinem Ideal. Als Du bei mir warst und nur noch in diesem weißen Body dasaßest, glaubte ich das gar nicht. Du hast nicht nur eine Traumfigur, nein, Du bist schlicht gesagt – schön. Obendrein verstehst Du es mit Deinem selbstlosen Wesen einen Mann zu verwöhnen. Bin ich zwar ebenso veranlagt, so gelang es mir freilich noch nicht, Dich gleiche Wonnen erleben zu lassen, wie Du mir mit Deinen Fertigkeiten und Deinem Liebreiz zuteil werden ließest.

Meine Lara, mag es auch albern klingen – aber ich danke Dir dafür! Nicht allein Dein Körper oder aber der Sex allein ist es, was mich Dich begehren läßt. Nein, meine Lara, ich fühlte einfach – Du bist eine Frau, eine wunderbar feminine Frau!

Ich kann und will einfach noch nicht von Liebe sprechen. Dagegen darfst Du mir Glauben schenken – sie keimt. Bitte verzeih mir, Du bist ein freier Mensch in dieser Beziehung und ich verspreche es Dir wahrlich: ich werde Dich nicht drängen oder gar bedrängen. Ich wiederhole mich, laß uns einfach Zeit. Ich werde Dir auch nicht böse sein, entscheidest Du Dich einst anders. Momentan leben wir einfach, einverstanden?!

Bis bald, meine Lara
grüßt Dich ganz lieb

Dein Werner

Lucia

Hab' gerade in Ruhe Deinen Brief noch einmal gelesen, dabei ist mir im Bauch ganz schwummrig geworden, wie tausend Schmetterlinge. Es ist wunderwunderschön von Dir zu hören, was ich für Dich bin (zumindest am 28. und 29. November war). Darum muß ich Dir jetzt ganz schnell schreiben, was Du mir (kann man vielleicht gar nicht in Worte fassen, aber nur so circa eine Idee, was ich fühle, wenn ich an Dich denke) bedeutest, nämlich unheimlich viel (ich weiß, es is' eine Phrase, aber ich meine sie 100 %ig). Und Du bist «mein» wichtigster Mensch, noch nie vor Dir (was war eigentlich vor Dir?) hab' ich zu einem Menschen eine so intensive Beziehung von mir aus, ich meine von meinem Denken an, für mich, in einen anderen Menschen, aufgebaut. So bist Du meine erste Beziehung. Ich will nur, daß Du das weißt, weil ich glaube, weil ich glaube – ach! Es tut doch einfach gut, so was zu wissen! Oder?

Lucia

Werner

23. 12. 1993

Meine Irene!
Hier also wieder einmal ein Brief. Ich schrieb Dir bisher noch nicht wieder, weil das, was ich Dir schreibe, Du nicht mehr hören möchtest. Ja, meine Irene, immer wieder bin ich fasziniert von Dir, von Deiner Schönheit! Ich

schreibe Dir nicht mehr ‹Ich liebe Dich›, das wäre gelogen. Aber empfinde ich trotz allem sehr tief für Dich! Unser letztes Zusammensein war wieder mal ein sehr schönes! Ich hatte den Eindruck, in dieser Richtung könnten wir weitermachen. Ich möchte Dir eben in dieser Richtung ein guter Freund sein. Nur bitte sag mir, wenn Du auch das nicht mehr willst, oder kannst – versprochen?! Und bitte erzähl mir nicht, wenn Du mit jemand geschlafen hast – okay?! Ich werde es auch nicht tun. Warum unnütz weh tun? Du wirst mich als Frau jedenfalls immer reizen, doch würde ich das dann gar nicht mehr wollen.

Meine Irene, Deine wunderschönen Augen sind be- und verzaubernd. Laß mich ruhig gewähren, mich daran zu weiden, solange es Dich nicht quält.

Aber bitte sprich nicht immer vom Geld. Du, meine Irene, gibst mir viel mehr. Ich genieße die mit Dir verbrachte Zeit, weil ich da lebe! Es quält mich auch nicht mehr, wenn ich dann wieder gehen muß. Ich bin glücklich mit unserer Freundschaft. Und ich denke, auch in diese vermögen wir viel einzubringen. Ich danke Dir, und wünsche Dir ein frohes Weihnachtsfest!

Lucia

Lieber Ralph!
Ich will Dir nur sagen, daß Du sehr wichtig für mich bist und ich könnte es mir gar nicht vorstellen, daß ich zurückkomme und Du nicht mehr da bist, für mich. Weißt Du, ich möchte noch so viel mit Dir erleben, auch reisen, vielleicht sogar um die ganze Welt oder noch weiter; oder nur wieder zurück nach Wien.

Aber Du brauchst keine Angst zu haben, ich will keine Sicherheit von Dir, das weiß ich inzwischen auch mit «Butterbrot». Ich will nur schöne Zeit mit Dir erleben und alles andere auch, auch den Alltag, den wir meinem Gefühl nach doch phantastisch im Griff haben. S. erzählt viel von

H. und sich, dabei merke ich auch immer wieder, daß wir, Du und ich, viel unkomplizierter sind.

Findest Du es komisch, daß ich hier solchen Hirngespinsten nachhänge? Da siehst Du, wie Du mir abgehst. Ich brauche Dich wieder konkret in meinen Armen, um Dich zu spüren und nicht nur herbeizudenken.

Und sonst leben wir ganz gut hier, ich genieße die Ruhe und Zeitlosigkeit.

1000 Küsse
1000 Gedanken
1000 Umarmungen

Lucia

Werner

02.01.1994

Meine geliebte Irene!
Es war mir ja bewußt, und doch glaubte ich nicht, daß es immer noch so weh tun würde. Ich fuhr von Dir weg, und durchkreuzte mit durchschnittlich 80 km/h und überlauter Musik Leipzig. Ich hatte mit Tränen zu kämpfen. Meine Irene, ich bin trotz allem Mann. Seltsamerweise fühlte ich, daß es über Silvester passieren würde.

Oh, es tut so weh! Kein Anrecht habe ich mehr auf Dich, und will es auch gar nicht mehr haben. Und doch tut es so sehr weh!

Ich habe drei wunderschöne Monate mit Dir verlebt. Doch war ich auch da allein – seelisch allein. Du hast geduldet, aber nie akzeptiert, geschweige denn verstanden. Trotzdem gab ich nicht auf. Aufgegeben habe ich erst, als Du damit begannst auf meinen Gefühlen herumzutreten. Das, was Dir an Gefühl fehlt, habe ich zuviel. Ja, meine schöne Irene, ich liebte Dich unsagbar! Du hörtest es gern, machtest Dich aber darüber lustig.

Immer wenn ich bei Dir war, trug ich mich mit der Hoffnung, Du würdest mich verwöhnen. Ich träume oft von Dir, und es quält mich. Auch tagsüber denke ich häufig an Dich. Es ging schon so weit, daß ich mir einbildete, wenn ich zu Dir käme, daß Du mich in Dessous empfängst und dann meine Wünsche erfüllst. Ich bin eben auch Mann. Und Dein makellos schöner Körper quält mich in der Erinnerung daran. Immer wenn ich bei Dir bin, denke ich an «Schweinereien». Nimm es mir nicht übel, aber ich kann nicht dagegen an.

Meine schöne Irene, es wird lange währen, um für Dich nichts mehr zu fühlen. Vielleicht kannst Du mir auch nur noch einmal Frau sein?! Es genügte mir schon, würdest Du nur mir lieb sein. Verzeih bitte! Ein sehr egoistischer Wunsch. Meine Sehnsucht ist so groß. Eine Frau wie Du, mit einem so makellosen Körper, und dann noch in Dessous –, das werde ich nie wieder haben. Doch bitte, meine schöne Irene, fühle Dich nicht dazu verpflichtet! Du weißt, wie Du mich erreichen kannst. Ich danke Dir, meine schöne Irene! Du bist eine feste Größe in meinem Leben geworden –, denn keine Frau liebte ich wie Dich!

Es grüßt Dich ganz lieb
Dein Werner

Lucia

Frauenfeld, 20. Juli 94

Lieber Ralph!
Hab' gerade Deinen Brief gelesen. Sitze im Gastgarten und muß dauernd unterbrechen, weil wer ein Bier oder so will. Es ist gut, daß wenigstens Du ehrlich bist. Denn glaube mir, so unsensibel bin ich auch nicht, daß ich nicht fühle: da stimmt doch was nicht. Aber im Nicht-Wahr-Haben-Wollen und im Verdrängen bin ich wirklich Könnerin. Ich lebe so auf meiner Alles-in-Ordnung-rosaroten-Wolken-Welt und brauche einen kräftigen Schupps von außen, um da runterzufallen. Dein Brief war nun so ein Schupps. Ein

grober Fehler liegt wohl darin, daß wir gar nicht (kaum) über uns reden, so ganz ehrlich. Für jede weitere, tiefere Analyse fehlt mir jetzt die Kraft und ich will sie auch nicht so unreflektiert alleine für mich einmachen.

Ich hoffe bloß, daß Du noch nicht aufgehört hast zu kämpfen. Ich will wirklich an uns arbeiten und nicht die Jahre einfach wegschmeißen. Kann man auch nicht, glaube ich.

Ich muß jetzt unbedingt arbeiten laufen.

Deine Lucia

Max

Die Briefe wurden auf dem Flohmarkt gekauft, Siegfried ist schleierhaft, wie sie dort hingelangt sind. Max schreibt einige Jahre an Siegfried, bis er schließlich aufgibt.

8. März 1996

Hallo lieber Siegfried.
Vielen Herzlichen Dank für Dein Photo, habe mich sehr gefreut. Kann sehr gut verstehen, Siegfried, Du hast sehr viel jetzt nach Deine Erfolg zu tun, der Ruhm kommt schnell, und Du mußt Dich an alles gewöhnen, von einem Ort zum anderen.

Habe das hinter mir, und viel Zeit im Ruhestand, sollen die jungen spielen im Beruf, ich haste nicht mehr. Freue mich zu Dir alle Tage. Habe auch Freude an meine Post, ich tue das nicht so gerne bei andere Kollegen, Tyrone Power in den 50 Jahren war eine Ausnahme, er war ja der Star Hollywoods, ich war sehr traurig, als er starb, liebte ihn als Freund sehr, viele Frauen waren ständig hinter ihm her, und bildeten sich an seine Seite was ein, aber Tyrone lachte nur über das Anhimmeln seine Fans, ein Schauspieler hat viele Fans aber nötig, das gehört zum Beruf in der Öffentlichkeit Star zu sein.

Dich mag ich, Siegfried, bist in Holland Herzlich Willkommen, und in Holland kennt Dich kaum einer mit mir. So haben wir unsere Ruhe, sollten wir uns sehen, wünsche mir schon Deine Freundschaft in Diskretion für uns beiden. Okee!

Bald ist Ostern, es ist heute ein Frühlingstag hier in Holland, da steht ein Mann jeden Tag immer frisch und munter auf, Spaß Siegfried, Liebe ist was sehr schönes, und glücklich sein.

Habe Dir eine Tulpenkrawatte vom Markt mitgebracht – ein Souvenir aus Holland von mir für Dich, freue Dich Siegfried, kannst dann an mich was denken, wenn es Deine Zeit Dir erlaubt.

Komisch, ich habe Heimweh nach der Schweiz, auf eine Almhütte?

Holland ist ein flaches Land, ich liebe die Berge, sie ziehen mich an. Gehen wir beide das Edelweiß suchen einmal?

Freue mich, daß meine Post in Hamburg bei Dir angekommen ist, denn ich mußte jeden Tag auch an Dich denken, lieber Siegfried, ich fühle, Du bist nicht böse darüber. Ich Juli am 3, werde ich 67 Jahre alt, ich sehe wie 45 aus, keine Falten, Theater-Kamera-Schminke kann die Haut oft schaden, nehme aber gute Seife, Du auch?

Dein Photo steht schon eingerahmt auf meinen Schreibtisch, Deine dunklen Augen mag ich zum Ansehen sehr, ich habe blaue Augen. Siegfried, Du kannst auch schön lachen auf dem Photo. Bist mir schon ein lieber Kerl. Habe Freude an Dir!

Siegfried ich schließe lieber jetzt, schade, ich könnte ein Buch schreiben an Dir. Bleibe schön gesund Siegfried, bleibe Dein Freund in Holland, schau Siegfried, bald mehr von mir, freue Dich zu die Krawatte, denk was an mich.

Lov Max

Ralph

Liebste Lucia!
Es ist jetzt über ein Jahr her, seit Du aus der Schweiz gekommen bist. Weißt Du's noch? Ich hab Dir, wenn ich mich recht erinnere, damals den letzten Brief geschrieben, jetzt bekommst Du wieder einen, Du kannst dann vergleichen, seine Briefe und meine.

Fünf Jahre sind wir nun zusammen. Letztes Jahr waren es vier. Und trotzdem beginnt alles gleich. Ich weiß noch, wie unsicher ich war, ob Du noch für mich da bist, Du weißt, was ich geahnt habe, befürchtet habe, was eingetreten ist. Er hat es mir verleidet, zu Dir «Ich liebe Dich» zu sagen, ich war verunsichert, ob Deiner Inkonsequenz im Umgang mit ihm.

Dann wollte ich Dich einfach nur lieben, in diesem Jahr mit viel Arbeit an der Uni, wenig Sex, Du in mich verliebt. Ich hab das oft genug gespürt, ich in Dich verliebt, bitte glaub mir, weil sonst hätte ich mich schon verabschiedet. Du bist nicht bequem für mich, immer war das Verliebtsein trotz des Ärgerns weitaus größer.

Und die Schwangerschaft – hab ich das getan, um Dir was zu beweisen, wollte ich das wirklich?

Und das Frühjahr? Du warst unzufrieden mit mir, nur weil ich eine Zukunft gesucht habe, als ich nach Graz gehen wollte. Du glaubtest, daß ich Dich aus meiner Zukunft ausschließen wollte (wollte ich nie!), sagtest, daß ich froh sein müßte, daß Du kein Kind bekommen hast (war ich nie!).

Er fängt wieder an zu schreiben, und Du ihm, er schreibt Briefe zu Dir nach Hause, damit ich nichts merke (woher hat er die Adresse?), telefoniert mit Deinem Vater, der mir nichts sagt. Ich arbeite, Du fährst in die Schweiz, wohnst bei ihm, gehst mit ihm ins Kino, ins Theater. Du hast Dich nie von ihm verabschiedet.

Ich bin wirklich am Ende und weiß nicht mehr, wie ich das retten soll. Darüber denke ich verzweifelt nach, verbohre mich, leide, kann nicht schlafen, essen, trinke Gin und höre von den anderen immer wieder, warum ich mir das gefallen lasse.

Hier schreibe ich es heute: Ich liebe Dich, und für mich macht das Sinn, weil ich glaube zu spüren, daß Du ebenso empfindest. Kann ich mich täuschen? Lebst Du zwei Leben? Wo führt das hin?

Dein Ralph

Lucia

Wien, August 96

Hallo mein Liebersüßerguter,
heil wieder zurück? Hast Du auch Spaß gehabt oder war es sehr anstrengend? Ich bin jetzt wieder in Wien, am Montag arbeite ich tagsüber, dann wieder wie üblich. Du kannst mich ja mal anrufen.

In der schwarzen Tasche sind meine übrigen Sachen, bitte nimm Sie doch mit, wenn Du mit dem Auto kommst. Ansonsten noch ein erträgliches Wöchlein in Steyr. Es wäre schön, wenn Du am Wochenende nach Wien kommen würdest, damit ich Dich ein bißchen verwöhnen kann, oder Du mich? – Nein, anders rum. – Damit Du mich ein bißchen verwöhnen kannst und ich vielleicht Dich?

Ich warte auf Dich!

Deine Lucia

Max

2.8.96

Hallo lieber Siegfried. Kollegenstar der Zukunft.
Habe in Hamburg Dich im Theater gesehen, wollte nach der Vorstellung mit Dir sprechen, aber Du hattest keine Zeit.

Bin enttäuscht nach Holland zurück gefahren.

Du spieltest sehr gut Siegfried, aber nach der Vorstellung bist Du vor meinen Augen mit jemand weggegangen, und Du hast sehr gelacht.

Schön, daß Du so glücklich warst, Siegfried.

Meinen Blumenstrauß für Dich, in Hamburg noch schnell gekauft, wollte ich Dir nach der Vorstellung mit einen Zettel dran überreichen lassen, einen von Deinen Kollegen, aber an Siegfried konnte ich nicht kommen, enttäuscht ging ich zum Hamburger Hauptbahnhof und schmiss den Blumenstrauß da in einen Kanal, stieg noch am selben Tag in den Zug ein nach Amsterdam, wollte gleich nach Hause.

Ich bin was enttäuscht.

Grüße und Adieu, ein Kollege dachte ich von Dir zu sein, und ein Freund.

Herzlich, Max.

Lucia

Liebster,
ich weiß, nach 54 240 Stunden und etlichen Minuten muß man nichts mehr sagen. Dennoch: Alles Ungesagte schenke ich Dir jetzt und immer wieder. Du bist in meinem Herzen und in meinem Bauch und auch in meinem Kopf.

Egal wie lang, für immer

Deine Lucia

Max

12. 12. 96

Hallo Siegfried! Star in Germany!
Guten Rutsch für Dich noch einmal aus Holland zu Dir.

Deine Freundin wird Dich wohl gut ins Neue Jahr vernaschen, und Frauen sind eifersüchtig auf einen Freund, der Dich vernaschen möchte, habe das gelernt im Leben, von Frauen.

Sicher wird Dir meine männliche Meinung nicht gefallen, oder doch?

Ich mache mich als Junggeselle nicht unglücklich mit Frauen, jede dritte Ehe wird geschieden, viele Männer fallen drauf rein, sterben jung in der Familie mit Kinder, statistisch bewiesen, die Frauen erben alles, und werden älter Frauen.

Beruf und Ehe-Familie passen nicht zusammen, viele denken aber ja, und wenn sie über die 50 Jahre kommen, haben sie große Probleme und Sorgen, beinahe jeder dritte Kollege von mir ist daran verstorben. Mir soll es nicht passieren, ich muss keine Sorgen mir machen mit Freundinnen oder Frauen, ich bin ein Mann, kann ohne weibliches Geschmuse sein, zuhause. Lasse mich nicht fangen, bin sehr gerne allein. Vom Ballett an habe ich so schöne Mädchen kennen gelernt, alle wollten schnell bumsen und ein Kind, heiraten und Geld, das brauche ich nicht, lieber Siegfried, brauche keine weibliche Hilfe an meinen Schwanz, mit Frauenhände.

Ich lebe nach dem Schauspielerberuf sehr seriös allein in Holland. Mache mir den Haushalt und Kochen schon selber, selbst ist der Mann. Die meisten Männer wollen das nicht, sind auf die Frau angewiesen. Mein Onkel war verheiratet, Kapellmeister, zu mir sagte er immer: «Max, Du tust das ganz richtig.» Ich musste lachen, als er zu mir sagte, seine Frau ist oben mit Puder, Lippenstift, Schminke am Tag hui, ohne das pfui, ein graues Huhn abgeschminkt. Ist doch so in der ganzen Natur, bei allen Tieren, ist der Mann der aller bunteste, das Weib die grauen, die Menschen drehen die Natur um.

Viele Menschen wollen das nicht gerne hören, wenn ein Mann das sagt, er muss eine Frau schmeicheln, und sagen: «Du bist die Schönste mit Make-Up im Gesicht und Körper.» Falsch in der Natur, Siegfried.

Papis und Muttis darf man das nicht sagen, dann sind sie böse.

Rita Hayworth in Hollywood sah ich mal ohne Schminke morgens, furchtbar. War sie geschminkt, machte sie alle Männer verrückt, ist eine dünne Frau. Ein Hering, wie Claudia Schiffer, das soll schön sein? Die schönsten Kerle gehen weg von diese Sorte schöne Frauen, sind sie nicht, alles nur aufgeputzt, wie ein Fasan, für die Fortpflanzung nur. Ein Topf findet seinen Topf, stimmt's? Denke, daß ich Recht habe!

Aber Schluss mit meine Meinung, pass auf für Dich, mach Dich nicht unglücklich, wie viele Männer mit Frauen werden.

Bleibe schön gesund, Siegfried, trotzdem bleibe ich Dich sehr mögen, gleich würde ich Dich als Mann vernaschen, es tut nicht weh, genau dasselbe als mit Frauen, *und nie anders*.

Prosit Siegfried, ich hatte mich als Freund verlangen, sehr in Dich verguckt, wäre schön immer mit Dir zu schlafen, dann ist man noch nicht schwul. Schwul ist ein dummes Frauen- oder Heterowort, sie machen es viel schlimmer. Schau lieber Siegfried, bleib so Du bist, ich mag Dich sehr.

Deine Freundin verbietet es mir ganz sicher.

Prosit Siegfried 1997.

Bleibe allein die Festtage.

Denke an Dich! Okee, lov you!

Dein Max

Lucia

Gerade von Harald Schmidt nach Hause, der Kühlschrank ist leer, ich finde kein sauberes Wasserglas, weil alle halbvoll in der Wohnung verteilt sind, und kalt ist es auch.

Im Briefkasten Dein Brief und Lachen und nasse Augen (die Du so oft im Dunkeln kontrollieren mußtest) und auch ein bißchen warm.

Ein paar Nudeln koche ich, die noch aus Deiner Zeit stammen.

Ich bin auch so froh, daß ich spüre, daß Du es auch spürst: Egal wie unser Leben stattfindet und wo, wir gehören einfach (und kompliziert) zusammen. Aus. Und dann verstehe ich auf einmal, wenn ich mir denke: wir gehören zusammen, der Ralph und ich, egal was kommt, was Du meinst, wenn Du von Heiraten nach der Trennung redest, weil es irgendwie nach unseren sieben Jahreszeiten keine Grenze zwischen Du und ich mehr geben kann. Es wird vielleicht mal was andres geben, aber Du wirst nie wieder Du ohne mich (ohne einen Teil von mir) sein und ich werde nie wieder nicht auch ein Teil von Dir sein. Weiß ich.

Bitte verzeih meine Aufgeregtheit in den ersten Tagen Deiner Abwesenheit. Ich war total zerrüttet («Weil Du nicht da bist») und habe hysterisch reagiert, als ein anderer Mann (!) um mich rumzuspinnen begann. Ich habe grob abgebrochen und wider Erwarten eine ziemlich Am-Boden-Zerstörtheit damit hervorgerufen. (Du weißt, von wem die Rede ist.)

Dein Angebot, das für mich zu regeln, rührt mich, aber würde mir nicht helfen. Ich habe mir geholfen, auch weil meine Eigenbestimmtheit (hab' keine Angst, Du bist mir kein Fremder, Du bist immer Teil meiner Ich-Verantwortung) es so verlangt. Ich habe es mir damit nicht leichter gemacht, aber es geht mir gut.

Mach Dir keine Gedanken mehr über diese Sache!

In Ewigkeit

Deine Lucia

P. S.: Ich will alles für Dich sein (Deine Geliebte, Deine Frau, Deine Schlampe, Dein Mädchen zum Putzen … kannst Du beliebig verstehen) und natürlich wird es mir ein Vergnügen sein, Deine Brieffreundin zu werden.

Ulrich

Paris, 06.07.97

MEINE LOLO!
ES GIBT FISCH ZUM FRÜHSTÜCK!
ROTEN.

Das Briefpapier ist am Fuß mit roten Fischen bedruckt.

Liebe Nicki,
Wir haben Glück gehabt, zufällig aufeinanderzutreffen und einige Wochen miteinander verbringen zu können, aber nicht zu müssen. So ist es zu einigen schönen Augenblicken gekommen und das war zu Anfang nicht so klar – ich hatte zuerst nicht das Gefühl, daß wir uns etwas zu sagen hätten. Daß es anders gekommen ist, gefällt mir, ich bin dadurch reicher geworden, denn ich habe gesehen, daß etwas entstehen kann, wo ich meistens bald schon weg gehe. Mit etwas Geduld tun sich Wege auf, *vielleicht nicht der Königsweg, der, wo alle Hindernisse schon aus dem Weg geräumt sind, aber das wird ja auch bald langweilig und zwingt zum Bau von immer prächtigeren Fassaden.*

Als ich noch lange Haare trug, schulterlang, blond, lockig um den Kopf wallend, dazu mein damals noch weißes Ungarn-Hemd, die helle weite Leinenhose, da verwechselten mich manche Frauen mit einem Engel. Und dann sahen sie auf einmal ihren Irrtum, und statt meiner sahen sie nun wiederum plötzlich einen enttäuschenden, doofen, alltäglichen Stinkpopel. Ich hoffe, ich bin weder das eine noch das andere, und ich hoffe und glaube, Du weißt das auch.

Mag Dich gern. Alles Gute für Deinen Neu-Start in Wien.

Liebe Grüße
Uli

Lucia

Wien, Februar 99

Ich vermisse Dich, nicht wegen dem Müll, den keiner runterbringt, der Wäsche, die keiner wäscht, nicht weil der Ofen kalt bleibt und der Kühlschrank leer, nicht weil niemand die TV-Kanäle wechselt und dann doch wieder Sport schaut, nicht weil die CDs nicht mehr laufen, die ich nicht mag, nicht weil niemand mehr mich auf andere Gedanken bringt …

Es bist Du, der mir fehlt. Ich denke ununterbrochen an Dich und wünsche ganz fest, daß Du es schön hast.

Für die Ewigkeit Deine

Lucia

Soweit der Liebesreport

(2000–2010)

Paul

per Mail

Liebste,
Du bist das Kostbarste, was mir jemals geschenkt wurde, ein Kleinod, ein unbezahlbares Relikt, eine Harpune in meinem Herzen, das Feuer meiner Seele, der Sauerstoff in meiner Lunge, das Hühnchen in meinem Magen und das Bier in meinem Kopf. Einem Märchen entsprungen, um mich zum Prinzen zu machen. Deine Stimme ist wie der Wind, der die Wolken vom Himmel fegt, Deine Augen wie der Himmel einer sternenklaren Nacht, Dein Körper wie das warme Meer am Ende eines Sommers, Dein Kuss wie der erste Schluck Wasser nach einer durchzechten Nacht, Deine Berührung wie der Flügelschlag eines tropischen Schmetterlings, Dein Lachen lässt Schnee schmelzen, Deine Schönheit lässt die Sterne heller erstrahlen und um Deinen Arsch wären früher Kriege entbrannt.

Ich liebe und ich küsse Dich,

Dein Mann.

Til

20. 11. 2000

Liebste, liebste Kathrin,
nun bist Du da gewesen und alles ist gut in der Seele. Nur: wenn man (frau) diskret sein will, muss ordentlich weggeräumt werden:

«Wer hat denn hier den Tee getrunken?»

Ferner ein süßes Stück in der Brezeltüte … Wo ich so was nicht esse …

Und ein leichter Parfümduft, der aber nicht in allen Räumen – für mich sehr verführerisch, Du musst mir mal sagen, wann Du nicht zu Hause bist, dann vernichte ich diese ganze verdammte Unterwäsche, ein zwei Höschen für die Tage darfst Du behalten, aber oben ... Es ist ungerecht, so was zu tragen.

Voller Vergnügen lese ich Deine «Stichpunkte» (mit den Punkten hast Du's).

Liebste, ich möchte Dich gar nicht loslassen, Dich riechen und fühlen und weiß mal wieder nicht, wo mir der Kopf steht, so schnell kann ich mich gar nicht entwirren.

Du kannst Dir gar nicht vorstellen, mit welcher Ängstlichkeit ich Dich heute morgen anrief – irgendwie hatte ich doch Zuneigung von Dir verspürt, anderseits dachte ich, über solche Sentimentalitäten ist diese starke Frau doch erhaben. Aber zu einer Liebesbeziehung (das ist auch so ein scheußliches Wort) gehören auch Sentimentalität, infantile und jünglingshafte Momente.

Dass ich solche Glücksmomente erleben konnte, dafür bin ich Dir sehr dankbar und in Gedanken küsse ich Dich.

Naja, Du liest Zeilen eines leicht närrischen Menschen. Jetzt weiß ich, dass Du mich magst und das ist mir so wichtig gewesen und ist es immer noch und ich küsse Dich ununterbrochen und kann nicht aufhören.

(Der Kerl ist ja total verrückt. Stimmt.)

Normal sind wir fast jeden Tag – lass uns, wenigstens eine Weile, miteinander verliebt sein. Ich denke nicht in Kategorien wie Perspektive und Zukunft: «Die Gegenwart allein ist unser Glück.»

Sei nochmals umarmt und geküsst von Deinem Dich ungebührlich heftig liebenden

Til

Silvi und Andi
per Mail

Silvi: So ein verdammter scheiß!!!! zweifel anbringen blablablabla … klar is es schön zu kuscheln, aber entweder kuscheln und nicht am nächsten tag distanz oder nicht kuscheln und «normale Freunde» sein. kuscheln und tagsüber auf distanz zu gehen ist UNWAHR – das gibts nicht und da kannst du zweifel anmelden, was du willst! so kannst du dich nicht rauswinden, indem du einfach zweifel anmeldest, das begründet nix, das begründet nicht, warum du mir den rücken küsst und mich ganz fest hältst in der nacht. WAS DENKST DU DIR DABEI?! WAS FÜHLST DU?!? Ich möchte das ehrlich wissen! Ich versteh das einfach nicht und du kennst mich, ich geh zugrunde, wenn ich was nicht verstehe! Dann spielt mein hirn pingpong mit irgendwelchen shitgedanken und es löst sich nicht auf – davon mach ich ENTZUG! Weil das fühlt sich an wie scheiße, große halbe scheiße.

Andi: He du, das verstehe ich ganz gut und werde es auch respektieren! ich hab das schon ein bisserl überwunden und das mit dem kuscheln darfst du mir nicht übel nehmen, denn ich habe oft genug meine zweifel angemeldet, ob es das nicht schwerer macht als wie es ist. wir haben uns trotzdem gut gehalten. trage nicht zu viel kummer mit und ich werde dich so gut es geht in ruhe lassen. es schrieb dein ärgernis.

Silvi: Was hast du schon ein bissl überwunden? und verrat mir bitte aus welchem grund du mit mir kuscheln wolltest, wenn meine frage so beantwortet wird, wie ich mir das denke? wenn man nie geliebt hat, gibts auch nichts zu überwinden!

Andi: Möchte dem noch mal hinzufügen, dass ich meine zweifel zum ausdruck gebracht habe (kuscheln), ob es nicht mehr schwierigkeiten macht irgendwann-oderwie, aber du meintest es sei ok und es soll auch so sein, und es sei auch gut so. es war schön.

Silvi: Es ist aus!!! und es zerreißt mir das herz, wenn du (wenn auch nicht böswillig) mit meinen gefühlen spielst – seit samstag kann ich mein herz mit mühe zusammenhalten, damit es nicht zerreißt – aber es sind schon lange nicht mehr deine angelegenheiten – und waren es vielleicht auch nie …

nur soviel zur erklärung des telefonats. Es ist aus aus aus aus und ich sehn mich nur nach DISTANZ.

Til

27. 11. 2000

Liebste,
das war noch viel zu wenig, was ich Dir auf dem normalen Postweg schrieb.

Eben roch ich an meinen Händen (Fingern) und es roch ganz wundervoll nach Dir! Ich denke, daß da eine himmlische Liebe sich mit einer irdischen zusammentun kann; das wird mir helfen, wieder gesünder zu werden. Es roch nach Körper, nach Möse und es war gut so.

Geschimpft habe ich genug mit Dir, also auf den Selbsthass Deinem Körper gegenüber – der ist ja von der Seele nicht zu trennen. Und Deine Möse riecht genauso gut wie das Lachen im Gesicht und entspricht dem Charme Deiner Augen … (wer andern in die Möse beißt, ist böse meist) Du siehst, ich bin vollständig unzurechnungsfähig. Aber dagegen scheinst Du ja gewappnet zu sein.

Oh Liebes, so gerne würde ich Dich in den Armen halten und mich mit Deinem Busen und den übrigen Teilen vergnügen, Deine Wärme spüren, Dir kurzsichtig in die Augen sehn, aber anderseits sind zeitliche Distanzen nicht das Schlechteste, um sich gegenseitig an seinen Gefühlsintensitäten zu prüfen.

Zumindest ist meine unverändert und ich sehe mich, nach dem heutigen Tag, nicht in der Lage, etwas anderes von Dir zu erwarten.

(Das Technische sind die üblichen Anfängergeschichten) Soviel für jetzt, morgen früh vielleicht mehr: Lasst wohlbeleibte Frauen um mich sein! (Mehr dazu in meinen Gedichten.)

Sei heftig geküsst

Silvi und Nicki

per Mail

Silvi: Liebe: wuaah!! Ja – was habi schon erzählt? Zwei wochen war ich wieder mit Andi zusammen – zwei wochen lang war's wunderbar innig und schön und liebe und liebe und alles was dazugehört, dann ein morgen und Andi is gestresst und schreit mich an und auf einmal bricht alles auseinander, drei tage circa wollt ich nix mit ihm zu tun haben, dann haben wir lang gequatscht und dann ging's wieder ganz gut, wir ham uns unglaublich lieb, aber zusammen is unmöglich mit ihm – oder vielleicht liegt's an mir? Im endeffekt egalundwuascht – bin ganz zufrieden jetzt, auch wenn ich mich manchmal nach den innigen zeiten mit ihm sehne.

Nicki: Schade, dass der Andi so schwierig is, mh? macht ihm wahrscheinlich am meisten kopfzerbrechen, koennt ich mir vorstellen.

Silvi: Da war ja auch noch dieser Roland, ja – der war letzte woche da, ein komplizierter mensch is das! Noch komplizierter als der Andi! er würd mich gerne lieben, kennt mich aber gar nicht – sagt er. wir haben über das geplaudert und ich meinte, ich würd ihn erst mal als freund kennenlernen, außerdem, glaub ich, sind wir beide nicht bereit – er hängt noch an seiner neunjährigen beziehung und ich muss mir erst über Andi klarwerden ……

Nicki: Was soll das heissen, er kennt dich gar nicht? So ein trottel, dann soll er sich halt die muehe machen und dich kennenlernen. sorry, aber der satz hat mich recht aufgeregt! wie macht ihr das denn in berlin? ihr seid freunde (oder nicht mal das …?) warum soooo kompliziert????? ja oder nein? wos jetzt? vielleicht hab ich den falschen eindruck, aber wolltest du nicht zum teil wegen ihm nach berlin? ich kenn mich net aus! noch schwieriger als der Andi?

Silvi: Dann gibts noch den Micha – hab i erzählt? wunderschönen mund und sehr sehrsehrsehr lieb, mit dem möchte ich zwar keine beziehung jetzt (hab ich auch gesagt), bin aber total gern bei ihm, is immer sehr entspannt und lustig.

Nicki: Ist der Micha zu wenig kompliziert? haha. bin echt neugierig auf seinen mund. Hast ein foto? Und schmusen oder sonst was gewesen?

Silvi: Soweit der liebesreport. wie schaut's bei dir aus mit rosa gefühlen?

Nicki: Oh man ich sags dir. hab mich in thailand verliebt. in einen israeli. hab die geschichte schon abgespeichert und schick sie dir extra. ok? dir auch viele kuessis.

Silvi: Ich umarm dich und du grigst einen festen schmatzkuss.

Til

04. 12. 2000
Abends

Allerliebste,
das war ein sehr schöner Vormittag und dass es Dich an einer Stelle «kalt erwischt» hat, war sehr amüsant.

DU machst mich entspannt und geradezu faul. Hier war nichts zu verpassen; Gisela war erst zehn Minuten vor mir zuhaus und eigentlich nur sauer, dass kein Bier da war, ich hatte gerade neues gekauft und brachte es mit – und wenn die um halb 6 zu zappen anfängt und nicht mehr stricken mag, dann ist sie schon sehr müde und erschöpft und freut sich, in jeder Richtung in Ruhe gelassen zu werden.

Da ist mir Deine Wärme, Deine Weichheit ein wunderbarer Trost und, außer dem Fall, dass Du mich nicht sehen willst (ich kann durchaus nervig sein), möchte ich Dich häufig sehen. Solltest Du inzwischen wissen.

Morgens

Ach! Die Weiber durchschauen einen doch immer. Höchst unterkühlt wurde ich gefragt, was meine Freundin Kathrin mache und ich antwortete eingeschränkt wahrheitsgemäß: «Ich hoffe, sie schreibt». Stimmt ja auch. Aber dann die tückische Nachfrage: «Du hast sie nicht besucht?» Da musste dann freilich gelogen werden. Weißt Du, ich war früher auch mal die ganze Nacht weg, aber sie wusste bei wem, einer Person, die sie auch mochte, dann war das schon OK. Wie gesagt, Du musst mal mit ihr Rotwein trinken, damit sie dich kennenlernt. Dann ist alles einfacher einzurenken.

Was anderes: Wenn du Geschichten aus der Vergangenheit hören willst, so kann ich Dir etwas über die Bremer Schülerunruhen Januar 1968 erzählen.

Unendlich innige Küsse. So viel habe ich seit Jahrzehnten nicht geküsst und es so genossen.

Mit einem Sack voll Liebeswünschen

Lucia
per Mail

Schadensbegrenzung und Arbeiten am Mythos?

Heute Nacht mit Otto Sander, Peter Turrini und Matthias bei Whisky und Wein in der Speisekammer gesessen. Peter Turrini rät mir, das Ende mit Dir anzunehmen und nicht mehr weiter an etwas zu glauben (Schmerz und Sinn). Otto Sander küsst mir die Hand und sagt nicht viel (er ist ziemlich betrunken). Matthias überlegt, ob er nicht doch dem Rat seiner Mutter folgen und mich heiraten soll (Scherz). Und sie reden über mich, als ob ich nicht da wäre. Und es könnte alles sehr schmeichelhaft sein. Und ich kann nicht aufhören, an Dich zu denken.

Vom Ende meiner Welt

Lucia

Post Scriptum pragmatisch-medizinisch: Ich habe zu allem Unglück auch noch eine Pilzinfektion in der Scheide bekommen. Ich sage Dir das, weil es Dich auch betreffen könnte. Angstvoll vor Konsequenzen für später (ich pragmatisch-medizinisch).

Til

12. 12. 2000

Liebe, liebste Kathrin!
Wenn Dir meine Briefe zu viel sind, dann musst Du es sagen, dann schreibe ich ein kleines Buch nur für mich selbst, und Du wirst es nicht lesen können.

Es ist durchaus amüsant, sich von außen zu betrachten und dabei die Veränderungen zu registrieren. Seit meinem 13. Lebensjahr habe ich mich im wesentlichen sexuell definiert. Deswegen rede ich soviel davon und darüber. Bis wir uns trafen – was eine völlige Veränderung bei mir bewirkte. War ich vorher der Meinung und der Aktivität nach so, dass zwei Tage ohne Ejakulation verlorene Zeit seien, so merke ich jetzt, dass Sex nach wie vor schon verrückt ist, mich aber körperlich und seelisch nicht mehr so verrückt macht und reagieren lässt wie in den vergangenen Jahrzehnten. Trotzdem denke ich an Deine Brustwarzen, Deine Klitoris, aber nicht in der üblichen Begehrlichkeit, die sich in voller Erektion zeigt, sondern in Bewunderung. Ein großer weiblicher Körper ist eben schön und wenn er sinnlich reagiert, wird er noch schöner.

Auch deshalb habe ich nicht die geringsten Probleme, wenn Du mit anderen Typen Sex hast, solange Du auf Deine Kosten kommst. Ich möchte ein glückliches Mädchen-Märchen. Und märchenhaft bist Du ja. Für mich.

Ja, ich soll Dich nicht anrufen und tu's auch nicht, obwohl es mir schwer fällt – außerdem bist Du ein Morgenmuffel, im Gegensatz zu mir. Aber wenn Du angelegentlich bestätigen könntest, meine Brieflein erhalten zu haben, wäre ich bescheidener Mensch recht dankbar.

Ich umarme Dich ganz sanft und schicke Küsse.

Ralph
per Mail

Liebe Lucia,
lass mich mit dieser kurzen Nachricht anmerken, dass auch ich nicht immer alles im Griff hab, viele meiner Entscheidungen überdenke, keinen Tag nicht an Dich denke und mich frage, was wir voneinander erwarten dürfen, sollen und müssen. Du bist in meinem Herzen. Und ich hab auch meine Gefühle, die mir sagen, wo das alles hinläuft und ich will es dahin laufen lassen. Auch dazu will ich Dich sehen, mit Dir reden, mir auch Deine Gefühle anhören, mich überraschen lassen, Dich nie aus meinem Leben wegdenken müssen – hin und wieder bin ich mir nicht sicher, ob Du uns viel anders siehst als ich!

Fahr jetzt an die Ostsee und weiß nicht, wie sehr Dich das verletzt, kann es mir vielleicht vorstellen, tue es aber nicht, weil es ein solcher «Kurzurlaub» nicht sein kann, der Dich beeindrucken soll, da gibt's anderes! Ich brauch einfach ein paar Tage nach den letzten Monaten ohne Computer, ohne Arbeit, um vielleicht auch wieder schlafen zu können, meinen Bauch zu kurieren etc.

Wie siehst Du das alles? Ich denke an Dich,

Dein Ralph.

Ralph und Lucia

Til

15. 12. 2000

Liebste,
ich kann doch nicht lassen, Dir zu schreiben und wenn ich Dich nicht bald mal sehen und berühren kann, dann werde ich vor Liebeskummer tot umfallen. Mit Brief und Siegel: «Diesen armen alten Mann hat Kathrin durch Lieblosigkeit umgebracht!»

(Na ja, ich darf doch auch kokettieren – oder?)

Ich weiß, ich bedränge Dich zu sehr, ein sich wiederholender Fehler von mir. Ich wollte, du schössest mich tot. Bei großer Liebe gibt's bei mir immer die Assoziation mit Tod – dann bin ich nicht mehr verwickelt.

Ich weine wieder fast, weil ich Dich nicht sehe und spüre, das ist so grausig, daß ich vor mir selbst weglaufen werde – so blöd, so blöd, so blöd!

Zu den Realitäten und weg von den Gefühlen:

a) freue ich mich über jeden Anruf von Dir. Er gibt mir dann ein bisschen Vertrauen und Lebenswillen.

b) könntest Du mal am Wochenende hier erscheinen? Wie Du begreifen wirst, hätte ich auch nichts dagegen, Dich bei Dir allein zu sehn.

c) Wenn du meinen Weihnachts- und Neujahrswunsch nach Abholung nicht erfüllen kannst oder willst, so werde ich das auch überstehen. Eben eine Narbe mehr.

Ich liebe Dich
Til

Lucia
per Mail

Heute Nacht um 4.00 Uhr

Statt einem langen Telefonat, ein paar Zeilen.

Ich freue mich für Dich, wenn Du so schnell jemanden findest, mit dem Du Sachen machen kannst, die Du mit mir nicht mehr … wie einfach so an die See fahren.

Ich bin in Rhythmusstörung. Bei Dir geht alles ganz schnell, das danach und von vorne, und ich knalle um so mehr in eine lähmende Zeitlupe, und ich versuche mich hochzurappeln und bin dabei total verlangsamt.

Und in meinem Kopf: lass Dir Zeit, und Du Deine längst in die Hand genommen und auf und davon. Und mein Herz klopft ganz schnell und kommt doch nicht mit.

Aus der Zeitschleife

Deine Lucia ganz stark

P. S. Am Telefon wollte ich ganz anderes mit Dir reden. Aber ich liebe Dich.

Til

17. 12. 2000

Du, –

Wenn du morgen so bist wie heute am Telefon, dann hat das ganze keinen Zweck. Wenn Liebe und Freundschaft als Belästigung empfunden werden … was soll man da machen? Ich empfand Zuneigung und Zuwendung von Dir, war's nur eine Laune? Dass es nicht um Eifersucht auf irgendwelche Akrobaten und Kurtis geht, hab ich deutlich gesagt.

Nichts gegen eine gewisse emotionale Abschirmung – aber kannst Du nicht sagen was Sache ist? Ich geh Dir auf den Keks, d'accord, aber nur dadurch, dass ich zu viel schreibe und anrufe?

Wir sollten kein Verhältnis produzieren, wo wir uns gegenseitig lästig fallen oder uns wehtun. Dafür mag ich Dich viel zu sehr. Aber so geht's eben nicht.

Ich bin natürlich tieftraurig – aber ich glaube oder habe Anlass zur Vermutung, dass Dich meine Gefühle sehr wenig interessieren. Sei's drum – ich habe mich selten jemanden so weit geöffnet wie Dir, und nun bekomme ich die Quittung.

In unglücklicher Liebe
Til

Walter

Montag: Wir liegen nebeneinander. Sie legt das Buch weg. Auch ich lege das Buch weg. Das Licht geht aus. Plötzlich neben mir die traurige Frage: «Warum schläfst Du nicht mehr mit mir?» Ich versuche zu trösten und mache dann Anstalten. Der Kopf versucht den Schwanz auszuschalten. Es gelingt und es findet statt. Jeder hatte seine Freude. Aber mein Bauch wollte es nicht.

Donnerstag: Oft werde ich aufgefordert, meine Zeit in ihrer Nähe zu verbringen oder sie eilt zu mir. Dann höre ich oft die Worte: «Ich weiß nicht, wie lange es uns noch geben wird.» Und dann sehe ich ihre warmen, lieben Augen und ich könnte heulen. Oft sitzen wir dann beieinander und lesen. Wir reden nicht. Es gibt nichts zu reden in dieser beschissenen Situation. Sie sagt dann oft voller Sehnsucht, daß sie mich wieder als den Alten haben will. Diesen Mann, der zusammengekauert den Tag verbringt, hat sie nicht geheiratet.

Samstag: Langsam spürt auch sie das Fallbeil auf uns zuschleichen. Unausgesprochen. Sie kann sich auf nichts konzentrieren. Still liegen wir nebeneinander und halten uns fest. Ab und zu streicheln wir uns. Ganz bedrückte Stimmung.

Mittwoch: Die Tage gleiten sinnlos dahin. Du kriegst Streicheleinheiten der Liebe. «Lass uns noch viele Jahre zusammenbleiben. Hör doch endlich auf zu rauchen.»

Sonntag: Habe heute wieder die Aufforderung zum Beischlaf erhalten. Komme nach Hause und sie ist noch wach. Zappe mich aber durch die Programme. Gehe nach oben und das Licht ist aus. Sie erwidert noch mein Streicheln, doch sie schläft. Versuche es auch, doch es geht nicht und jetzt sitze ich hier.

Dienstag: Zweimal versucht. Einmal war ihr das Gewirtschafte langweilig, dann war es bei ihr, aber ich hatte Ladehemmung, was ich schon von Anbeginn spürte.

Freitag: Wieder ein Versuch. Sie ist eigentlich müde, gibt sich dem Ganzen aber hin. Mühseliges Bewegen eines gefühllosen Organs in einem Menschen. Aufgeben. Herunterwälzen. Frust.

Samstag: Nächster Versuch – ermutigt von den Worten: «wird ja doch nichts». Und es wurde nichts. Auf einmal brach die Verbindung zwischen Kopf und Schwanz ab und es wurde alles leer. Mühsames fruchtloses Agieren.

Christine

11.03.2001

Auf alle Fälle werden meine Aufzeichnungen schonungslos direkt und nicht ohne ehrliche Kommentare sein, so wie die Aufzeichnungen von M. sind.

Er weiß über mich gar nichts. Er will auch nichts über mich wissen. Das ist ein Problem für mich und nicht zu lösen.

Heute und gestern hatte er gute Laune, das war schön.

Da ich weiß, dass ich die ganzen Jahre nur Notnagel gewesen bin, weiß ich, daß diese lieben Gesten der letzten Tage nicht ernst zu nehmen sind.

Warum schlafe ich eigentlich noch mit ihm, obwohl ich weiß, dass er

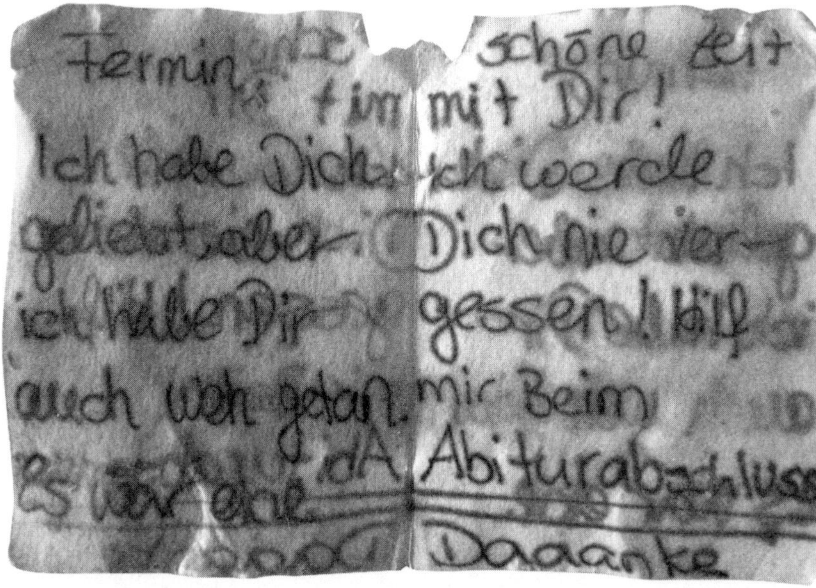

Pfützenfund in Leipzig

nicht mit mir schläft, sondern mit einer ganz anderen Frau? Lange geht das nicht mehr so.

Deswegen möchte ich endlich wissen, was er wirklich für eine Beziehung zu mir hat. Ich weiß, dass es schrecklich für mich ausfallen wird, aber ich muss es wissen.

Sei endlich einmal ehrlich zu mir!

Walter

Samstag: Es gibt Situationen, die gibt es nicht. Sehe im Schwimmbad 'ne attraktive Tuss ins Wasser schreiten. Dann sitzt sie plötzlich in der Schwemme uns gegenüber. Kann natürlich nicht meine verstohlenen Blicke von ihr reißen. Muss es wohl gemerkt haben. Gehe zur Kasse und hole mir etwas. Plötzlich steht sie neben mir und bestellt mit einem Lächeln etwas. Und unser beider Lächeln begegnet sich. Galt ihr Lächeln der Bestellung oder mir? Verzehren des Gekauften. Gehen. Ich als Letzter. Gehe an der Sitzenden vorüber. Da geht ihr Blick nach oben – direkt in meine Augen. Und der Blick sagte: Ich will dich auch. Und dann ist da plötzlich wieder Gefühl in der Hose. Gefühl, die Alte sofort flachzulegen, wissend, dass sie es auch will – Irre. Tja, und dann ist da die Kleine, die an dir hängt. Ich will sie auch. Irgendwie Scheiße das Leben.

Mittwoch: Die Kleine schläft. Haben es mal wieder versucht. Ging zum dritten Mal für sie schief. Und sie sehnte sich so nach dem befreienden Schreien. Es wollte nicht kommen. Es ist nicht besonders schön, einen Körper zur Befriedigung dargeboten zu bekommen.

Christine

20.03.2001

Kann mich in ganz wenigen Fällen oder auch gar nicht erinnern, dass M. Sex von seiner Seite wollte.

Immer muss ich der Antrieb sein. Ansonsten hält er mir vor, dass ich ihn nicht überrasche. «Von mir kommt nichts!» Von ihm kommt gar nichts! Auf den Blumenstrauß kann ich verzichten, da er nicht von Herzen kommt. Es ist sein Pflichtmittel, mich zu beruhigen und glauben zu lassen, dass er mich noch liebt. (Ich hasse langsam Blumensträuße von ihm.)

Aber alles andere spricht dagegen. Zum Beispiel der ständig wiederholte Satz: «Wir leben doch gut zusammen! Oder?» Und dann schaut er mich ganz erwartend an. Er macht sich Mut, dass er bei mir bleibt wegen der Möbel und ich soll ihm dabei helfen und es bestätigen.

Es ist bald nicht mehr zu ertragen, mit einem Mann zusammenzuleben, der einen nicht liebt. Und das spüre ich ständig an ihm – an jeder beiläufigen Bemerkung diesbezüglich eiert er herum.

Walter

Sonntag: Wir verbringen den Tag. Der Tag ist schön. Die Sonne ist unser. Und nichts soll die Sonne trüben. Sie wäscht sich die Haare. Dabei steht sie in all ihrer Nacktheit in der geöffneten Dusche. Ein Hauch der Begehrlichkeit überkommt mich, doch ich gebe ihr nicht nach.

Abends: Wir reden davon, dass sie möglicherweise von mir gehen muss, aber es nicht gerne tun würde. Ich sage ihr, dass auch ich bereit sei, sie zu lassen, um sie zu schützen. Sie will dies nicht hören.

Christine

Ich: Wenn mir etwas passieren würde, dann würdest du mich hängen lassen.

M.: Ja.

Ich glaube ihm.

M.: Ich habe dich in letzter Zeit weder sexuell noch gedanklich betrogen.

«Letzte Zeit» sind circa drei Monate. Ich glaube ihm nicht.

Nach einem schönen geruhsamen Wochenende:

Ich: Ach, keiner liebt mich.

M.: Doch, deine Katze.

Ich: Und du, du liebst mich nicht?

M.: Doch, auf meine Art.

Das spricht Bände.

Es beginnt das Warten, dass er sich wieder richtig verliebt und geht. Er sucht und wartet auf seine Bilderbuchliebe. Er hat Geduld und weiß, dass er gewinnen wird. Ich bleibe wie immer auf der Strecke. Was für ein Scheißleben habe ich in den letzten zwanzig Jahren gehabt.

Walter

Dienstag: Und ständig sagt mir meine Liebe, wie lieb sie mich hat, wie sehr sie mich braucht. Obwohl ich deswegen eigentlich vor Glück heulen sollte, baut sich gerade bei diesen Worten eine Mauer um mich auf. Gilt das wirklich mir? Darf ich diese Zuneigung in dieser Intensität zulassen? Ich will und muss ihr aber doch noch lange zur Seite stehen. Nicht, dass sie nicht lebensfähig wäre. Nein, ein Dahingehen würde ihrer kleinen Seele schmerzen. Also muss ich jetzt endlich – mal wieder – mit dieser Raucherei aufhören. Mal sehen, ob noch was von diesem Körper zu retten ist.

Mittwoch: Wir ficken. Es war ihr Wunsch. Sie hat mich dazu gebracht. Schön. Langweilig. Am Abend darauf wieder die verklausulierte Einladung. Keine Lust. Ich will es nicht. Ich will nicht rasieren. Ich will nicht das Manipulieren. Was will ich? Ich will Ruhe. Will heißen: Ich will nicht ficken.

Christine

14. 04. 2001

Zur Zeit scheint er keine Freundin zu haben. Im Gegensatz zu den letzten zwei Jahren hat er plötzlich wieder Hodenschmerzen, da wir zwei (!) Wochen keinen Sex mehr hatten. Vor der Krise hatten wir im Abstand von circa zwei/drei Monaten keinen Sex. Aber da hatte er keine Hodenschmerzen! Kommentar überflüssig.

Walter

Mittwoch: Des Abends werden die melancholischen Worte geführt. «Was ist, wenn wir morgen nicht mehr gemeinsam aufwachen?» «Ich will nicht, dass es ein Ende hat.» In ihr hat der 11. September ein bleibendes Gefühl der Betroffenheit hinterlassen. Ganz kann ich ihre Gefühle nicht nachvollziehen. Natürlich war ich auch betroffen und werde diese Bilder der Zerstörung nie mehr vergessen, aber ich bin nicht mehr betroffen. Vielleicht sind viele meiner Gefühle für immer zerstört. Dann schlafen wir eng umklammert ein. Fast Sekunden später ist an meinem Ohr ein mächtiges Schnarchen. Die Gedanken kommen wieder. Ich löse mich aus der Umklammerung. Warte. Stehe auf und schreibe.

Freitag: Wir haben wieder gestritten – bis aufs Messer. Jeder wollte Recht behalten. Jeder spürte dabei Schmerzen. Sie weinte. Vielleicht habe ich sie wirklich schlecht dabei behandelt. Doch auch ihre Worte waren von Übel. Am nächsten Tag hatte sie schrecklich verweinte Augen. Und das tat mir in der Seele weh. Streit muss doch wirklich nicht sein. Es ist doch so wertvoll, unser Zusammensein. Beide haben wir einander lieb. Streit ist wie eine Windmühle. Der eine sagt, dass er Recht hat, und der andere sagt – hast du nicht. Und es wiederholt sich dann. O.k., vielleicht versucht dann jeder ab und zu noch eine Gemeinheit loszuwerden, aber das Wesen bleibt die Wiederholung. Wir haben beschlossen, dass wir versuchen wollen, nicht mehr zu streiten. Es mögen uns noch viele schöne Tage beschieden sein.

Christine

17.04.2001

Was soll ich tun?

Ich glaube, ich kann nichts tun. Er muss es mir endlich ins Gesicht sagen. Ich ermutige ihn oft, aber nicht konsequent genug, da ich Angst davor habe. Und das weiß er. Wenn ich noch die Einstellung zum Leben haben würde wie vor Jahren, dann wäre es kein Problem für mich. Es ist eigenartig, eigentlich warte ich seit zwei Jahren nur noch auf meinen Tod. Wozu soll ich leben? Ich bin überflüssig und habe der Welt nichts zu geben. Mein bisheriges Leben (außer meine Kindheit) war eine totale Katastrophe. Jetzt bin ich wie immer allein. Wenn ich meine liebe Tochter Nora, die ich wegen dir (ich hasse mich dafür) vernachlässigt habe, nicht hätte, wäre ich schon längst tot.

Ich habe nicht mehr die Kraft zu sagen, dass ich leben will. Ich bin zu müde. Ich kann den Sonnenaufgang nicht mehr genießen.

Danke für die schönen Stunden

(Ich sage es dem Teil von M., der mir gehörte.)

Walter

Samstag: Des Morgens ertönt das Klagelied. «Warum machen wir denn nichts mehr miteinander?» Unverständnis. – Es folgt die obszöne Geste flache Hand auf geschlossene Faust. Es folgt die Rede: «Aber komm mir bloß nicht heute Abend damit.» Es kam der Abend und es geschah trotzdem, obwohl natürlich wieder Reden geschwungen wurden: «Ach gib dir bloß keine Mühe ...» Körper o.k., Kopf dagegen.

Sonntag: Bei all diesen Umständen habe ich neulich wieder voll Sehnsucht an Tessa gedacht. Es war auf der Fahrt in die Stadt. Da war sie wieder vor meinem inneren Auge – mit ihrer unsäglichen Schönheit. Doch eigentlich will ich meine innere Ruhe. Will kein Sehnen mehr, will mir ihr zusammen den kümmerlichen Rest dieser Tage verbringen. Ich halte sie in den Armen, dass sie schläft. Sie schläft sehr laut, aber es ist schön, dass es ihr Schlaf ist und dann, dass sie ihn in meinen Armen gefunden hat.

Manuela

per Mail am 22.05.2001

Hallo Süßer,
ich denke an Dich … Es ist heute ein traumhafter Tag und ich habe mir einen Tag von den Favelas freigenommen, um mir die Sehenswürdigkeiten in Rio Sul anzusehen. Viel Neues gibts nicht, aber ein dramatischer Vorfall hat sich ereignet, nachdem wir am Sonntag telefoniert haben. Eine der Marias (Hausdienerinnen) wurde niedergeschossen. Sie wurde von zwei Kerlen (voll auf Kokain) überfallen, die ihr Geld forderten. Sie weigerte sich und sie schossen ihr durch die Hüfte. Es passierte auf ihrem Heimweg im Bus. Sie ist jetzt im Krankenhaus und erholt sich nach ihrer Operation, bei der die Kugel herausgeholt wurde. Es war ein ziemlicher Schock für alle. Aber zumindest sieht es so aus, als würde sie durchkommen. Rio kann ein sehr gefährlicher Ort sein. Es gibt jeden Tag in den Zeitungen Geschichten über Verbrechen und Gewalt in Santa Teresa, aber ich habe noch nichts davon gesehen, gottseidank. Mein Hotel scheint einigermaßen sicher zu sein.

Innige Küsse und Gänsehaut, zitternde Umarmungen im Sonnenschein und im Regen, davon träume ich, mit Dir, Liebster … Warte einfach, bis ich zurückkomme … Ich bringe Taschen voller Sonnenschein mit, nein, ich sende welchen mit dieser Mail, damit auch Du viele wunderschöne Tage hast …

love,

Manuela

Antje

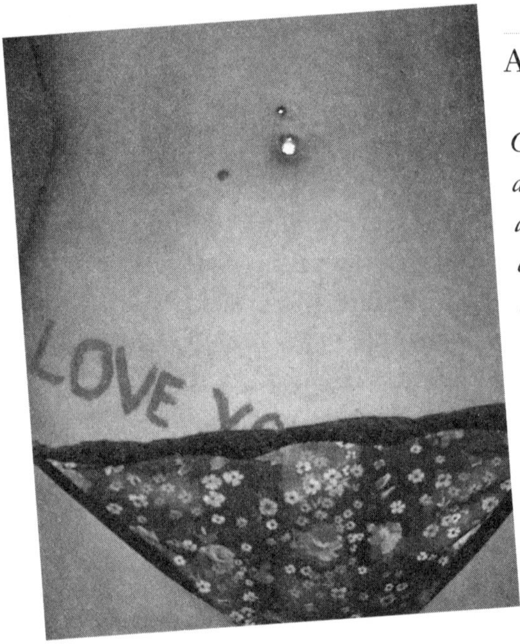

Antje 2003

Gefunden in einem abgestellten Koffer in der Lottumstraße, Berlin 2011, darin auch ein Fotoalbum erotischer Natur, das von Antje für Oscar zu Weihnachten angefertigt wurde.

Hallihallo mein Großer!

Bin froh, dass ich Dich jetzt endlich wieder bei mir habe, hast mir echt gefehlt! Bist halt mein aller, aller liebster Lieblings-Oscar!

Dicken Kuss
Antje

Ich finde, dass ich ganz schnell die vielen Küsse, die ich in der Woche verpasst habe, nachholen muss!

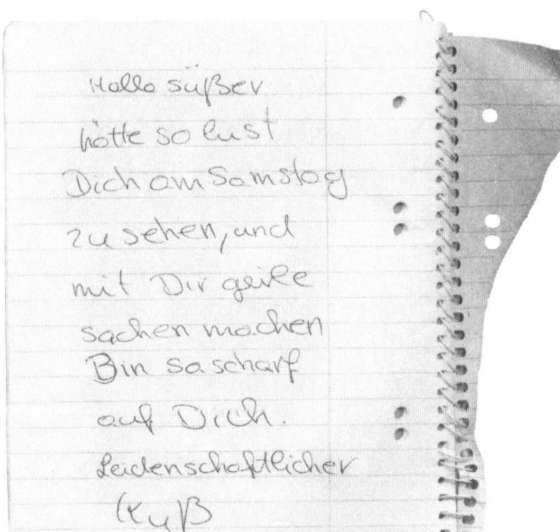

Hallo süßer
hätte so lust
Dich am Samstag
zu sehen, und
mit Dir geile
sachen machen
Bin so scharf
auf Dich.
Leidenschaftlicher
Kuß

Oscar

Komm, weil ich dich brauche. Wenn ich an dich denke, wird meine Traurigkeit größer, deine Erinnerung wächst in meinem Herzen und ich möchte dich sehen. Wenn ich an dich denke, wenn ich an dich denke. Wann werde ich dich wieder sehen, mein Schatz, wann? Die Nächte sind unerträglich ohne deine Wärme, wann werde ich dich wieder sehen, mein Schatz, wann? Die Nächte sind unerträglich, wenn ich von dir träume. Komm, komm, komm, mein Schatz. Komm, komm, mein Schatz. Die Nächte sind unerträglich, ich schaffe es nicht mehr allein. Weil du nicht mehr da bist. Komm, weil ich dich brauche, meine Seele, mein Schatz.

Paul und Claudia

per Mail 2008

Liebste,
ich liebe es, mich mit Dir zu streiten, aber können wir das vielleicht auf der Basis tun, dass ich mich längst für Dich entschieden habe und dass ich Dich wirklich liebe? Das wäre schön.

Okay.

Ich rede manchmal wirres Zeug daher, das weiß ich selber. Und wenn ich Dich heute noch oder vielleicht auch erst morgen anrufe, weil Du ja vielleicht nicht rangehst, kannst Du dann vielleicht Deine Waffen einstecken? Es macht mich ganz nervös, wenn Du mit dem Schwert vor mir herumfuchtelst. Ich will Dir doch gar nichts tun, und wenn Du so eisig bist, dann kann ich erst recht nicht aus mir herausgehen und dann denkst Du wieder, ich weiche zurück.

Ich schmeiße mein Schwert weg.

Im Moment habe ich das Gefühl, Du läufst auf der anderen Straßenseite und würdigst mich keines Blickes, während meine nur auf Dich gerichtet sind (und ich renne ständig gegen einen Laternenpfahl deswegen). Komm, lass uns wieder auf derselben Straßenseite gehen, ja?

Okay, ich komm wieder auf deine Seite.

Paul

per Mail 2008

Mein liebster Schatz,
was ich an diesem Biergarten so mag, ist, dass sie einen immer missverstehen. Bestelle ich ein Bier, bekomme ich ein Radler, bestelle ich ein Radler, bekomme ich ein Bier, bestelle ich ein alkoholfreies Weizen, bekomme ich ein Weizen, also sei mir nicht böse, wenn ich jetzt ein Weizen trinke, weil sonst kommt die Gute völlig durcheinander.

Der Grill wird gerade angeheizt und bald riecht es hier nach Steckerlfischen, aber ich denke, ich bin vorher schon bei Dir zu Hause, wo ich mich wie zu Hause fühle, wie überhaupt bei Dir, wie noch nie bei einer anderen Frau.

Ich fühle mich angekommen.

Ich bin so unglaublich verliebt in Dich, dass es weh tut, und es tut jeden Tag mehr weh. Ich werde diese 50 Tage rückwärts zählen, und jeder Tag wird mir wie eine Woche erscheinen, was dann zusammengezählt ein Jahr ausmacht, wenn man zwei Wochen abzieht.

Hoffentlich überlebe ich das.

Aber noch bin ich ja da.

Ich bin so glücklich mit Dir und küsse Dich auf Deinen Herpes.

Dein Held

Sophie

2009 – Karl verliest in der Sendung Domian unter Tränen den Brief von Sophie und seine Antwort, die er nicht abschicken kann, da er nicht weiß, wo Sophie sich aufhält.

Hallo Karl.
Ich habe Dich verlassen! Versuche nicht, mich wieder zu sehen. Wir haben in einer Monotonie gelebt, bei der ich mich am Ende am wohlsten fühlte, wenn ich alleine war. Es ist nur realisierbar, die gemeinsamen Schwierigkeiten zu überwinden, wenn Liebe zwischen zwei Wesen besteht, und diese Liebe sich in Zärtlichkeit, Freundschaft und Achtung des Anderen ausdrückt. Je mehr die Zeit vergeht und je mehr ich bemerke, dass hier nichts mehr zwischen uns ist und niemals!!! gewesen ist … Das ist für mich eine vitale Frage. Ich werde mein Leben unter solchen Umständen nicht beenden wollen. Trotz aller Zerrissenheit, aller Ängste und aller Probleme, die das beinhaltet, habe ich mich entschlossen, Dich zu verlassen.

Was hast Du eigentlich gegeben? Aus Liebe? Für mich heißt Lieben, den Anderen zu akzeptieren, mit seinen Fehlern und seinen Vorzügen. Wenn aber nichts davon zurückkommt, wozu das alles? Ich habe so lange geglaubt, dass, wenn ich gebe, ich auch wieder zurückbekomme. Wenn ich eine gewisse Zärtlichkeit von Deiner Seite … und schließlich war meine Liebe umsonst gewesen. Es ist unmöglich, die Vergangenheit noch einmal neu zu gestalten. Man muss nach vorne gehen und die Zukunft ins Auge fassen, selbst, wenn sie für mich begrenzt ist. Ich sage Dir Adieu und Guten Wind, wie man in der Seglersprache sagt. Ich habe Dich geliebt, aber das hat nicht ausgereicht, um uns glücklich zu machen. Gib Dir keine Mühe, versuche nicht, mich wieder zu sehen.

Ich bin ausgebrannt. Ich kann nicht mehr und ich will nicht mehr zurück.

Sophie

Karl

Meine geliebte Frau!
In tiefster Nacht rufe ich nach Dir, tränenüberströmt. Hilf mir doch aus dieser großen Not! Ich habe Dir großes Unrecht getan, und ich bereue es zutiefst. Jetzt sehe ich endlich, was Du mir immer bedeutet hast, in diesen 44 Jahren unserer Ehe. Gib mir bitte ein Lebenszeichen! Gib mir doch bitte die letzte Chance, Dich zu sehen, Dich zu hören, Dich zu sprechen! Befreie mich aus diesem grausamen Dunkel, aus dem ich ohne Dich nicht mehr herausfinde. Ich flehe Dich an und ich umarme Dich!

Zärtlich, zärtlich, zärtlich …

Paul

per Mail 2009

Geliebte,
ich stelle mich uns als alte Leute vor, wir spazieren auf der Straße und ich bin die ganze Zeit am Schimpfen und Fluchen, dabei meinen Stock mal in diese, mal in jene Richtung schwingend. Ich mach das natürlich nicht, weil ich schlecht gelaunt bin, wie könnte ich das sein, denn Du bist ja da, sondern weil es mir einfach Spaß macht und ich die Narrenfreiheit des Alters genieße. Du weißt das natürlich genau, und musst die ganze Zeit lachen, was mich natürlich noch mehr aufregt (also natürlich nicht wirklich, sondern scheinbar, das hat sich im Lauf der Jahre so zwischen uns eingebürgert, ein Spiel). Am Ende meines Lebens möchte ich sagen können «Was für ein wilder, verrückter und schöner Tanz.» (BIS ANS ENDE DER WELT), und tanzen möchte ich nur noch mit Dir.

Dass ich immer wieder unglücklich aufgewacht bin, den ganzen Tag eigentlich unglücklich war, wenn ich von Dir geträumt habe, was oft passiert ist, habe ich Dir ja schon erzählt. Das war deshalb, weil meine Seele wusste, dass ICH, ich ihr selbst einen Dolch ins Herz gestoßen habe, weil ich zugelassen habe, dass sie von Deiner getrennt ist. Jetzt merke ich aber auch, dass sie Purzelbäume schlägt, Luftsprünge macht, ja, und auch zittert, wenn sie an Dich denkt.

Du bringst mich zum Schmelzen, ich werde ganz weich unter Dir (ein Körperteil von mir wird wiederum sehr hart, wenn ich an Dich denke ;-)

Ja, ich möchte mit Dir schlafen, Dich ertasten, fühlen, riechen, schmecken (sprechen ist nicht so wichtig ;-)

Ich küsse Dich viele tausend Mal

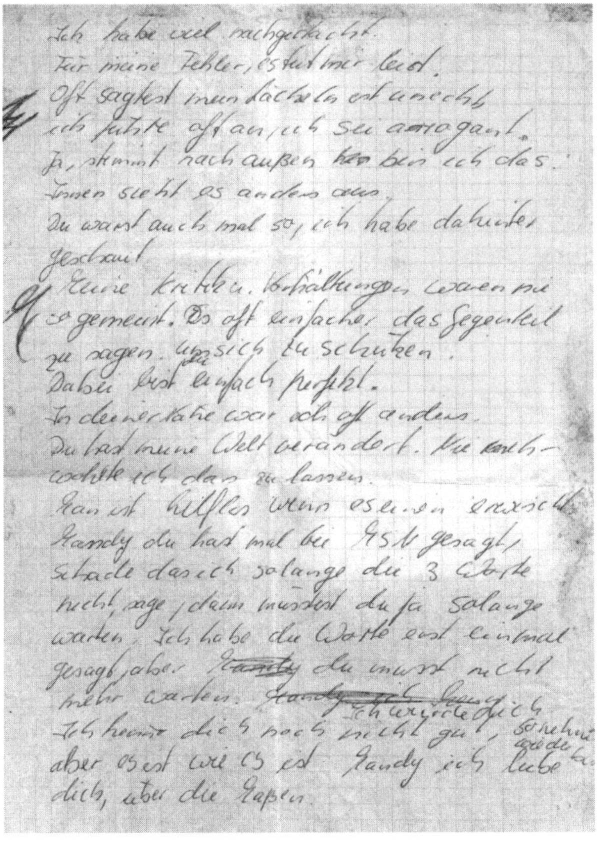
Ich habe viel nachgedacht.
Für meine Fehler, es tut mir leid.
Oft sagtest mein Lächeln ist unecht,
ich wirkte oft an, ich sei arrogant.
Ja, stimmt nach außen ~~hin~~ bin ich das.
Innen sieht es anders aus.
Du warst auch mal so, ich habe dahinter
geschaut.
Deine Kritiken, Verhaltungen waren nie
so gemeint. Es ist einfacher das Gegenteil
zu sagen, um sich zu schützen.
Dabei bist du einfach perfekt.
In deiner Nähe war ich oft anders.
Du hast meine Welt verändert. Nie [illegible]-
wollte ich das zu lassen.
Man ist hilflos wenn es einen erwischt.
Sandy du hast mal bei [illegible] gesagt,
Schade dass ich solange die 3 Worte
nicht sage, dann musst du ja solange
warten. Ich habe die Worte erst einmal
gesagt, aber ~~Sandy~~ du musst nicht
mehr warten. ~~Sandy ich liebe~~ Ich vermisse dich
Ich kenne dich noch nicht gut, [illegible]
aber es ist wie es ist Sandy ich liebe
dich, aber die [illegible].

Gefunden vor einem Supermarkt in Berlin 2010

Andy und Gieke

Hallo Gieke, ich dachte, wir wollten vorurteilsfrei aufeinander zugehen. Ich hatte keine derartigen Hintergründe verknüpft. Ich hatte heute morgen auch keine schlechte Laune (habe Dir Morgenküsschen gegeben). Ich wusste nicht, dass Du bei der Frage, «ob wir noch Brot haben?» dermaßen ausrasten würdest, sonst hätte ich's mir wirklich gespart. Du hast doch gemerkt, dass ich keine schlechte Laune hatte, warum denkst Du von mir, dass ich inszeniere und vorwerfe, ohne das ich mich heute früh gewehrt habe?

Rückseite:

Hallo Andy! Ab jetzt möchte ich bitte, dass jeder sein eigenes Brot hat. Für mich ist diese Art von Dir zu fragen, zumal ich Dir schon oft gesagt habe, dass mich das nervt, keine «normale» Frage. Was steckt dahinter? Macht es Dir Spaß oder ist es ein Zwang mit meinen Gefühlen zu spielen? Diese inszenierten, stillen Vorwürfe kombiniert mit einem traurigen Blick, lass es doch einfach sein! Außer, dass ich komische Gefühle zu Dir bekomme, erreichst Du damit gar nichts. Meine Intuition lass ich mir auch nicht mehr wegquatschen. Also, ab jetzt bist Du für «Dein» Brot selbst verantwortlich. Gieke.

Paul

Eines Tages werden wir sterben
aber Du wirst als Blume und ich
als Schmetterling wiedergeboren
und egal auf welcher Wiese Du blühst
ich werde Dich finden
denn ohne Dich
ist alles Staub

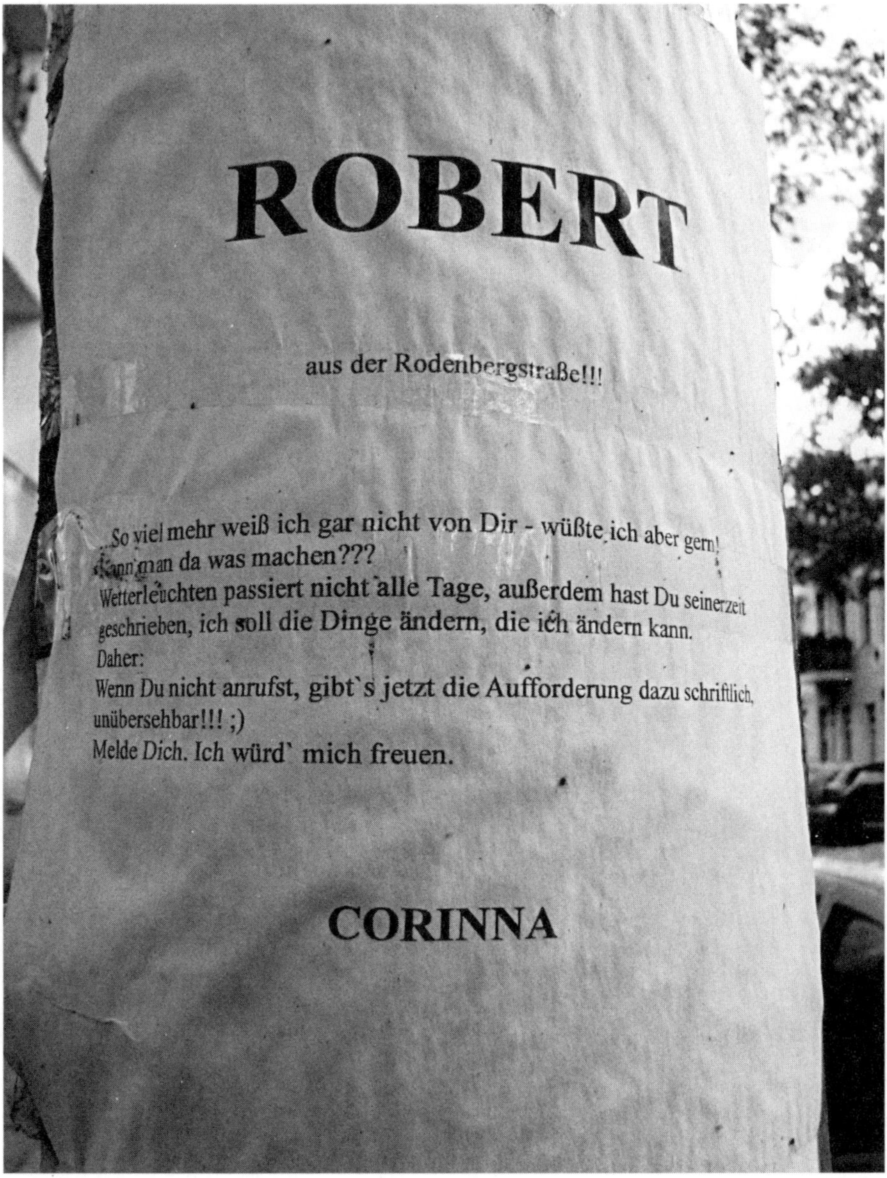
ROBERT
aus der Rodenbergstraße!!!
...So viel mehr weiß ich gar nicht von Dir - wüßte ich aber gern!
Kann man da was machen???
Wetterleuchten passiert nicht alle Tage, außerdem hast Du seinerzeit
geschrieben, ich soll die Dinge ändern, die ich ändern kann.
Daher:
Wenn Du nicht anrufst, gibt`s jetzt die Aufforderung dazu schriftlich,
unübersehbar!!! ;)
Melde Dich. Ich würd` mich freuen.
CORINNA

Anhang

Anmerkungen und Quellen

Eindeutige Rechtschreibfehler wurden behutsam korrigiert, um die Lesbarkeit zu erleichtern und trotzdem den Charakter der Dokumente zu bewahren. In drei Fällen sind die Dokumente undatiert. Wir mussten entweder schätzen oder haben in Absprache mit den Verfassern bzw. Einsendern eine zeitliche Zuordnung vorgenommen. Entsprechende Vermerke finden sich in den Quellenangaben. In einem Fall mussten wir aus Gründen des Persönlichkeitsschutzes die Daten aus dem Dokument entfernen. Auch hier findet sich eine entsprechende Anmerkung.

Wir haben keine Bearbeitungen vorgenommen, abgesehen von Kürzungen und dialogischer Collage der Dokumente. Aus Gründen der Lesbarkeit haben wir darauf verzichtet, die Kürzungen durch eckige Klammern zu kennzeichnen.

Wir haben versucht, die Dokumente chronologisch anzuordnen, aus den Anmerkungen erschließt sich, in welchen Fällen das unmöglich war.

Alle Quellen aus dem Walter-Kempowski-Archiv der Akademie der Künste in Berlin sind mit WKA ausgewisen.

In der Reihenfolge ihres Erscheinens:
Martin – Lebenserinnerung und Briefe, 1916 bis 1921. Anonymisiert. Der Einsender konnte von uns nicht ermittelt werden. (WKA)

Susi – Susi Gandecke. Tagebucheintrag vom 01.02.1912 und Backfischgedicht vom 13.04.1917. Von Falko Hennig am 9. Februar 2003 auf dem Flohmarkt Arkonaplatz in Berlin gekauft.

Klara – Briefe an Georg. 1913 bis 1919. Anonymisiert. Mit freundlicher Genehmigung der Familienstiftung.
Aus einem von Walter Kempowski als Tauschgeschäft für eine Lesung bei einem norddeutschen Antiquar erworbenen umfangreichen Konvolut. (WKA)

Reinhold – Reinhold Sieglerschmidt. Tagebuch 1915 bis 1916. Seine

Aufzeichnungen finden sich in der sehr empfehlenswerten Sammlung von Alltagsdokumenten aus dem 1. Weltkrieg der Europeana Foundation, der wir, ebenso wie Jörn Sieglerschmidt, für die freundliche Genehmigung zur Veröffentlichung (creative commons) danken.
http://www.europeana1914–1918.eu/de

MAXIMILIAN – Kriegstagebücher 1916 bis 1918. Anonymisiert.
Mit freundlicher Genehmigung von Luise Maunz. (WKA)

WILHELM – Kriegstagebuch von 1916 bis 1918 von Wilhelm Hamel (1888–1918). Mit freundlicher Genehmigung von Wolfgang Hubbe. (WKA)

KARL-WILLI – Karl-Willi Thalmann. Lebenserinnerungen 1918 bis 1928. Mit freundlicher Genehmigung von Lothar Thalmann. (WKA)

FREIA – Briefe an Martin, 1920. Anonymisiert. (WKA)

URSULA – Briefe 1920 bis 1924. Anonymisiert.
Von Walter Kempowski 2003 in einem Antiquariat erstanden. (WKA)

ILSE UND ELSE – Briefe an Martin 1920 und 1921. Anonymisiert. (WKA)

GEORG – Briefe an Klara, 1920. Anonymisiert. Mit freundlicher Genehmigung der Familienstiftung.
Aus einem von Walter Kempowski als Tauschgeschäft für eine Lesung bei einem norddeutschen Antiquar erworbenen umfangreichen Konvolut. (WKA)

WALTER – Walter Melchinger. Briefe an seine Frau. 1927 bis 1943.
Mit freundlicher Genehmigung von Dr. Heiner Melchinger. (WKA)

JOCHEN – Hans-Joachim Fahrenholtz. Lebenserinnerungen 1925 bis 1949.
Mit freundlicher Genehmigung von Gertrud Fahrenholtz. (WKA)

FERNANDO – Tagebuch 1932. Anonymisiert.
Die Einsenderin konnte von uns nicht ermittelt werden. (WKA)

LOUISE UND OTTO – Briefwechsel 1938 bis 1939. Anonymisiert. Mit freundlicher Genehmigung der Einsenderin. (WKA)

HILDEGARD – Hildegard Schürmann, Tagebuch 1932 bis 1936. Mit freundlicher Genehmigung von Christiane Weber-Ollk. (WKA)

Franz – Briefe 1934 bis 1939. Anonymisiert. Mit freundlicher Genehmigung der Einsenderin. (WKA)

Paul – Gedicht für Ilse vom 22. 04. 1940. Mit freundlicher Genehmigung von Brunhild Coppack. (WKA)

Ella und Erich – Ella und Erich Neuß. Briefwechsel 1940 bis 1945. Mit freundlicher Genehmigung von Werner Neuß. (WKA)

Herta – Herta Böhm. Briefe 1940 bis 1941. Mit freundlicher Genehmigung von Brigitte Bernhard. (WKA)

Friedrich – Walter Stolze. Briefe an seine Frau 1941 bis 1949.
(Um Verwechslungen mit Walter Melchinger zu vermeiden, haben wir Walter Stolze in Friedrich umgetauft.)
Mit freundlicher Genehmigung von Friedrich und Sigrid Roth. (WKA)

Irene – Irene Melchinger. Briefe 1943. Mit freundlicher Genehmigung von Heiner Melchinger. (WKA)

Gertrud – Gertrud Fahrenholtz. Tagebuch 1943. Mit freundlicher Genehmigung von Gertrud Fahrenholtz. (WKA)

Maria – Tagebuch 1948 bis 1951. Anonymisiert. Mit freundlicher Genehmigung des Deutschen Tagebucharchivs.

Karl-Heinz – Karl-Heinz Grote. Lebenserinnerungen 1950 bis 1959. Mit freundlicher Genehmigung von Karl-Heinz Grote. (WKA)

Elisabeth – Lebenserinnerungen 1950 bis 1975. Anonymisiert. Die Verfasserin konnte nicht mehr ermittelt werden. (WKA)

Anna-Marie – Anna-Marie Walter. Brief an ihren Ehemann Oscar vom 9. 1. 1951.Mit freundlicher Genehmigung von Jürgen Walter. (WKA)

Hausverwaltung – eine Notiz von Brigitta Stieffenhofer über Mitgehörtes 1951. (WKA)

Arnold – Briefe an Helene 1952 bis 1953. Anonymisiert. Mit freundlicher Genehmigung der Einsenderin. (WKA)

Erika – Brief an Conny 1953. Anonymisiert. Mit freundlicher Genehmigung der Einsenderin. (WKA)

Brigitta – Brigitta Stieffenhofer. Briefe und Notizen 1950 bis 1969. Mit freundlicher Genehmigung von Brigitta Stieffenhofer. (WKA)

Gisela – Fototagebuch 1953 bis 1955. Anonymisiert.
Gekauft von Falko Hennig am 31. Oktober 2010 auf dem Flohmarkt in den Hessenhallen in Gießen. Die Verfasserin konnte nicht mehr ermittelt werden. Sie hat das Album für ihren Geliebten angefertigt, es aber in ihrem Besitz behalten oder für ihn verwahrt.

Wolfgang – Wolfgang Tribukait. Lebenserinnerungen 1953 bis 1964. Mit freundlicher Genehmigung von Wolfgang Tribukait. (WKA)

Monika – Begründung zur Scheidungsklage. Anonymisiert. Mit freundlicher Genehmigung des Einsenders.
Aus persönlichkeitsrechtlichen Gründen haben die Autoren die Daten aus diesem Dokument entfernt und lediglich die Jahreszahl 1967 zur zeitlichen Orientierung belassen. (WKA)

Til – Til Schulz. Gedichte 1961 bis 1969 und Briefe an Kathrin (anonymisiert) 2000 bis 2001. Mit freundlicher Genehmigung von Dr. Til Schulz, Politologe und freier Autor in Frankfurt am Main. (WKA)

Anke – Undatierter Brief. Von privat. Anonymisiert. Mit freundlicher Genehmigung der Einsenderin.
In Absprache mit der Einsenderin haben wir den Brief den 1960er Jahren zugeordnet.

Klaus – Brief an Bärbel vom 23. 12. 1966 aus dem Archiv Hennig. Anonymisiert. Gefunden auf dem Flohmarkt in Berlin-Schöneberg.

Evelin – Brief vom 24. 01. 1972. Anonymisiert.
Die Verfasserin konnte nicht mehr ermittelt werden.

Rita – Tagebuch 1971 bis 1978. Anonymisiert. Mit freundlicher Genehmigung des Deutschen Tagebucharchivs.
Das Tagebuch wurde vom Einsender auf dem Flohmarkt gekauft.

Klaus und Anna. Von privat. Ein Notizbuch mit Zeichnungen, Notizen und Gedichten von beiden, in Absprache mit den Urhebern haben wir die Gedichte den 1970er Jahren zugeordnet. Anonymisiert. Mit freundlicher Genehmigung der Verfasser.

Eberhard – Brief aus dem Jahr 1974. Anonymisiert. Mit freundlicher Genehmigung des Deutschen Tagebucharchivs.

Eva und Roman – Eva Kurtzke, Romeczko «Roman» Czabanski. Briefwechsel 1977. Mit freundlicher Genehmigung von Eva Kurtzke. (WKA)

Bimbo – Briefe an Männli, 20. 07. und 21. 11. 1982. Von privat. Anonymisiert. Vom Einsender gefunden bei der Renovierung seiner neuen Wohnung. (Auf der Toilette sind Abflussrohre ohne jede Abdeckung durch die Decken gezogen geworden. Der Vormieter hatte das Loch neben der Toilette mit Zeitungspapier ausgestopft und dabei offensichtlich auch die Briefe benutzt.)

Michael – Tagebuch 1983.
Von der Einsenderin auf dem Flohmarkt gekauft. Der Verfasser konnte von uns ermittelt werden. Wie das Tagebuch auf den Flohmarkt kam, kann er sich nicht erklären. Anonymisiert. Mit freundlicher Genehmigung des Verfassers. (WKA)

Ulrike – Undatierte Briefe 1983 bis 1984 an Klaus. Von privat. Anonymisiert. Mit freundlicher Genehmigung des Einsenders.
Die Briefe selbst tragen zwar kein Datum, aber auf zwei noch vorhandenen Umschlägen finden sich entsprechende Poststempel.

Wolfgang – Briefe an Christine 1986 bis 1987. Mit freundlicher Genehmigung des Verfassers. (WKA)

Karin – Tagebuch 1985. Aus dem Archiv Hennig, am 14. 09. 2006 auf einem Flohmarkt in Berlin-Schöneberg gefunden. Anonymisiert.

Carolin – Undatiertes Notizbuch. Von privat. Anonymisiert. Mit freundlicher Genehmigung der Verfasserin, die es Ende der 1980er, Anfang der 1990er geschrieben hat. Wir haben es in Absprache mit ihr den 1980ern zugeordnet.

Nicola – Tagebuch 1988 bis 1989. Anonymisiert.
Die Verfasserin konnte nicht mehr ermittelt werden.

Thomas – Brief an Ariane Sept. Von privat. Anonymisiert. Undatiert. Mit freundlicher Genehmigung von Ariane Sept., 1991 oder 1992 an sie geschrieben.

Gabi – Brief an Roland vom 14. 03. 1991. Von privat. Anonymisiert. Mit freundlicher Genehmigung des Einsenders.

Helen – Briefe an Werner 1991. Anonymisiert. Mit freundlicher Genehmigung des Einsenders. (WKA)

Lucia – Briefe und Mails an Ralph 1991 bis 2000. Von privat mit freundlicher Genehmigung von Ralph Gabriel.

Werner – Briefe an Helen, Irene und Lara 1991 bis 1994. Anonymisiert. Mit freundlicher Genehmigung des Verfassers. (WKA)

Max – Briefe an Siegfried 1996. Anonymisiert. Mit freundlicher Genehmigung von Siegfried (anonymisiert). (WKA)

Ralph – Ralph Gabriel. Brief und Mail an Lucia 1995 und 2000. Von privat, mit freundlicher Genehmigung von Ralph Gabriel.

Ulrich – Brief an Nicki vom 06. 07. 97. Anonymisiert. Gefunden von Falko Hennig auf den Straßen Berlins.

Silvi und Andi – Mails 2000. Von privat. Anonymisiert. Mit freundlicher Genehmigung des Einsenders.

Nicki und Silvi – Mails 2000. Von privat. Anonymisiert. Mit freundlicher Genehmigung des Einsenders.

Walter – Tagebuch 2001. Anonymisiert. Mit freundlicher Genehmigung des Verfassers. (WKA)

Christine – Tagebuch 2001. Anonymisiert. Mit freundlicher Genehmigung des Einsenders. (WKA)

Fermin – Mit freundlicher Genehmigung von Alexander Gutsche. Der Leipziger Maler Alexander Gutsche ist wie Falko Hennig ambitionierter Zettelaufleser.

Manuela – Mail 2001. Anonymisiert. Gefunden von Falko Hennig in der Torstraße, Berlin 2001.

Antje und Oscar – Fotos, Zettel und Notizbuch 2003. Anonymisiert. Von Falko Hennig gefunden in einem abgestellten Koffer in der Lottumstraße, Berlin 2011.

Paul und Claudia – Mails 2008 bis 2010. Von privat, mit freundlicher Genehmigung von Paul (anonymisiert) und Claudia Hölscher.

Sophie – Brief an Karl 2009. Anonymisiert. Von privat, mit freundlicher Genehmigung von Karl.

Karl – Brief an Sophie 2009. Von privat. Anonymisiert. Mit freundlicher Genehmigung von Karl.

Udo – Zettel 2010. Anonymisiert. Archiv Hennig, gefunden von Falko Hennig in der Templiner Straße am Teutoburger Platz in Berlin im März 2010.

Andy und Gieke – Zettel. Anonymisiert. Archiv Hennig, gefunden von Falko Hennig am 25. September 2000 in der Saarbrücker Straße, Berlin.

Corinna – Zettel 2010. Fotografiert von Robert Weber in der Rodenbergstraße Berlin.
Hunderte von Zetteln kleben auf beiden Seiten der Straße an Laternenpfählen und Bäumen. Robert Weber heißt zwar auch Robert, fühlt sich aber nicht angesprochen.

Danksagung

Besonderen Dank gebührt dem Walter-Kempowski-Archiv der Akademie der Künste in Berlin, das uns bei allen Fragen freundlich und hilfreich zur Seite stand. Auch dem Deutschen Tagebucharchiv und der Deutschen Nationalbibliothek danken wir für ihre unkomplizierte Hilfe. Vor allem sind wir aber all jenen Dank schuldig, die uns durch ihr uneigennütziges Entgegenkommen und ihre tatkräftige Unterstützung den Abdruck der zahlreichen Briefe, Lebenserinnerungen, Tagebuchaufzeichnungen und Fotos ermöglicht haben: Brigitte Bernhard, Brunhild Coppack, Angelika Ehring-v. Danwitz, Gertrud Fahrenholtz, Ralph Gabriel, Karl-Heinz Grote, Alexander Gutsche, Claudia Hölscher, Wolfgang Hubbe, Eva Kurztke, Luise Maunz, Heiner Melchinger, Werner Neuß, Robert Rescue, Friedrich und Sigrid Roth, Ariane Sept, Til Schulz, Jörn Sieglerschmidt, Brigitta Stieffenhofer, Marc Strucken, Lothar Thalmann, Wolfgang Tribukait, Jürgen Walter, Christiane Weber-Ollk und all jenen, die nicht genannt werden möchten. Zu guter Letzt danken wir der Berliner Senatsverwaltung für Wissenschaft, Forschung und Kultur, die uns mit einem Literaturstipendium bei diesem Projekt unterstützt hat, und unserem Agenten Daniel Mursa von der Literaturagentur Petra Eggers für seine weit über das übliche Maß hinausgehende Mühe.

Bildnachweis

S. 14, 21, 28, 37, 147, 150, 232, 233, 237, 288, 289, 296, 301: Privat. Von Falko Hennig

S. 17: Privat. Mit freundlicher Genehmigung von Jörn Sieglerschmidt.

S: 38, 81, 86, 110, 198, 200, 212, 230: Walter-Kempowski-Archiv, Berlin.

S: 58, 67, 72, 95, 101, 102, 119, 121: Privat. Mit freundlicher Genehmigung von Heiner Melchinger.

S. 78: Privat. Mit freundlicher Genehmigung von Christiane Weber-Ollk.

S. 105: Privat. Mit freundlicher Genehmigung von Brunhild Coppack.

S. 114: Privat. Mit freundlicher Genehmigung von Werner Neuß.

S. 123: Privat. Mit freundlicher Genehmigung von Gertrud Fahrenholtz.

S. 135: Privat. Mit freundlicher Genehmigung von Karl-Heinz Grote.

S. 137: Privat. Mit freundlicher Genehmigung von Jürgen Walter.

S. 143: Privat. Mit freundlicher Genehmigung von Angelika Ehring-v. Danwitz.

S. 171, 174, 185: Privat. Mit freundlicher Genehmigung von Brigitta Stieffenhofer.

S. 186: Foto: Erika Sulzer-Kleinemeier.

S. 249: Privat. Mit freundlicher Genehmigung von Ariane Sept.

S. 257, 284: Privat. Mit freundlicher Genehmigung von Ralph Gabriel. Fotos: Angela Mayer und Franz Stadler.

S. 303: Privat. Von Robert Weber.

Bildnachweis

S. 14, 21, 28, 37, 147, 150, 232, 233, 237, 288, 289, 296, 301: Privat. Von Falko Hennig

S. 17: Privat. Mit freundlicher Genehmigung von Jörn Sieglerschmidt.

S: 38, 81, 86, 110, 198, 200, 212, 230: Walter-Kempowski-Archiv, Berlin.

S: 58, 67, 72, 95, 101, 102, 119, 121: Privat. Mit freundlicher Genehmigung von Heiner Melchinger.

S. 78: Privat. Mit freundlicher Genehmigung von Christiane Weber-Ollk.

S. 105: Privat. Mit freundlicher Genehmigung von Brunhild Coppack.

S. 114: Privat. Mit freundlicher Genehmigung von Werner Neuß.

S. 123: Privat. Mit freundlicher Genehmigung von Gertrud Fahrenholtz.

S. 135: Privat. Mit freundlicher Genehmigung von Karl-Heinz Grote.

S. 137: Privat. Mit freundlicher Genehmigung von Jürgen Walter.

S. 143: Privat. Mit freundlicher Genehmigung von Angelika Ehring-v. Danwitz.

S. 171, 174, 185: Privat. Mit freundlicher Genehmigung von Brigitta Stieffenhofer.

S. 186: Foto: Erika Sulzer-Kleinemeier.

S. 249: Privat. Mit freundlicher Genehmigung von Ariane Sept.

S. 257, 284: Privat. Mit freundlicher Genehmigung von Ralph Gabriel. Fotos: Angela Mayer und Franz Stadler.

S. 303: Privat. Von Robert Weber.

FSC
www.fsc.org
MIX
Papier aus verantwortungsvollen Quellen
FSC® C014496

Das für dieses Buch verwendete FSC®-zertifizierte Papier *Schleipen Werkdruck* liefert Cordier, Deutschland.